U0455381

退耕还林政策的地方实践

LOCAL PRACTICES TOWARDS THE RETURNING FARMLAND TO FOREST POLICY

钟兴菊 著

社会科学文献出版社
SOCIAL SCIENCES ACADEMIC PRESS (CHINA)

序

钟兴菊是我2011年招收的博士研究生，2014年完成学位论文毕业，现在在重庆大学工作。最近，她对博士学位论文做了些补充修改，公开出版，希望我为该书写个序。虽然事务繁杂，但是面对学生的请求，我一般都是尽量予以满足的。

完成社会学专业的博士学位论文是件不容易的事情，对于兴菊而言，尤其不易。兴菊本科毕业于重庆师范大学，硕士毕业于中国青年政治学院，学的专业都是社会工作。虽然社会工作与社会学都在同一个一级学科之下，但是，两个专业确实是有差异的，甚至还有很大的差异。社会学是一门以社会系统的运行和发展为研究对象的基础学科，社会工作可以说是关注社会环境中的具体人并以增进这些人的能力与福祉为核心内容的应用学科。两个学科都讲“顶天立地”，也就是说理论与实践并重。但是，社会学的“立地”往往是为了“顶天”，具有更加明显的探求一般规律和重视理论建构的倾向；社会工作的“顶天”更多的则是为了“立地”，更加强调有针对性的实务工作及其效果。因此，从社会工作专业转向社会学专业，从偏重社会工作实务训练转向重视社会学的理论分析与建构，还是要费一番工夫的，不仅需要知识上的补课，而且需要思维方式的转换和研究能力的提升。兴菊非常努力地应对这种挑战，在学习与研究的结合中，不断提升自己的社会学专业素养，这是令人欣慰的。

考虑到兴菊本人的专业背景、研究专长和博士期间的研究方向，我和兴菊花费了一些时间来确定论文的选题。一个合适的选题至少需要具备一些基本特点：研究者有兴趣；研究者能够驾驭，与选题匹配；选题具有理论意义和应用价值；研究具有可操作性；指导者可以给予有效的指导。研究者可以部分地利用既有的知识储备和方法训练，能够扬长避短，这一点尤其重要。根据兴菊本人的学习经历，我期望她做一项与政策相关的经验研究，发挥社会工作专业训练的优势，特别是在社会介入、与人沟通、保持耐心、搜集研究资料等方面所积累的优势。最终，兴菊确定了以村庄为单位考察退耕还林政策在基层的实践过程。做出这一决定虽然结合了她本人的一些优势，但是仍然具有很强的挑战性。选定的调查点位于重庆市东北方向的偏远地区，距离重庆市主城区有500多公里，交通非常不便，从主城出发需要9个多小时车程才能到达。虽然没有语言障碍，但是兴菊只身一人，前后三次，累计67天驻村调查，相比人类学的田野调查时间不能算长，但其毅力和耐心仍是值得钦佩的。在一个日渐浮躁的时代，一个学生能够如此沉潜于田野，已经是难能可贵了。而能在田野中发现学术，将经验观察与理论思考结合起来，独立开展学术研究，更是体现了一种宝贵的学术精神，这也正是我对博士生训练的一个重要方面。

兴菊的博士论文以村庄层面的调查为重点，结合对县乡政府和村委会干部的访谈以及相关的文献资料收集，比较系统地分析了退耕还林政策在基层的实践过程，特别揭示了乡镇政府、村委会与村民在政策执行过程中的不同认知、行为逻辑与复杂互动，呈现了行政权力、生计理性、关系网络、非正式规则、地方性知识、政策冲突等在退耕还林政策实践中的影响，探究了政策变通执行及其后果，也讨论了改进政策执行的一些建议。这种研究具有乡土气息，是鲜活的、富有价值的；对于更加全面地了解政策的实际执行过程，特别是其“最后一公里”的表现，是有帮助的；对于评估政策的实际效果、完善政策设计具有参考和指导价值；对于分析和建构政策执行过程的理论也提供了一些有价值的启示。大体而言，相对于我国现代化进程中出台的大量公共政策，我们对政策执行实际过程的研究还不充分，甚至很不充分；相对于学术界大量传播和建构的理论与概念而言，我们扎根中国大地，对这些理论与概念进行反思、检验和重构的努力也还不充分。或许正是这样两个方面的不充分，造成了一定程度上的理论与实际脱节，这样既不利于学术的实质繁荣，也不利于实践品质的持续提升。就此而言，作为一门仍然在成长和建构中的学科，我们的社会学应当更多、更有力地鼓励理论联系实际，特别是联系中国实际的各种研究。

随着生态文明建设理论的提出和在实践中的推进，中国环境政策的种类更多，内容更为丰富，体系化程度更高，已经涉及社会生产与生活的方方面面。党的十八大把生态文明建设纳入中国特色社会主义事业“五位一体”总体布局。十八届三中全会指出：建设生态文明，必须建立系统完整的生态文明制度体系，实行最严格的源头保护制度、损害赔偿制度、责任追究制度、完善环境治理和生态修复制度，用制度保护生态环境。党的十九大继续强调加快生态文明体制改革，建设美丽中国，提出“人与自然是生命共同体”，要着力推进绿色发展、解决突出环境问题、加大生态系统保护力度、改革生态环境监管体制。可以说，中国特色社会主义建设正在重新定义源于西方的“现代化”，正如党的十九大报告所指出的：“我们要建设的现代化是人与自然和谐共生的现代化，既要创造更多物质财富和精神财富以满足人民日益增长的美好生活需要，也要提供更多优质生态产品以满足人民日益增长的优美生态环境需要。”

当前，面对日益严峻的环境资源约束，中国正在思想观念创新的基础上扎实、全面地推进技术创新、制度创新和组织创新，致力于实现新型现代化，建设社会主义现代化强国。这样一种系统性的新型现代化实践，为中国环境社会学乃至整个社会学学科的成长和壮大带来了空前的机遇，同时也提出了空前的挑战。秉持理论联系实际的原则，把握机遇，迎接挑战，我们环境社会学者应该更多地介入环境政策设计、关注环境政策实践、评估环境政策绩效，以期不断改进和完善环境政策，为推进生态文明建设做出应有的贡献，并在这种贡献中丰富环境社会学的知识与理论，发展中国环境社会学学科。由此言之，兴菊可以说是站在了环境社会学研究的前沿领域。我衷心期待兴菊能够再接再厉，持续深化、拓展该领域的研究。我也相信，会有越来越多的学者使用社会学视角参与到环境政策研究与实践评估中来，会有越来越多的精品力作涌现。

实践一直延续，研究没有止境，创新永远在路上。谨以此与兴菊和同仁们共勉！

洪大用

中国人民大学社会与人口学院教授

中国社会学会副会长

2018 年 1 月 30 日于北京

目　录

第一章　导　论

改革开放以来，快速的工业化、城市化与现代化进程伴随着严重的环境破坏，中国政府自20世纪70年代以来积极开展环境治理工作，逐步加大投入力度，致力于改善环境质量，加强环境立法，完善环保机构设置，我国已经初步形成了较为完整的环境保护法律法规体系。然而处于转型加速期的中国目前面临的环境形势依然十分严峻，环境问题与其他社会问题交叉、重叠，凸显前所未有的复杂性和特殊性（洪大用，2008；2013）。历史上长期积累的环境问题尚未解决，新的环境问题又在不断产生，部分地区环境污染和生态恶化已经到了相当严重的程度。世界银行报告表明，“中国是世界各国中水土流失最严重的国家之一”（World Bank，2001）。相关数据显示，1989年底我国水土流失面积达367万平方千米，占国土面积的38.2%，年流失土壤50亿吨。仅长江上游和黄土高原水土流失面积就达80万平方千米（占全国的20.8%），年流失土壤总量16.2亿吨（占全国的63.2%），年流失土壤折合氮磷钾4000万吨（国家林业局，2009；鲁绍伟，2003）。截至1999年底，我国荒漠化面积为267.4万平方千米（占国土总面积的27.9%），沙化土地面积为174.31万平方千米（占国土面积的18.2%），并且沙化面积以每年2460平方千米的速度增长；1亿平方千米草场退化，生物物种种类和数量的急剧下降严重破坏了生物多样性，50年来中国约有200种植物和10余种野生动物灭绝（国家林业局，2011）。面对环境衰退，中国政府积极采取治理措施，建立健全环境保护系列法规体系，但仍出现了“局部在改善，总体在恶化”现象以及“边治理、边衰退”的失灵困境。中国各大流域水土流失十分严重，1997 年黄河断流累计高达 267 天，创历史最高纪录；1998 年，长江、松花江、嫩江发生有史以来特大洪灾，受灾人口 2.33 亿人，死亡 3004 人，各地估算直接经济损失 1666 亿元人民币（林业工作研究，1998）。反思水患根源，中国政府积极响应，及时采取"封山植树，退耕还林，退田还湖，平垸行洪，以工代赈，移民建镇，加固干堤，疏浚河湖"的治理政策，并相继实施了天然林保护工程（1998）以及退耕还林工程（1999）等一系列生态恢复工程（鲁绍伟等，2003）。中共中央于 1999 年 8 月在四川、陕西、甘肃三省启动了退耕还林（草）试点工程（国家林业局，2001）。

退耕还林（草）（以下简称"退耕还林"①）工程是中国有史以来实施的一项在投资量、涉及面、政策性以及群众参与度上都具有空前性的，旨在改善生态环境的林业生态建设工程，也是世界生态建设史上的创举。这是新时期中国政府为了减少水土流失

① 在国内学术界，至今对退耕还林（草）概念没有统一界定，在实际运用过程中退耕还林、退耕还草、退耕还林还草、退田还湖等说法较为普遍。关于退耕还林政策，不同学者从不同学科角度进行定义（孔凡斌，2004；支玲、李怒云等，2004；秦建明、安志美等，2006；李海宝，2011；王献溥，2000；周雪光，2012；李晓峰，2005 等）。在本研究中主要使用国家林业局（2001）对退耕还林的定义，退耕还林项目是国家从保护和改善生态环境出发，要求将易造成水土流失的坡耕地（一般要求是 25 度以上）有计划、有步骤地停止耕种，并按照适地适树的原则，因地制宜植树造林，同时给予农户一定的粮食及现金补贴的一项环境保护项目。虽然林业局的提法是"项目"，而在研究重点讨论的是"政策"（在下文中有说明），但二者的实质相同：都是指由政府资助，将容易造成水土流失的坡耕地和容易造成沙化的耕地（这些地方在没有农耕前本来就是林地或草地），逐步停止耕作，造林种草，恢复植被等一系列政策规定。我国的退耕还林（草）工程与美国的 CRP（conservation reserve program）具有相同的本质。这里将"退耕还林（草）"简称为"退耕还林"，实质上内容包括退耕还林、还草、还湖以及相应的宜林荒山荒地造林，但在研究中重点讨论退耕还林，虽然二者在生物学特征和经济学特征上有很多不同，因而完全用"还林"的研究内容来涵盖"还草"的内容是不完全科学的，对"还草"还有待深入研究。但因为笔者研究选取的实地案例在西南山区，不涉及还草的指标任务，所以虽然出发点是全国性的退耕还林（草）政策，但在具体分析中主要是指还林的内容和实践。

实施的一项全国性农业生态经济工程，与之相关的系列政策是生态建设政策的重要组成部分，也是作为统筹经济与生态关系启动的中国六大林业重点工程之一①，又是一项系统性和规范性比较强的生态环境治理项目，其最终目的是改善生态环境，优化农村产业结构，实现山川秀美。针对退耕还林的不同目标有“工程”、“项目”、“政策”等提法。在本研究中主要是从“政策”维度（但在文中也可能用到“项目”或“工程”，这里将三者等同）讨论退耕还林，将其作为一项单项环境政策，阐述在不同行动者的参与互动中所形成的政策实践形态。总的来说，中国实施退耕还林政策具有经济、生态、林业发展等多方面动因：基于综合国力增强有助于政府支撑退耕还林政策实施；虽然粮食出现结构性短缺但急需对总量过剩进行干预与调节；农村温饱基本得以解决但农民增收愿望迫切；加入 WTO 后面临发展现代化生态农业的挑战，农村产业结构急待优化和调整；西部大开发为推进生态环境恢复和重建提供契机等，尤其是生态环境持续恶化导致 1998 年特大洪灾的教训和反思成为政府实施退耕还林政策的直接动因。

我国退耕还林最初的实践探索源于中华人民共和国成立之前的局部地区，1949 年 4 月晋西北行政公署发布的《保护与发展林木林业暂行条例（草案）》规定：“已开垦而又荒芜了的林地应该还林。森林附近已开林地，如易于造林，应停止耕种而造林。林中小块农田应停耕还林。”但作为一项全国性的制度和决策是在 1998 年我国遭遇特大洪水灾害之后，整个工程经历了“试点铺开—大跃进—大收缩—延续巩固”等曲折发展阶段。该工程于 1999 年开始在甘肃、四川、陕西三省试点，进而在 2002 年正式在全国 25 个省份及新疆生产建设兵团全面铺开，2003 年任务指标达到 5050 万亩的“耕地还林”峰值，2004 年退耕指标急剧紧缩至

① 中国六大林业重点工程包括：天然林保护工程、退耕还林工程、京津风沙源治理工程、“三北”和长江中下游地区等重点防护林建设、野生动植物保护及自然保护区建设、重点地区速生丰产用材林基地建设。

1000 万亩，2005 年全国实际指标已降至 700 余万亩，到 2007 年退耕还林计划指标基本全面告停，从此进入工程的延续巩固阶段。为了保障退耕还林工程顺利推进，国务院及相关部门相继出台了一系列工程建设、资金管理、检查验收、经济补偿、政策兑现等方面的办法、规则和标准（详见附录 1：“中国退耕还林政策发展历程 1998 ~2013”）。其中于 2002 年实施并执行的国务院第 66 次常务会议通过了《退耕还林条例》（以下简称《条例》），该《条例》于 2003 年 1 月 20 日实施，标志着我国的退耕还林实现了由理论探索到生态实践的转变，并逐步走向制度化和规范化。《国务院关于进一步做好退耕还林还草试点工作的若干意见》（国发〔2000〕24 号）、《国务院关于进一步完善退耕还林政策措施的若干意见》（国发〔2002〕10 号）以及《条例》这三个综合性文件集中反映了退耕还林现行政策的核心内容。有学者将退耕还林政策看作我国农业政策的一个方向性变化的起点，财政收入由农民流出转向流入，税费收取转为农业的巨额补贴，并且被认为是一项涉及范围最广、累计投入的资金规模最大、补贴期限最长、受益对象最多、综合效益最好的惠农举措（张红霞等，2012）。截至 2010 年共完成退耕还林 0.7 亿公顷，宜林荒山荒地造林 0.19 亿公顷，控制水土流失面积 0.9 亿公顷，防风护沙面积 1.07 亿公顷，增加土地蓄水能力 300 亿立方米。工程包括中西部 1100 多个县市，涉及约 8000 万农户和 3 亿多人，10 年内国家共投入资金约 3400 亿元，其中给农民的粮食补贴 2000 多亿元（粮食补助 4050 万斤），种苗补助 250 多亿元，生活费补助 325 亿元。如此浩大的规模和预算，不仅在国内生态工程中绝无仅有，在世界范围内也是史无前例（陶然等，2004）。

根据国家林业局调查结果，截至 2012 年底，工程实施 14 年，在生态、经济与社会方面取得的成果是显而易见的。一是森林覆盖率提升与水土流失减少，推进国土绿化工程。工程累计完成造林任务 4.41 亿亩，使占国土面积 82% 的工程区森林覆盖率平均提高 3 个多百分点，全国坡耕地和严重沙化地恢复植被面积达到

1.39 亿亩，水土流失和风沙危害明显减轻。二是逐步调整了农村的产业结构，使农民逐渐从单一的种植业中解放出来转向第二、第三产业，转变历来靠扩大种植面积而获得增收的粗放型生产方式，使农民收入渠道多元化；工程区逐步实现了坡耕地减少、粮食增产、农民增收、生态改善的良性发展道路。三是直接增加工程区农民收入，社会经济效益明显，14 年中央累计投入 3247 亿元，涉及 2279 个县，1.24 亿农民直接受益，户均累计获得 7000 元政策补助。特别是国家在工程期内给予退耕区内农民持续稳定的粮食和生活补助，使农户在解决温饱问题的同时，也缓解了因灾返贫的问题（国家林业局，2013）。

与退耕还林政策实施同期，尤其是自十六届三中全会以来，“三农”问题备受国家关注，出台了一系列“惠农”、“支农”政策，“促进农民增收政策（2003）、农业税费改革政策（2005）、粮食直补政策（2005）、建设社会主义新农村政策（2006）和建设社会主义和谐社会（2006）”等，进一步加大对农民种田的支持力度。在各项激励政策面前，农民根据政策利好进行策略性行动选择。所以不管是林业部门的退耕还林政策还是农业部门的各项“惠农”、“支农”政策，具备较大自主选择权的农民是各项政策最终实践的主体，他们广泛参与政策执行进程，对政策执行效果具有重要的意义。

当前中国社会正处于社会转型背景下，经济转轨和体制转型使计划时期被束缚控制的农民的个体性逐渐增强，同时具有命令-服从关系的中央与地方政府关系随着放权让利的分权改革逐渐碎片化。自十一届三中全会以来，中国农村改革重新塑造了农村微观经济主体（柯水发，2007）。经过农村产业结构调整，农民获得了择业权，引入市场机制使农民拥有了收入权；同时农民拥有基本的生产资料与土地使用权和自主经营权，由此农民在社会经济活动中作为一个独立的行动主体具有充分的选择权。农村经济改革既带来了经济活动主体的多样化，也使农民等经济主体行为选择多样化（宋洪远，1994；等等）。另外，在中国科层体制下一项政策通过各级职能和行政部门层层传递得以实现，地方政府对政策行动的选择逻辑对政策实际执行效果具有重要意义。随着中央集权向地方分权制改革以及“放权让利”改革使地方政府在事权和财权上具有较大的自主权，具备相对独立的经济利益主体地位，中央与地方政府逐渐由隶属关系转变为独具特色的讨价还价的委托代理关系（洪大用，2001；李新安，2004；等等）。然而，地方政府与农民作为理性的“经济人”，在政策行动选择中会以本地区（或个人）利益和目标为出发点，追求自身利益最大化，从而在不同政策执行主体实践过程中形成复杂的互动模式，并最终影响政策实践效果。基于中国经济社会转型的大背景以及一系列“惠农、支农”的政策机遇与挑战，本研究试图以案例为基础对一项全国性的环境政策的基层执行动态过程及其实践逻辑展开分析。

为此，导论部分将在社会转型大背景下，从微观视角详细呈现一项环境政策在特定时空中实践的现状、问题与成效，从而揭示一项全国性的生态建设项目的地方实践形态及其存在的问题。退耕还林政策实施已有近20年历史，在生态、社会与经济方面取得了显著成效，同时也存在一些困境和问题，这里特别关注基层执行主体之间的互动实践对政策实施效果的影响。退耕还林政策作为一项全国性的环境政策，具备系统性和规范性，为不同学科学者展开广泛学术讨论和研究提供了良好的素材。当前有关该项政策研究取得有目共睹成就的同时也存在若干不足，从而为本研究提供了进一步探索的空间，并在此基础上提出研究问题。

一　东溪村退耕还林政策实施概况

中国经济贫困区、少数民族区、生态脆弱区与生态恢复和建设有着天然的联系，退耕还林政策作为一项生态恢复和建设工程主要集中于我国中西部的贫困农村。在本研究中，以重庆大巴山区一个村庄的退耕还林政策实施为例，将其作为中国新时期一项全国性环境政策地方实践的缩影进行深入剖析，可以由点到面更清晰和深入地了解中国退耕还林工程的演进轨迹，有利于全面地分析基层政策执行主体的行动特点，并进一步探究转型背景下影响政策地方实践成效的复杂因素。

（一）东溪村[①]基本状况

东溪村位于渝东北W县S镇境内，地处大巴山东段南麓渝、陕、鄂三省市交界，典型的喀斯特地貌，以山地为主（占总面积的93%）。W县是国家贫困县（2012年县GDP为53.1亿元，年地方财政收入仅为7.3亿元[②]），且属于三峡库区重要县。该县为渝东北生态涵养发展区的11个区县[③]之一，面积约3.39万平方千米，是以生态保护为主的限制性开发地区。W县于2005年"撤乡并镇"以来由原来的57个乡镇调整为30个，有长江一级支流穿越过境，北与陕西省镇坪县接壤，东与湖北省竹溪县、神农架林区交界，南邻巫山县、奉节县，北邻开县、城口县。W县素有"九山微水一分田"之称，地形东、西、北高中南部低，地处亚热带暖湿季风气候区，年均气温17.5℃，最高40.8℃，最低－1℃。年均降水量1449毫米，最大1656毫米，最小761.5毫米，7~9月降雨量445毫米。暴雨年均3次，年均≥10℃，积温5054℃，无霜期平均为305天，年均日照时数1542小时（《W县志》）。W县的S镇距县城30公里，有一条河（48条小溪汇聚而成）流经，全镇海拔落差2000多米，是典型的立体气候，山梁地带气温偏低，河

① 在本书中，对所调查的村庄与乡镇名称以及调研所涉及的人物姓名都做了技术处理，是完全遵循田野研究的既有规范进行的。

② 数据来源于《W县2013年政府工作报告》，2013年2月27日在W县第十六届人民代表大会第三次会议上通过。

③ 渝东北的生态涵养发展区包括W县等11个区县，3.39万平方千米，其主要定位为国家重点生态功能区和农产品主产区，长江流域重要生态屏障；其主要任务是，实现生态涵养，突出发展理念和发展方式的转变，坚持三峡移民后续发展连片贫困区扶贫开发并举，规划用10年左右时间，森林覆盖率达到50%以上；其路径是将生态文明建设放在突出地位，引导人口相对聚集和超载人口梯度转移，着力涵养保护好三峡库区的青山绿水，提高基本公共服务水平（资料来源：《重庆日报》，2013年9月16日）。

谷槽地气候温和。S镇虽然作为长江支流的发源地，水资源较为丰富，但东溪村以山地为主，平均海拔600米，落差较大，历来在农业灌溉上没有相应的水利设施，农作物生产基本是“靠天吃饭”，若在生长季节缺少雨水或是雨水过多，作物收成会受到严重影响。

W县位于重庆市东北翼的生态涵养发展区，以强化水环境保护为重点；渝东南翼定位为生态保护区（共包括6区县），以强化生态环境保护为重点。从生态保护与建设要求上看，对作为限制性开发的渝东北区域较可适度开发的渝东南区域有更高的要求，森林覆盖率指标作为区域经济发展的限制性因素，由此可见，贫困区域的生态保护与经济发展之间的矛盾持续存在。

东溪村紧邻渝、陕、鄂三省市主干线交界，有河流经此地，主要省道过境。河流北南走向，地势北高南低，海拔落差2000多米，平均海拔600米。

东溪村于2001年进行“合村并社”体制改革，与邻村（T村）合并后现辖区面积约7.63平方千米，退耕前耕地总面积为5202亩，2003年实施退耕还林政策以来，共计退还25度以上的坡耕地3664亩（占全镇退耕面积的10.48%，全镇退耕还林总面积3.4947万亩；全县退耕还林总面积22.5万亩，详见表1-1）。东溪村现有耕地面积1756亩，其中水田650亩，山田1106亩，人均耕地约0.5亩（即按退耕还林标准，每人仅留半亩口粮田的耕地，但这里的人口数是按1981年的分田人口计算，而非现有实际人口）。该村的荒山面积为6002.8亩，在2013年实施的森林分类经营中[①]，将荒山与退耕还林面积全部纳入公益林管护面积，共9666.8亩（其中重点公益林为2000亩，一般公益林为7666.8亩，

① 森林分类经营是天然林保护工程的重要内容之一，在第一期中就开始划分，但实际上在第二期（2011年始）中才逐渐落实公益林自主管护补偿资金；主要将山林管护划分两大类：公益林（包括国家重点公益林、一般公益林）和商品林，仅对公益林进行补偿，每亩补助7.75元/年，其他林种不补偿。W县将退耕还林面积合并纳入公益林管护面积，共同对退耕还林进行管护，这对退耕还林的后期巩固具有一定的保障作用。

没有划定商品林面积）；天然林管护面积为 4900 亩。该村的耕地、退耕地以及林地分布详见图 1 - 1。

东溪村辖区共 7 个社，578 户，2386 人[①]（S 镇共有 10 个村，2 个社区，2. 36 万人），流动人口 580 多人（流动率达 24%），自退耕还林之后人地矛盾愈加突出，由此带来了 2003 年前后东溪村外出务工的一个高峰，青壮劳力（18 岁以上 60 岁以下，90% 以上）均外出务工。该现象被当地人形象地称为“东溪村人全靠外地人养活”，平均每个外出务工者养活四五个东溪村人。该村人均年收入 4000 多元，80% 以上家庭的住房在 2000 年后逐渐由土墙瓦盖改建为 2 ~ 3 层的水泥楼房，并主要聚集在村级公路沿线（见图 1 - 1）。地处大巴山区的东溪村（平均海拔 600 米）土壤类型多元化，以中山区的黄壤土（分布于海拔 200 ~ 1300 米）、石灰（岩）土（分布于海拔 250 ~ 1000 米）为主，也有少量的水稻土，适宜种植水稻、玉米、油菜、豆类、薯类等农作物，其中土豆、红薯在当地属于主粮，经济林与用材林以松、杉、柏、竹、茶等为主；天然植被以喜钙的柏树、洋槐、马桑、黄荆居多；牲畜以猪、羊、鸡为主（《W 县志》）。该村典型的山高坡陡，山多田少，土质贫瘠，山田种植在退耕还林之前除了集体经济时期种植的“四边”[②]桑树外基本没有其他植被，水土流失严重。

东溪村的地理区位、土地使用情况以及主要公路交通，如图 1 - 1 所示。其中最明显的是散布于整个村的若干条村级公路以及不同的用地类型，除了最北边至陕西省的省道外，其他都是四级及以下乡村公路（俗称“机耕道”），只能通行小型农用车和摩托车。东溪村的乡村公路主要有 A ~ F 六条线，其中以连接省道 201（巫陕路）的 A 线（奇蟒峡—中坝村）为基础，其他各线均以连接该线而建。A 线修建于 1983 年，但于 1988 年正式通车，并在 2012 年通过重庆市“道路畅通工程”项目投资硬化；E 线、D 线

---

① 数据统计截至笔者田野调研时间：2013 年 8 月 28 日。

② “四边”树，或称为“四旁”树，主要包括田边、沟边、土边和路边种的桑树。

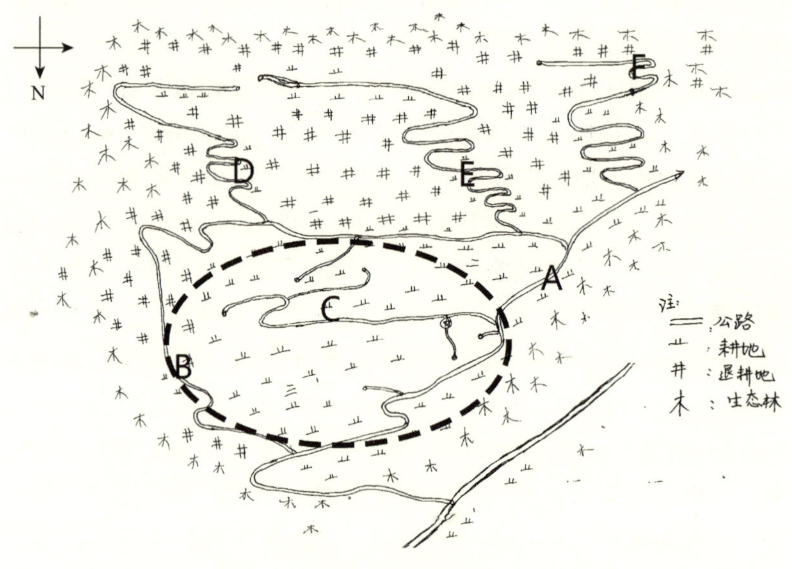

图 1－1　东溪村区位

资料来源：东溪村村支部书记（LHP）于 2013 年 4 月 3 日绘制。

是 2002 年由村民自己出工出力修建的未硬化的机耕道，于 2010 年通过重庆市“百城千公里工程”验收获得 5000 元/公里补偿；而 B 线和 F 线由村民近年修建，还未得到任何补偿；C 线比较特殊，主要由该村老书记动员本村外出务工致富的经济精英投资修建并硬化的一条道路（大约 2 公里）。图 1－1 中反映了该村土地主要有三种用途：耕地、退耕地（#图标区域）以及生态林（也是天然林，图示中的“木”图标区域，主要分布在东溪河沿岸）。虽然在平面图中不能反映地势海拔状况，但从退耕地和生态林的分布看，该村三面环山，南高北低，北邻一条河以南的地区平均海拔为 600 米，是一个典型的槽型地形（当地人称为“船形”），在槽地中分布有部分高山平坝的水田（主要集中在该村的 2、3 社），可种植水稻与油菜，这也是 S 镇唯一的可种植水稻的耕地类型。

为了对东溪村以及所属的 S 镇和 W 县的整体人口与耕林地情况有更清晰的认识，以下将呈现 W 县、S 镇以及东溪村的人口、退耕还林面积、耕地面积、公益林面积等相关统计数据（见表1－1）。

表1－1 W县、S镇、东溪村相关数据统计

单位：人，亩

	W县	S镇	东溪村
总人口	54万	2.4万	2386
流动人口	10万	约6000	约580（流动率：24%）
辖区面积	604.5万（4030 km^2）	210000（139.6 km^2）	11422.8（7.62km^2）
耕地面积	56.88万	8830	1756（水650；旱1106）
退耕还林面积	225000	34947	3664
荒山面积	81.38万	140943	6002.8
天然林管护面积	351万	75312	4900
公益林面积	2988803.5	144340.5	9666.8
重点公益林面积	1063912.0	43762.5	2000
商品林面积	1162221.0	31549.5	0

注：公益林面积＝重点公益林面积＋一般公益林面积；荒山面积＝公益林面积－退耕还林面积。

资料来源：根据资料整理所得。

（二）东溪村退耕还林政策实施现状

退耕还林工程是一个系统工程，主要包括三大部分内容：退耕地造林、宜林荒山荒地造林以及封山育林，三者同时推进。其中退耕地造林是该工程的核心内容，后两者是退耕还林的配套工程。按国家政策规定，退一还二，或还三，即退一亩耕地，还两亩（或三亩）荒山荒地造林。如W县整体退耕地面积为22.5万亩，则荒山荒地造林实际应该配套面积45万亩，但由于W县荒山面积比较大，全市为了平衡指标，将该县荒山荒地造林面积指标提高到了53.6万亩。

全国退耕还林工程从1999年启动试点，2002年全面铺开，到

2006年截止，2007年全面停止。2000~2001年，重庆市率先在“两翼”的巫山、黔江、开县、云阳、城口和武隆6个区县进行退耕还林试点工程，当时不包括W县。W县在2002年正式开始全面启动，按“逐步整乡”原则推进。至今为止W县30个乡镇中有19个乡镇和2个街道办事处实施了退耕还林工程，其中仅有8个乡镇按指标全部退完，大多数乡镇仅部分面积退耕，剩下11个乡镇由于自2007年后国家停止安排新的任务指标而没有实施退耕，所以W县当前仍有36万亩25度以上的坡耕地急需退耕。W县退耕还林实施的林种主要包括生态林和经济林，为了统一作业，由县林业局种苗站统一购买、调运、分发树苗并进行指导造林。整个工程分为两类林种，各有两个周期，生态林8年/周期，共16年，经济林5年/周期，共10年（此处不涉及还草，2年/周期，共4年）。W县完成退耕还林面积22.5万亩，宜林荒山荒地造林面积为53.6万亩，封山育林面积4万亩，而S镇退耕总面积为34947.2亩，宜林荒山荒地造林面积24404.3亩。国家累计对W县投入约5.5亿元，对S镇投入约0.85亿元。这里重点关注退耕地造林历年实施情况变化以反映政策的变化，以下是W县、S镇及东溪村自2002年到2007年退耕还林工程实施情况（详见表1-2，图1-2）。

表1-2　2002~2007年W县、S镇与东溪村退耕地还林工程实施情况

单位：亩

	2002年	2003年	2004年	2005年	2006年	2007年	合计
W县	85000	100000	20000	16000	4000	0	225000
S镇	19172	15775.2	0	0	0	0	34947.2
东溪村	0	3664	0	0	0	0	3664

资料来源：W县林业局退耕办相关数据。

从图1-2中可以看到，W县、S镇与东溪村退耕还林工程实施基本上经历了2002~2003年的“大扩张”到2003~2004年的“大收缩”，尤其是2003年W县任务量达到空前的10万亩（当年重庆市退耕总面积为2486万亩；全国退耕总面积为46288.89万

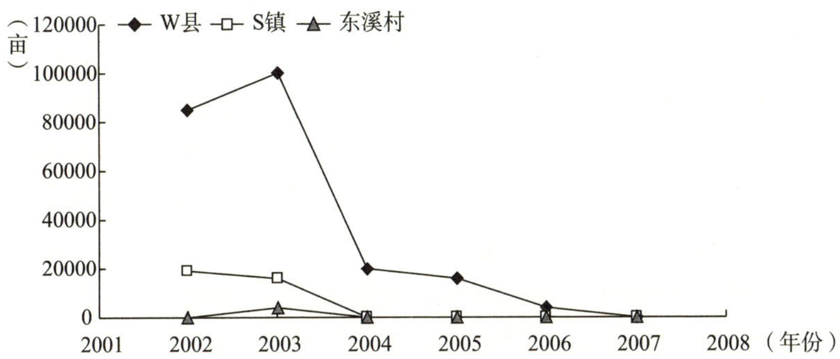

图 1-2　2002～2007 年 W 县、S 镇以及东溪村退耕还林发展趋势

资料来源：根据表 1-2 数据分析整理而得。

亩，是退耕还林工程全面铺开后的顶峰)。为了完成任务，当年县林业局动员全局人员驻村落实退耕还林任务指标；之后经历了 2004 年的结构性调整，由 2003 年的 10 万亩急剧减少到 2 万亩；最后在 2006 年退耕地造林任务基本完成（当年全县任务指标仅为 4000 亩)，2007 年全面停止。由此反观，全国退耕还林工程任务指标发展态势经历了相似的历程，自 1999 年试点指标为 381.47 千公顷发展到 2003 年的顶峰任务量为 3085.93 千公顷，而到 2006 年急剧缩减为 218.49 千公顷，于 2007 年减少至 59.46 千公顷表明工程基本告停，多省市任务指标基本完成并进入工程巩固期（见图 1-3)。

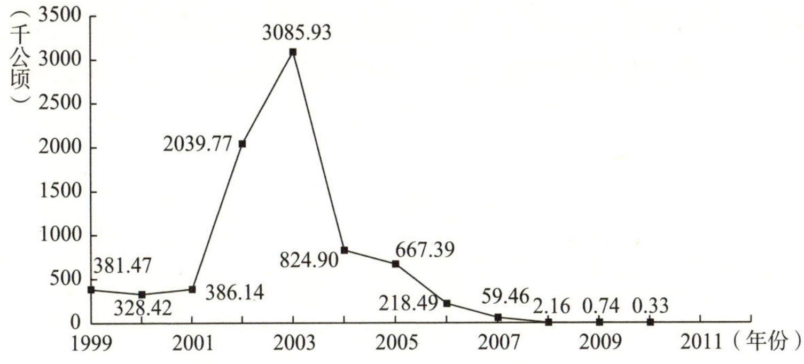

图 1-3　1999～2011 年中国退耕地造林工程实施任务量统计

资料来源：根据林业局网站相关数据整理而成。

W县退耕还林工程实施主要按照“先易后难、分流域、分区域、整乡推进”原则，S镇的总任务量（共34947.2亩）在2002～2003年内全部完成，其中S镇的东溪村晚于全面启动一年，在2003年开始实施，并在一年内完成了该村规划的3664亩所有任务指标，之后没有新增退耕指标面积。东溪村退耕还林全部规划为生态林，自2003年开始，截至2013年已经是第二个周期的第二年，共实施了10年，累计投入844.27万元，2003～2004年高峰期时补贴粮食折算资金为14.47万元（粮食按1.4元/千克折算）。当前东溪村退耕还林工程进入后期成果巩固和后续项目建设阶段，如劳动力向第二、三产业转移缓解人地矛盾；2013年出台配套措施，实施的森林分类经营进行公益林分配，将退耕还林面积纳入管护面积等。

退耕还林工程是一项复杂的系统工程，涉及不同层级的部门和人员，东溪村工程实施的程序为：宣传动员—勾画小班—分户落实—完善表册并公示信息—造林验收后补偿兑现—确权发证。第一步，宣传动员。刚开始主要由乡镇与村社干部宣传动员，由于该村比邻村晚一年实施工程，村民看到了邻村在退耕后获得粮食与现金补偿，所以该村的宣传工作比较顺利，群众的参与积极性相对较高。第二步，作业设计勾画小班。由县林业局技术人员、乡镇林业办公室人员以及派出的驻村干部①与村干部共同参与，到东溪村现场按标准和任务指标进行作业设计，村干部主要负责对技术人员根据图纸勾画的退耕区域中涉及村与村、村与社之间分

① 驻村干部，为了发展村级经济，帮助村民摆脱贫困，在一些地区，县、镇领导和机关干部主动与一些村结对帮扶，在一些贫困村进行蹲点，即我们说的驻村，这样的干部也称为驻村干部。该工作模式具体历史起点不可查，在田野调研过程中，村里面的老干部提到集体时期也有驻村干部。他们在村里蹲点，开展调研，收集村民困难，进行分析，主动与上级部门联系，帮助村里出点子，对村级经济发展具有积极促进作用。驻村干部的主要职责可以归纳为：方针政策的宣传者、掌握实情的调查者、党群关系的联络者、勤俭节约的带动者等等。一定要让“驻村干部”成为名副其实的“助村干部”，这样才会获得群众的信任，使驻村变得有意义。

界的地方进行确认，原则上按照“小班不跨社与村”，以避免后期小班面积分户落实产生矛盾。第三步，按标准分户落实。由村社召集村民开会讨论小班分户落实策略，将各社退耕还林指标划分到户。该村中的大部分村社是按 1981 年土地承包人口（或完税面积）进行平均，或按二者结合的方案进行落实。第四步，完善指标分户表册，并公示信息。在驻村干部的协助下核实各社上报数据，完善表册并公示后上报乡镇，再由乡镇核实后上报林业局。第五步，造林种树，验收合格兑现补偿。在 2003 年 10 月份左右由林业局统一调运树苗，派技术人员指导按标准造林种树。截至当年底，由林业调查设计队对栽种的树苗进行验收，合格后兑现政策补偿。至此，退耕还林政策从 2002 年的宣传到 2003 年一年之内实现工程规划到实施的所有工作。第六步，确权发证，确定管护经营归属。为了进一步巩固工程建设成果以及后期的管护和经营，2004 年 10 月由县人民政府委托林业局发放林权证。

此外，为了保障退耕还林工程的顺利实施，加强项目和资金管理，该项工程从中央到地方政府，再到 W 县政府制定出台的所有综合性和专项文件共有 60 多个，其内容主要涉及工程实施方案、工程管理办法、财务管理，资金管理办法，组织管理、作业设计等方面。退耕还林政策实施过程中具有一系列严格程序与相关的配套政策规定，为不同政策执行主体顺利实现政策目标提供参考依据，但在取得一定成效的同时也存在若干问题，接下来将对此进一步展开分析。

（三）东溪村退耕还林政策实施成效与问题

关于退耕还林政策实施成效的大量讨论中，无论是国家相关部门的宏观数据评估还是学者从不同视角的分析总结，大多具有相似的结论，即总体而言效果比较明显，取得了良好的生态、社会和经济效益，但仍存在进一步完善的空间。政策的地方实践是普遍性结论的基础，但更能体现政策在特定时空背景下实践取得总体成效背后存在的一系列问题。为此笔者试图以东溪村退耕还林政策的地方实践为例，从生态、社会、经济和观念变化等方面呈现政策地方实践取得的成效以及在不同执行主体参与中出现的偏离政策预期的一系列问题，后者是本研究的起点也是在主体部分重点阐释的内容。

1. 东溪村退耕还林政策实施成效

首先，生态环境改善效果凸显。东溪村退耕还林项目实践基本实现了“造林见林”的效果，退耕地造林郁闭度达到0.5以上[①]的中度郁闭水平。截至2012年W县共完成退耕总面积22.5万亩，基本实现退耕还林目标，郁闭成林率达到80%以上。整体生态效益可以用下面一组数据进行说明（见表1-3）。

表1-3　W县退耕还林工程实施效果

年份	森林覆盖率[①]（%）	土壤侵蚀模数[②]（吨/平方千米）
2000	39.9	5111
2012	61.9	2676

注：①森林覆盖率＝森林面积/全县幅员总面积，森林面积占的比例，反映一个地方的植被情况，各镇（乡）村的覆盖率不同，以村为单位进行调查（植被状况、林分结构）。

②《水利百科全书水土保持分册（上）》定义：土壤侵蚀模数（soil erosionmodulus）是单位面积土壤及土壤母质在单位时间内侵蚀量的大小，是表征土壤侵蚀强度的指标，用以反映某区域单位时间内侵蚀强度的大小。数据越大水土流失越严重。土壤侵蚀模数的单位通常有两类：a表征单位面积年度侵蚀量大小的单位——$t/(km^2 \cdot a)$或$m^3/(km^2 \cdot a)$。b表征某区域某次降雨条件下单位面积侵蚀量大小的单位——t/km^2或m^3/km^2。

资料来源：根据W县林业局退耕办相关资料整理。一般情况下，土壤侵蚀模数越大，表明水土流失越严重。在2000年，重庆市38个区县中土壤侵蚀模数达到5000以上的仅有两个县——W县和城口县。

表1-3显示，森林覆盖率在12年内提升了20个百分点，对于一个国家级贫困县的发展来说，在经济发展具有极大约束性的

① 百度百科解释：郁闭度，是林业科学中的一个专业术语，是指森林中乔木树冠遮蔽地面的程度（林冠覆盖面积与地表面积的比例），它是反映林分密度的指标；根据联合国粮农组织规定，0.70（含0.70）以上的郁闭林为密林，0.20～0.7（含0.2，不含0.7）为中度郁闭林，0.20（不含0.20）以下为疏林。

生态指标上的提升实属不易，其取得的成效在很大程度上得益于两大林业工程共同作用达成的效果：一是从 1998 年开始的天然林保护工程[①]；二是从 2002 年开始的退耕还林政策。尤其是退耕还林工程实施以后，水土流失明显改善，缩短河流泄洪周期，河流径流量随着树木成林涵养水源的能力增强，地表径流减少，土壤侵蚀模数从 2000 年的 51111 吨/平方千米下降到 2676 吨/平方千米，这对生态涵养发展区的水源保护具有重要作用，同时对三峡库区保护具有重要的战略意义。村民感受到，之前暴雨涨水沟里是“红汤汤”，现在水少了，有水也是“清汪汪”，水土得到保持，气候温和了，山绿起来了，野牲口（野猪、野鸡、野羊等）到家门口了。

其次，社会效益突出。东溪村地处大巴山区，典型的山地地形使村民自古以来采取广种薄收的粗放型生产方式。党的十一届三中全会以来，中国农村改革为青壮年外出务工创造了契机，为了生存当地劳动力开始分流：青壮年外出（18 岁以上 60 岁以下，90% 以上）务工挣钱，老年人留守在家种田带孩子。2003 年实施退耕还林政策以来，人均半亩口粮田，人地矛盾愈加突出，青壮年外出务工成为趋势，家户老人负责保证口粮田的耕种，这样村民的生活随着外出务工收入增加而日渐富足，农村房屋居住情况得以改善，从土墙瓦盖转变为两三层小楼。为了鼓励农民使用新能源，由国家投资在东溪村 80% 以上的农户家庭先后建立了沼气池，一方面促进村民使用新能源改变传统生活习惯，另一方面减少薪柴需求在维护退耕山林上提供保障。另外，针对山高坡陡，交通不便，基本生活设施无法覆盖的居民，通过高山移民和生态移民政策，鼓励村民进行梯度搬迁，改善生态环境与生活状况的同时使其享受更多公共服务，也为退耕还林工程统一推进实施创

① 天然林保护工程与退耕还林工程一样是我国六大林业工程之一。自 1998 年后陆续在全国各省实施，主要目的是遏制生态环境恶化，保护生物多样性，对天然林进行分类区划。W 县自 1998 年至今已进入第二周期（10 年/周期）的第三年，全县天然林管护面积有 467.9 万亩，1998 年至 2009 年总支出 8547 万元。

造有利条件。

再次，经济效益提升明显。退耕还林政策实施后不仅使东溪村村民收入增加，而且收入来源也逐渐多元化，退耕后当地村民主要收入来源包括：外出务工收入（占总收入95%以上）、各种政策补贴、科学种田高产增收收益等。退耕后解放了大批劳动力，他们流向城市第二、第三产业，“靠外地人”养活的W县人，通过外出务工收入改建房屋，东溪村村貌在最近十年焕然一新。大多地处高山的居民受益于大面积的退耕政策补助而摆脱贫困，甚至走上致富道路。由于退耕后土地减少，东溪村村委会善于充分利用资源，为村民积极争取W县农委对耕种的科学技术和资金支持，提高农作物复种指数和产量。东溪村自2010年来成为W县农委的示范片区村，试点发展高产水稻、油菜和马铃薯产业，农委为该村免费提供专用肥料、种子、农药，引进先进技术和资金，引导建立合作社，组建“统防统治”① 专业机防队，使当地油菜和水稻得以高产增收。农民开始相信科学，信任干部，干群关系得以进一步融合升级。在农委支持下，一方面为年轻人外出务工解决后顾之忧，另一方面使当地村民（即使是60岁以上村民）进行精耕细作成为可能，并在劳动力缺乏以及土地总面积减少2/3的情况下，粮食单产超过退耕前。村民感叹，“地少了，粮食产量反而

① “统防统治”专业机防队于2011年5月在县农委支持下成立，主要从事农作物病虫害（重点作物是水稻、油菜、马铃薯、辣椒）统防统治工作，拥有机防队员20人。东溪村积极引导农户参加统防统治，实行科学用药，并与农户签订保收协议。2011年油菜统防面积为930亩，水稻统防面积为650亩，当年油菜和水稻增产50万元以上；2012年油菜和水稻的统防统治面积扩大，分别为1200亩和1020亩，实现会员户均增收1300元。“统防统治”专业机防队的工作原理：由农委免费提供专门针对水稻或油菜病虫害、疫病防治的农药和专业燃油烟雾打药机。首先，对症下药，由农委专业人员驻村关注水稻和油菜生长情况以及病虫害，对症配制高效低毒型农药，施量小但效果好，符合当前社会对生态农业的要求。其次，施药时间统一，治疗彻底产量高，施药村社组织专业人员在统一时间打药，一般2～3天就能完成700亩左右的稻田作业，有利于统一防治，治疗彻底，并且水稻颗粒饱满。最后，农民自己打药都是高毒低效且不按计量，毒性对生命有威胁（该村发生过因打药中毒死亡事件），且打药需要家里的壮劳力（青壮劳力）。

增加了，生活水平也提高了”。

最后，村民观念的现代化转变。在东溪村村委干部与村民共同参与的“运动式”的退耕还林工程中，通过积极宣传、动员、规划、造林、营林、护林等行动，村民逐渐形成环境保护意识。基于W县农委的介入，村民开始相信科学，采取精耕细作，对生态高产农业有积极的热情；同时在国家大力鼓励使用新能源支持下，村民逐渐改变传统的烧柴和烧煤的习惯，这有利于巩固退耕还林建设成果与保护环境；经历过集体时期因毁林开荒而导致垮田、垮土的村民也深刻感受到退耕还林对缓解水土流失以及环境改善的好处。在城市化与工业化的冲击下，即使是最偏远落后的山区农村，也不可能与外界完全封闭和隔离，乡村中的现代因子逐渐萌芽生长，农村也卷入国家大力推动的“生态文明”建设的大潮中，强调良好的环境对生存、生活的重要性，在当地朴素的传统生态智慧与自上而下、自外而内的规范性的退耕还林政策互动实践中，塑造了一种更适合当地生产生活习惯的现代生态文明，有利于推动环境保护与农村脱贫致富的共赢实践。

2. 存在的问题与困境

从总体上看，东溪村退耕还林政策的实践成效是显而易见的。但当我们对一项政策的“总体上效果明显”评价进行深入探究时，总会发现政策实践中存在各种与政策预期的差距与冲突，或被称为政策的“偏差/扭曲执行”，但并非政策执行失败。东溪村退耕还林政策实践作为全国退耕还林政策实践过程的一个缩影，可以以点带面反观该项全国性政策在实施过程中存在的问题。为此，笔者对东溪村退耕还林政策执行过程进行深入分析后发现，政策实施过程中存在政策规定与地方实践的差距、生态效益与社会经济效益的冲突博弈、政策间耦合性困境以及政策可持续性担忧等问题。

首先，政策规定与地方实践的差距。在转型背景下，中央与地方政府之间关系“从集中的动员体制转变为分权的压力体制”，东溪村积极动员顺利完成自上而下的退耕还林政策任务指标，并在一定的时期内取得了较好的生态、经济与社会效益。但在特定时空中从自下而上视角观察可发现，政策的地方实践与预期目标和规范之间存在一定差距，出现了“该还的没有还（25 度以上的坡耕地未退耕），不该退的退了（良田退耕）”的指标分配不合理的现象；同时在“还林必须退耕”的规定下出现了“还林了，也耕种了”的“双赢”局面；并且村民对退耕的理解是“停耕”，即“暂时性的停耕，非长久性的还林”等偏差。由此可见，在政策规范性预期与村民实践选择中出现了一定差距，但这样的偏差却是在总体目标基本得以实现的基础上发生的，由此可见，政策的地方执行差距对政策的可持续性以及实际效果的影响有待进一步考察与反思，这也是本研究关注的重点。

其次，生态效益与经济效益的冲突博弈。虽然从表面上实现了“造林见林”、“郁闭成林”度较高的生态效益，但在退耕地中却呈现一副“还林与耕种”共存的局面。退耕还林政策的根本目的是通过优化农村产业结构以改善生态环境，但作为一项全国性的生态恢复与建设工程，在贫困地区的农村（尤其是“三区”[①]）实施为改善生态的退耕还林政策面临“要环保，还是要温饱”的困境。东溪村作为国家级贫困县下的一个贫困山村，土地贫瘠，历来人多地少的矛盾在退耕后更加突出，于是当地村民为了自身利益最大化，基于传统耕种习惯与国家政策长期互动博弈最终形成了“还林与耕种”暂时性共存状态。但随着树大成林，“还林与耕种”共生局面再次被打破，在生态效益优势凸显的情况下村民选择了可创造更大收益的外出务工；当政策到期、补助结束以及经济下行趋势导致外出务工回流后，村民为了生存可能会采取“毁林复耕”的手段寻求经济效益，由此可见政策实施过程中的生态效益与经济效益之间的博弈随着执行者的互动实践发生着动态

① 三区：我国的中西部“三区”，主要是指山区、少数民族地区、贫困地区。这些地区自然条件恶劣，基础设施落后，投资环境差，产业结构单一，人口素质差，市场经济发育程度低，农民收入低且来源少，是典型的经济贫困和生态赤贫共生区。

演变。生态效益的可持续性面临着以生存为本行动选择的风险。

再次，政策间的耦合性困境。国家的制度系统最理想的运行状态是实现一种相容和优化，实现资源的最优配置。但在中国地区分布多元化的地方社会文化情境下，不同部门自上而下制定的政策之间可能存在不相容甚至冲突的情况，从而出现制度的耦合性困境。东溪村退耕还林政策实践的耦合性冲突主要包括两个方面：一是退耕还林政策实施加速了传统支柱型产业的衰败；二是退耕还林政策实施过程中面临农业部门一系列“惠农、支农”激励政策的冲击。东溪村自 2003 年实施退耕还林政策以来，生产生活方式发生了历史性的变革。由于退耕政策严格规定“禁止林粮间种”且桑树未纳入退耕树种，土地缺乏耕种而使桑树自然荒死，加之市场不稳定以及国有体制改革等因素导致传统养蚕产业遭到重创，村民逐渐放弃自集体时期以来一直作为东溪村主要收入来源的养蚕产业。于是在人地矛盾加剧与收入减少的情况下，越来越多的人选择外出务工。十六届三中全会以来，“三农”问题备受瞩目，党和政府出台了一系列“惠农、支农”政策，与此同时退耕还林政策陆续进入第二周期，政策补贴激励逐渐式微（减半），但是农民长期的可持续生计还未建立起来，因此作为“有限理性经济人”的村民会在各种惠农政策的利益刺激下采取策略性行动，这可能对退耕还林政策后期巩固产生冲击性影响。

最后，政策的可持续风险。退耕还林政策的实施在一定程度上逐步调整了农村的产业结构，使农民逐渐从单一的种植业中解放出来流向城市第二、第三产业，加快城镇化进程；现代农业科技使农民在有限的土地与劳动力中实现了高产增收，由此在村民逐渐减少从事以土地为本的农业生产的情况下，政策风险性降低。但退耕还林政策的未来具有明显的不确定性，城镇化并没有把农民变为市民，反而使农民成为定期流动于城乡之间的非农非工的“两栖人”群体，使他们对城乡环境形成双向疏离进而对环境缺乏归属感而漠不关心。当外面劳动力市场压缩，务工群体回流，与此同时经历两个周期后的退耕基本形成树木成林而无法维持“耕与林兼得”状态，所以村民为了生活对土地的需求增加，从而使人地矛盾再次加剧。而现有的现代农业科技虽然能实现有限土地的高产增收，但仍无法应对庞大人口对粮食的需求。此外，农民持续性的生计机制以及生态补偿机制还未建立，缺乏连续性的利益激励；同时，国家不同部门政策之间的耦合性冲突、惠农政策的收益可能激励农民选择回归对土地的依赖。面对以上一系列困境，村民可能采取“毁林，复耕”的具体行动从而使退耕还林可持续性面临风险。

基于退耕还林政策在地方实践过程中存在的一系列问题与困境，本研究以案例为基础，探究一项“自上而下”的环境政策在特定时空背景中的执行过程，基层执行主体之间如何互动并重塑政策规则，为自身创造更大的政策行动空间，从而揭示基层政府、村民自治委员会以及村民三大主体之间的互动过程与逻辑及其对政策执行效果的实际影响，以增进对转型时期公共政策执行过程的全面了解。

二　退耕还林政策及环境政策基层执行研究回顾

退耕还林政策属于直接环境政策[①]，是公共政策的一种。虽然当前国内外关于公共政策以及环境政策基层执行的研究颇丰，但在本书中重点关注退耕还林政策的基层执行过程与逻辑以及政策执行成效的关系，由此对既有研究的梳理与述评主要包括两方面：一是重点梳理国内外退耕还林政策研究所涉及的学科与理论视角、研究方法与路径、研究内容等方面，总结现有研究中存在的不足；二是对关于环境政策基层执行中存在的偏差执行根源探

① 有学者根据政策应对环境问题治理的方式将政策划分为：直接环境政策与间接环境政策，前者如退耕还林政策与天然林保护政策；后者如替代产业和改革政府环境管理机制政策（邹俪，2001）。在研究中的退耕还林政策，很明显是为了改善生态，缓解水土流失和荒漠化等环境问题而采取相应措施，进行环境治理的手段，因此属于一种直接环境政策。

究方面的研究进行分析，从而探索以地方性知识为基础的话语实践视角对偏差执行逻辑的解释，并在此基础上形成本研究的分析框架。

当前有关退耕还林政策研究主要集中于以下几个方面：从研究范围上看，主要包括国内外研究，国外研究较多地集中于国内学者对国外退耕还林（草）项目的经验介绍性研究。从研究学科视角看，大量的研究集中于经济管理学、生态学、地理科学、林学、农学、区域发展等学科角度，运用多种模型和技术手段讨论退耕还林的营林技术、造林模式、造林效应以及存在的问题，而从社会科学视角，尤其是环境社会学视角对退耕还林政策的相关方面研究比较少，主要集中于探讨退耕还林政策与农民增收、劳动力结构转移等方面的关系分析框架。从研究路径上看，现有研究大多以自上而下视角，从宏观层面关注政策评价、工程影响评估和效益评价、工程监测研究以及政策的可持续性的探讨，而从自下而上的政策执行者的日常生活行动视角展开动态过程分析的很少，不同程度表现出“宏大有余，细微不足”的特点。在研究内容方面，从2000年至今关于讨论退耕还林政策的内容颇丰，主要可以分为两大类，一是实体性的静态政策分析，包括对政策本身、工程设计、政策实施技术、政策管理与可持续、评估监测等问题的讨论；二是程序性的动态政策分析，主要从政策实施的过程进行研究，重点关注过程中参与的行动主体、实践互动以及对政策的发展演变影响，这正是当前自然科学研究所忽视的。从研究方法上看，已有的研究更多的是从经济学的定量模型、数据技术系统以及地理信息系统GIS与RS工具等展开案例分析，而以质性方法完整地呈现和描述政策实践过程与逻辑的研究比较少。以下将从国内外两个向度对现有退耕还林政策的研究现状进行梳理。

（一）国外退耕还林政策研究

有关“退耕还林工程”在西方国家具有多种提法，如“conversion of farmland back to forests”，“transfer of farmland back to forests”以及“forest rehabilitation from slope agriculture”等，而美国的CRP项目（conservation reserve program）有的译为“退耕还林”，也有的译为“土地保护与储备计划”。这些提法与中国的“退耕还林”政策内容有差异，但其本质是把一度为了生产粮食而毁林开垦的土地，停止耕种，重新造林，恢复森林（吴伟根等，2006）。为了便于讨论，本书将退耕还林政策理解为“conversion of cropland to forestland program”。伴随工业化带来的环境与资源问题，美国和欧洲发达国家自20世纪80年代以来相继实施退耕还林工程，相关讨论也较多。中国学者对国外退耕还林（草）的介绍性研究大多集中于对工程进行模式和技术性的讨论，旨在为我国退耕还林工程的实施找寻可借鉴的经验。国外实施退耕还林（或称“土地利用转换”）工程的国家主要包括美国、英国、法国、德国、意大利、荷兰以及俄罗斯等国家，大部分学者主要从国外发达国家实施退耕还林工程的背景与基础、目的、实施状况、相关政策等方面展开讨论，并与我国退耕还林工程实施情况进行比较分析，总结国外相关经验与启示（李世东，2002；马妍，2005；王照平等，2006）。与欧洲退耕还林以无计划的自发方式不同，美国与中国退耕还林政策具有较强的统筹规划特点，二者均是由政府资助的大型生态建设与恢复工程，专门针对因毁林开垦而造成的水土流失和灾害频发现象，针对农业生产资源和生态环境的严重破坏现象，进而在容易发生土壤侵蚀的地区，实行有计划的退耕还林（草）及休耕（吴伟根等，2006）（见表1－4）。目前对美国自1986年以来实施的土地保护与储备计划（Conservation Reserve Program，CRP）研究比较多，主要集中于介绍CRP项目管理、实施办法、评价、效益评估、确定退耕规模与补助水平以及项目可持续性等内容，并根据国外经验针对国家计划指导、补偿、可持续经营和监管方面总结经验（向青等，2006；朱芬萌等，2004）。在研究内容上，国外学者对退耕还林政策的研究集中在生态学上的土壤恢复、植被恢复、植被演替、微生物与植物关系（Mitchell et al.，2000）、生物多样性的维护（USDA，

2003）、水土保持、景观重建、可持续的机制运用（转引自：李金东，2010）、退耕土地选择标准、补偿金机制、社会影响评价方法（Hamdar，1999）、评估内容及方法（Feather，Hellerstein，et al.）以及成本收益研究分析（Wunder，2005）等方面。有关大量退耕还林政策实施影响研究的文献表明，在发展中国家退耕还林政策对提高家庭收入有着显著的积极作用，例如，在墨西哥（Alix - Carcia et al.，2003）、哥斯达黎加（Sierra et al.，2006）、玻利维亚（Asquith et al.，2008）、印度尼西亚（Resosudarmo、Thorbecke，1996）以及拉丁美洲（Pagiola et al.，2005）。但也有一部分文献指出了退耕还林政策的消极作用，如王特指出在亚洲发展中国家，退耕还林补贴仍然太少，不足以改善家庭的生活水平（Wunder，2005）。

从国外退耕还林政策的研究发现，大多集中于讨论模式和技术介绍以及对政策实施的评估研究，缺乏对退耕还林工程的理论探讨，其系统性和全面性比较弱，思路和方略也不明确，所以在借鉴经验的过程中需要切实结合我国的实际情况，因地制宜地探讨适合中国情景的退耕还林政策实践的模式。

表1-4 美国的CRP项目与中国退耕还林工程比较

	美国的CRP项目	中国退耕还林工程
时间	1986年	1999年
背景	遏制土壤侵蚀及生态环境的退化	余粮库存费用压力和生态环境压力
实施程序	自下而上的“农民自愿申请”	自上而下“政府主导型”
期限	10～15年	8年/周期
补贴内容	1. 土地租金、植被保护种树种草实施成本的一半，期限为10年以上；2. 农产品价格补贴等优惠政策	1. 粮食补助；2. 种苗造林；3. 现金补助；4. 减免农业税及适当补助等
规划机制	政策手段和市场机制结合	政策手段；补贴标准“一刀切”，仅规定黄河与长江流域两大标准

续表

	美国的 CRP 项目	中国退耕还林工程
规模及补助标准	1986～2002 年（16 年）涉及 2700 个县（共 3086 个）27.9 万人，每年平均投入 15 亿美元左右	1999～2010 年（10 年）涉及 1100 多个县，约 8000 万农户和 3 亿多人，共投资约 3400 亿元，平均每年 340 亿元，比美国高 4～5 倍（李子彬，2003）
工程成效	截至 2002 年，完成农地面积 1360 万公顷（3400 万英亩），期满后的土地有 49% 会在一年内重新转为农地；CRP（1982～1997 年）使全美国年均土壤流失量减少 1843 亿吨，其中风蚀侵蚀减少 1.23 亿吨，水蚀侵蚀减少 0.81 亿吨	截至 2010 年，完成退耕还林 0.7 亿公顷，宜林荒山荒地造林 0.19 亿公顷，控制水土流失面积 0.9 亿公顷，防风护沙面积 1.07 亿公顷，增加土改人蓄水能力 300 亿立方米（国家统计局，2011）
生态效益	CRP 使整个美国打猎年收入增加 8700 万美元，野生动物观赏年收入增加 6.5 亿美元。平均来讲，由野生动物栖息地环境改善而带来的收益可以达到每 0.4 公顷（1 英亩）22 美元（Barbarika，2001；Feather et al. 1999）	周期较短，生态效益逐渐凸显，但相应社会经济效益还不明显，如劳动力转移收入、产业结构调整收益、林业经济效益等不显著（没有系统数据可查）
可持续性	有人持怀疑态度，担忧合同期满后生态保护可持续性，合同中没有规定合同期满后的土地使用规定	学者、官员对工程到期后可能出现的复耕表示担忧，农民持观望态度，但国家实施森林分类经营及新一轮退耕还林补偿等措施有利于巩固退耕还林成果

资料来源：根据李世东，2002；朱芬萌等，2004；王照平等，2006；向青等，2006 等相关文献整理。

（二）国内退耕还林政策研究

在国内，关于退耕还林政策的学术讨论自从 1999 年以后便出现井喷的态势，研究学科领域逐渐由林学、环境科学、地理科学扩展到经济管理与社会科学等；研究方法逐渐由各种专业技术的评估分析到质性与定量结合的阐释；研究内容从集中讨论政策的经济、生态、社会、综合影响与效益转向政策自身存在的问题、可持续发展、工程管理以及综述性的讨论等；研究领域集中于应用领域，基础研究相对较少。但这些讨论大多是一种静态对政策实施成效的评价性分析，而对政策过程动态的研究较少，尤其是缺乏社会学视角对政策实践形态的原因、逻辑和机制的探究。为了更好地说明上述观点，笔者按照表1－5的检索条件针对不同学科对退耕还林政策的相关研究在数量和内容两个方面进行简要描述，并分析其存在的问题。

表1－5　“退耕还林政策”相关学科研究检索现状①

检索时间	2017年11月22日	检索来源	CNKI
文献分类目标（选择学科领域数量）	社会科学Ⅰ（8）	期刊年限	1992～2017年
	社会科学Ⅱ（5）	来源期刊、支援基金	不限
	经济与管理科学（701）	期刊来源类别	核心期刊
	农业科学（840）		
	基础科学（87）		
	工程科技Ⅰ与Ⅱ（82）		
	信息科技（14）		
内容检索条件	篇名：退耕还林	检索结果	1115篇

资料来源：据中国知网CNKI库以“退耕还林”为题名的“核心期刊”搜索整理所得。

表1－5显示，在中国期刊全文数据库中按篇名“退耕还林”进行筛选后得到相关文献共计1115篇。可见退耕还林政策的讨论在20余年的发展中，其成绩是令人瞩目的，但文献的学科领域出处表明，研究学科集中并焦点单一，重复性研究较多。当前的文献主要集中于农业科学（840篇）以及经济与管理科学（701篇）两个领域，而社会科学类（Ⅰ与Ⅱ）的研究仅有13篇。由此表明“退耕还林”工程是一项以林业、农业为主，涉及经济、环境等学科的综合工程（叶充、蔡仕珍等，2012）。从文献总量发展变化趋势看，在前10年基本处于沉寂阶段，而在2000年后呈现一个“抛物线式”的井喷发展以及迅速回归的态势（见图1－4）。

① 最近一次以“退耕还林”为篇名访问CNKI核心期刊的时间为2017年11月22日。

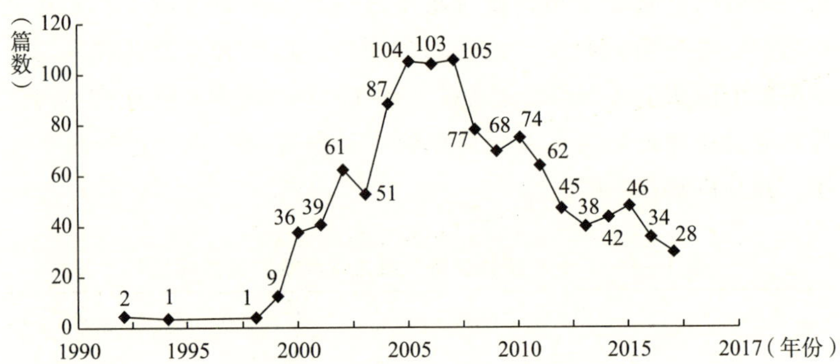

图 1-4 有关“退耕还林”核心期刊文献历年数量统计(1990~2017 年)

资料来源：据表 1-5 数据分析整理而得。

表 1-3 与图 1-3 主要反映了退耕还林政策的研究从 1990 年以来的变化，从图表中可以看出，学界对退耕还林工程实施的研究以 2000 年与 2006 年为界呈现三个发展阶段，前 10 年有关该方面的学术讨论基本处于沉寂阶段，2000 年开始迅速增加，到 2005 年（共 104 篇）与 2007 年（共 105 篇）前达到顶峰，其中 2006 年也基本与峰值持平，共有 103 篇，近 10 年又逐渐呈下降趋势。有关“退耕还林”学术讨论成果的演变趋势恰好见证了我国推进的全国性退耕还林工程的发展历程：1999 年退耕还林工程在四川、陕西和甘肃三省试点，2002 年正式在全国 25 个省份的 1897 个县（市、区、旗）全面铺开；到 2007 年第一轮周期（8 年/期）在各省份试点陆续到期，工程进入全国性评估和成果巩固阶段，该时期为学者提供了从学术上探讨总结一项系统性和完备性政策实践的契机和素材，所以在 2005 年后两三年学术成果达至最高峰。随即从 2007 年始退耕还林工程转向巩固成果阶段（第二轮周期），标志着退耕还林工程迎来了一个从量变向质变的转折点，与此同时相应的学术讨论热潮也慢慢减退。关于退耕还林工程实施历史阶段划分以及发展历程，已有很多学者进行了详尽的梳理（柯水发，2007；等等），这里将不再赘述，关于该部分内容，笔者以附录的形式呈现（详见附录 1：“中国退耕还林政策发展历程”）。与

此同时，由于国家不同部门制定的政策具有“系统效应”，与林业政策密切相关的一系列“惠农”、“支农”补贴政策，可能会对退耕还林政策具有耦合性冲突效应，尤其是2004年以来国家更加重视“粮食安全”，进而出台了大量支农强农惠农政策，这对退耕还林政策的持续性发展产生了双重性的影响。为了详细阐释政策的“系统效应”对退耕还林政策实施的影响，本研究将重点梳理与退耕还林政策发展同期的有关中国农业补贴政策的发展历程（详见附录2：“中国农业补贴政策发展历程（1999－2010年）”）。

以上仅仅对国内有关退耕还林政策的学术探讨在学科领域和数量变化上进行呈现，这里重点对2000年后，即退耕还林政策正式从1999年试点启动后的研究进行梳理。国内相关研究成果颇丰，但当前针对退耕还林政策的综述性研究比较少，主要以政策本身内容的综述为主，如工程效益评价研究（孔忠东等，2007）、农户收入关系研究（赵武军等，2007）、工程风险管理研究（徐慧丽等，2008）、补偿问题研究（刘庆博等，2010）、工程可持续性研究（于江龙等，2009）、工程进展成效（吴礼军等，2009）以及公共政策评估研究（李燕凌等，2003）等。为了进一步明确国内关于退耕还林政策研究在不同学科领域中的成果与不足，以下主要从研究理论基础与学科视角、研究路径、研究内容、研究方法等方面进行梳理。

1. 研究理论基础与学科视角

目前大量的研究基于经济管理学、生态学、地理科学、林学、农学、区域经济发展等学科视角，运用多种模型和量化信息技术讨论退耕还林的营林技术、造林模式、造林效应、效益评价、生态补偿机制以及可持续发展能力评价指标体系等。从研究学科领域中可以看出，主要偏向于自然科学，这与公共政策研究分析的发展路径一致，早期集中于系统分析技术和量化模型的讨论，之后逐渐进入经济学、法学、社会学和管理学讨论的领域。在众多学科中，以经济学为基础对政策实施的成本收益、博弈模型、外部性问题、信息不对称的激励不相容等内容具有相对优势，主要理论支撑包括制度分析、委托－代理理论与公共选择理论等（余劲、折小龙，2011；王小龙，2004；李海宝，2011；柯水发，2008；李彧挥等，2006；等等）。此外，公共管理学的结构转换理论讨论了政策推进的劳动力和产业结构调整（赵武军，2008）；地理科学主要应用系列模型和信息技术分析（3S技术，即GIS、GPS与RS技术）退耕前后土地利用的变化等（秦伟等，2009）。从社会学视角，尤其是环境社会学视角对退耕还林政策进行研究的比较少，有研究提到环境建构主义、环境公正、社会变迁、区域可持续发展、人地系统理论等，但缺乏相应经验研究的系统性应用（党晶晶，2011）。王清（2010）基于环境社会学视角采用整合性研究范式讨论土地承包、生态林建设、禁牧限牧以及退耕还林政策与当地的自然生态和社会生活的相互影响、作用的过程。有学者从退耕还林政策的地方执行过程分析以地方性知识为基础的环境感知与环境行为实践的关系逻辑（钟兴菊，2014）。从现有研究的学科视角看，学者大多借用其他各学科理论对环境问题进行宏观讨论，缺乏环境政策理论对政策实践的动态过程进行指导，本研究通过批判、借鉴委托－代理理论从政策基层执行的过程视角展开分析。

2. 研究路径

现有关于退耕还林政策的大量研究集中在利用各种专业信息技术从环境科学等学科以“自上而下”的视角关注政策评价、工程影响评估和效益评价、工程监测以及政策可持续性等内容框架下的讨论，而从自下而上视角分析特定时空背景下政策执行者的行动实践的很少，不同程度地表现出“宏大有余，细微不足”的特点。以自然科学为基础的退耕还林政策研究大多是从宏观层面展开，尤其体现在对工程的监测与影响的评价方面。有关政策的评估研究大多采用自上而下的视角，以一系列的技术和数据模型对管理框架（崔智华等，2009）、造林模式（季元祖等，2009）、补贴政策（王磊，2009）、后续产业结构变化与发展（陈珂等，2011）、生态效益（周文渊等，2009）、生态补偿机制、社会经济效益、生态服务价值（田耀武等，2011）等内容展开分析。

3. 研究内容

目前关于退耕还林政策的研究内容成果相当丰富，本书主要借用法律学科中对法律规范内容以“实体性”与“程序性”的分类标准将现有退耕还林政策的研究成果划分为“实体性政策”与“程序性政策”两大类。与法律规范类似，退耕还林政策属于直接环境政策，也是正式规范的一种。所以本书中对二者的理解是，“实体性”政策主要是指规定退耕还林政策中主体、对象和内容三者之间的一种关系，是一种原则性的规范与政策，具有静态特征；而“程序性”政策更加重视参与政策制定与执行的主体对关系的一种建构，通过不同策略创新和再生产规则实现政策当事人对政策的可接受性原则，具有动态平衡性特征。

第一，实体性政策的静态研究。该研究向度涉及丰富的内容，可以分为政策性层面和技术性层面研究的内容。政策性研究层面包括政策理论探讨、政策影响评价、实施、可持续问题以及经济补偿机制的分析、农民收入水平影响以及政策的风险管理等；而技术性研究层面主要包括政策评估模型、地理与遥感等监测技术、造林技术、树种选择、土壤性质适宜性评估等。

当前政策性研究在文献数量上占绝对优势，主要集中于以下五方面。一是关于退耕还林的理论探讨，一些学者对退耕还林的经济补偿研究理论基础进行总结，包括环境资源价值理论、公共产品理论、外部性理论、生态资本理论、可持续发展理论、地租理论、再生产理论以及需求理论等（刘庆博等，2010）。研究表明退耕还林的理论基础是恢复生态学（restoration ecology），以生态重建思想为基础，通过国家财政提供退耕还林政策补助委托村民提供环境公共物品，使生态效益逐渐改善和优化，最终获得生态、社会与经济效益良好的新的生态系统，左著（2006）认为尽快通过确立“养护者受益”原则，建立“退耕生态林收购”制度。有学者根据经济增长、林业变迁与退耕还林的发展规律总结了一个理论分析框架，认为退耕还林政策应以经济增长为前提，最终也要靠经济增长来实现预期目标，即只有彻底解决了农村的贫困问题，才能实现退耕还林生态目标（刘东生等，2011）。从现有理论研究看，环境政策研究的理论支撑更多地倾向于借鉴使用经济管理的相关理论，而忽视了地方性知识经验对本土化理论的构建。

二是关于退耕还林政策的影响评价的讨论，主要集中于两大评价体系。一方面是对工程的社会经济、社会和综合效益的评价与绩效分析，通过问卷调查的计量方式，对农户主体收入（易福金、徐志刚等，2006；赵武军，2008）、农户参与意愿（徐静婷，2012）、农户生产生活方式、劳动力转移（易福金，2007）、农户的认知与相应行为（温仲明等，2003）、社会性别（张雅茜，2011）、农业结构影响（何毅峰等，2009）、粮食安全影响（李晓峰，2005）、农民消费水平以及恩格尔系数等方面，采用对比增量法得出评价结论。另一方面是宏观层面从林学、农学等学科展开的生态效益评价，运用水分、土壤、小气候、物种结构和生态环境等指标对生态效益进行评价的研究较多，包括耕地利用的影响（崔海兴等，2009）、土壤微生态的影响以及土壤侵蚀和水土保持（邹军等，2012）等方面。孔忠东等（2007）指出当前效益评估大多限于区域性的单因素评价，缺乏综合性、动态性、系统性和全面性的评估体系方法，这导致工程效益评估的可比性差、可信度低、评估的权威性受到质疑。

三是关于退耕还林政策实施过程、补偿机制以及可持续性问题的讨论。其一，政策实施过程存在若干问题：以退耕还林政策不同发展阶段为基础讨论各个阶段存在的问题及解决措施：第一阶段集中于资金、技术、补偿、贫困、政策问题等，而农民问题是第二阶段才出现，至今为止的第三阶段主要是可持续性与后续产业等问题。杨明等（2008）将退耕还林后续问题归纳为后续产业发展、后续发展政策、后续管理、后续发展能力评价四个方面。其二，主要集中于政策稳定性以及经济补偿机制对退耕还林工程可持续重要作用的讨论。秦建明等（2005）认为退耕还林（草）损失补偿应分区级实行不同补偿标准，建议对投入成本的补偿侧重于种苗补偿费和增加管护费。还有学者认为退耕还林政策补偿政策统一性较强，其地方适应性和公平性受到质疑，建议按照工程实施的 11 个类型区适当细化补偿标准，实行分区调控的政策。同时有学者认为建立生态补偿机制以及相应的经济补偿机制是工程持续的根本保证（黄富祥，2002；杨明洪，2002）；孙妍（2006）基于现行经济补偿标准暴露的一系列问题，提出政府应降低现行补助标准并推行多元化补偿标准建议。其三，对退耕还林政策可持续性发展的影响因素讨论。一些学者认为以政府财力为保障的政策稳定性与长期性是确保农民退下的耕地不复耕的前提（支玲等，2004；Uchida et al.，2005）；另有学者认为建立长效的经济补偿机制是巩固退耕还林工程可持续性的重要保证，并对补偿政策涉及的主体与对象、标准与期限、方式与机制建设等方面存在的问题提出改进措施和建议（杨明洪，2002；张军连等，2002）。然而，Emi Uchida 等（2005）通过对贵州和西宁两地有关退耕还林政策成本效益和可持续的研究表明，在政策停止后很多农民会采取毁林复耕行动。

四是关于退耕还林政策对农民收入影响的研究，主要集中于积极、消极和无影响三方面的讨论。一部分学者认为退耕还林政策对农民收入水平提升具有明显的积极影响（支玲等，2004；刘璨等，2006；Uchida et al.，2005；等等）。另一部分学者认为政策不仅不能提升农户收入水平，反而有消极影响（Xu et al.，2005；陶燕格等，2006；等等）。还有部分学者认为二者影响不显著（易福金等，2006；徐晋涛等，2004；等等），该结论可能有多重原因：有可能是项目推行周期比较短，项目本身对农户的增收效果还不明显，其真实结果还待跟踪观测。一些学者的早期研究认为退耕还林减少了农户收入，没有起到结构调整的作用，但在后来的研究中受经济增长、城镇化发展以及政策调整和松动等因素的影响，之前的结论逐步得到修正（徐晋涛等，2004；杨东生等，2011）。

五是关于退耕还林政策面临风险方面的讨论。主要从粮食安全风险、生计发展风险以及工程持续性风险等几个方面进行总结分析。目前学者针对粮食安全与退耕还林政策的关联有大量的讨论，主要包括正向与消极影响两派观点。一些学者认为二者在短期存在挤压作用在长期具有积极的促进作用，退耕还林并不会引发粮食安全问题，并能提高粮食安全系数（李晓峰，2005；谭晶荣，2003 等）。一些学者以数据说明退耕还林只是粮食总量减少的诸多原因之一，且影响微弱（王志宝，2004）。但另外一些学者认为粮食减少是因为耕地少，而占耕地面积减少总量 83% 的“退耕还林工程”则是耕地减少的根本原因（戴兴安等，2007）。有学者更进一步从不同研究层次探讨二者关系，刘璨等指出，尽管存在地区差异，但退耕还林工程实施造成农户层次较地区层次的粮食的减少更显著（刘璨等，2009）。谢晨等（2011）对退耕还林工程的监测发现，工程对粮食的影响仅限于农户层面，在县级以及国家层面上已存在粮食安全问题。

关于技术性层面的讨论，主要集中于自然科学技术与经济学相关模型对退耕还林政策中的问题，如造林模式、树种选择、土壤性质等进行的研究。不同学者以现有监测技术为基础，不断创新新技术，部分学者基于“3S”技术［以遥感（RS）、全球定位系统（GPS）和地理信息系统（GIS）为主的技术］建立退耕还林工程决策、监测与评估系统，为工程实施提供准确而快捷以及可验证的数据，如定位计量耕地、林地、草地等土地类型及相关信息（杨永崇，2004 等）。史良树、杜纪山等（2006）采用 SPOT－5 的 3 种影像数据实施分类监测；杜灵通（2006）提出基于遥感技术的监测技术等。

第二，程序性政策的动态研究。该研究向度主要涉及政策实施过程的研究，着重关注政策实践主体行动的微观实践研究，如政策实施参与主体策略、行为选择、认知与意愿等。现有学者对政策实践主体的分析大多以经济学理论为基础，采用博弈论、委托－代理理论以及公共选择理论等对退耕还林的激励作用机制展开分析。有学者通过博弈论模型分析造成退耕还林（草）和禁伐政策实施低效的原因是各博弈主体由于利己思想而难以摆脱“囚徒困境”（杨明洪，2004；李豫新等，2004）。于转利等（2005）进一步将博弈分为宏观、中观和微观三种类型，而柯水发等（2008）将博弈中的利益相关者分为主要、次要和潜在的利益相关者，强调三者均是博弈的决策主体和策略的制定者，且可以相互转化。李豫新等（2004）认为退耕还林政策演变为林管部门和农民“创租”、“设租”的手段主要是受困于政府、林管部门与农民利益之间的矛盾。李金东（2010）总结了作为政策最终作用对象的农户、执行者的地方政府、政策设计者和推动者的中央政府三者根据各自目标在博弈中表现出不同的特点，并在各方博弈中形成了退耕还林政策在适用范围、政策内容和实施过程中的变迁路径，但他没有对介于中央和农民之间的各级地方政府做进一步细化。

从现有关于退耕还林政策执行主体之间关系讨论的研究发现，有关农林经济管理、林业学科以及土地资源管理等学科学者从博弈论的角度对中央政府、地方政府（包括县级政府、乡镇政府）以及农户之间的关系展开了创新性的应用研究，大多集中在各个参与主体行为的静态、动态和多元博弈分析，并得到一些令人信服的结论。但仍存在一系列问题：一方面，在目前关于退耕还林政策实施的政府行为讨论中，大多数学者受到西方经济理论（如公共选择理论、博弈论等）影响，忽视我国转型时期特殊的国情下环境问题的复杂性和特殊性，从而对政府主导行为的重要性以及相关政策执行主体之间复杂的互动对政策效果的影响缺乏深入研究；另一方面大多学者将居于中央和农民两端之间的各级政府统称为“地方政府”[①]，并将地方政府作为一个整体分析执行退耕还林政策中的角色、作用以及影响因素，而没有进行具体的划分

---

① 周飞舟（2006）对“地方政府”的理解是包括省、市、县、乡四级，其中县乡两级是直接与农民发生各种关系的最基层政府，省市两级政府在国家和农民的关系框架中相对不太重要，主要起上传下达的作用，所以“地方政府”概念主要是县乡两级，其中又以乡镇政府的分析为中心。正如周飞舟所说，省市两级政府主要起上传下达的作用，所以政策执行过程中真正拥有解读、灵活运用和创造政策规则空间的主体是基层政府，并且对政策实施效果发挥关键作用。在本研究中，借鉴周飞舟对地方政府的理解，且重点将“乡镇政府”作为政策基层执行的重要主体之一，它也是在村民眼中发挥着“国家”角色和作用的正式权威主体。

（李晓峰，2005）。这样遮蔽了许多地方政府实践中丰富的真实图景，在现代化过程中国家政权内部并不是铁板一块，国家科层制内部分化出许多不同的利益集团，这些不同级别的政府代表着中央和地方不同的利益诉求（马娟等，2011）。

虽然也有一些学者侧重于以地方政府中某个主体为中心展开研究，如县政府、乡镇政府、村委等的行为研究，但对不同利益主体之间的互动关系及其对政策执行实际效果的影响缺乏系统性和动态性的讨论（李志军，2011；马娟，2011；张曙光，2000；曹杨等，2005 等）。如李海宝（2011）在讨论西部地区乡镇政府退耕还林工程实施过程中，将执行主体细分为中央、县级、乡镇、乡镇政府官员、农民群体五大利益主体的关系对政策实施的影响，但对不同主体的互动关系缺乏动态的过程性讨论。这种静态研究忽视了执行者在不同的社会场景中运用权力的策略性行动。在转型背景下，不同层级的地方政府，基于自身利益和地方发展的需要有不同的利益诉求，所以从动态视角探讨各级地方政府与村民在政策实施过程中的互动关系对政策实施成效的影响具有重要意义，尤其是对与政策最终执行者的村民密切相关的村民自治组织（村委会）以及基层政府的复杂过程采取“程序性的动态研究”，有利于对转型期公共政策执行过程进行全面的了解，并为进一步完善和优化政策执行过程提供参考。

4. 研究方法

目前关于退耕还林政策的研究方法主要采用经济学基础的定量模型、指标评价、机会成本法、数据技术系统、量化数据等实证分析，也有以案例为主的实证性系统分析，但采用定性方法完整呈现特定时空中政策实践过程的个案研究比较少。有学者根据政策发展阶段的重点内容总结了研究所采用的不同方法：在评估退耕还林政策影响阶段（2002～2004 年）针对产业结构调整、农村生计等内容，在借鉴世界银行等国际组织的监测评价方法的基础上，采用投入产出法对退耕还林政策的区域经济影响进行分析，并开始应用参与式调查方法等（谢晨等，2011）。在政策研究高潮阶段（2004～2006 年）针对成本有效性、政策可持续性、粮食安全等内容引进了博弈论、信息经济学、选择模型等。在政策延长期阶段（2006 年至今）针对农户收入影响、政府生态投资等内容展开了大型的计量分析（刘东生等，2011）。概言之，量化研究方法贯穿政策实施与影响评估的各个阶段的分析，而解释性的定性研究比较少。

（三）退耕还林政策研究的述评

国内外退耕还林政策研究领域里取得的上述成果无法掩盖它所面临的困境，其存在的不足主要体现在理论发展、学科领域、研究路径、研究方法和研究内容等几个方面。

首先，理论滞后于实践发展。从国内外对当前退耕还林（草）政策的研究发现，研究者大多倾向于对国家计划统筹下的实践项目本身内容展开分析和讨论，如项目制定背景、实施程序、影响因素、实施效果与可持续等方面，而对实施相关政策的理论探讨比较少。另外，很多政策研究借鉴其他相关学科理论进行分析，如借鉴经济学中的博弈论、委托－代理理论、成本效益分析理论对政策主体的互动实践进行分析，公共选择理论中的理性选择对政策实践中的行为选择进行分析；制度经济学理论强调制度因素对政策主体的影响等，缺乏基于环境政策理论的地方实践的本土性、创新性解释。

其次，学科之间缺乏整合。国内外关于退耕还林政策的研究表明，与公共政策研究的发展路径一致，早期大多集中于有关技术问题的自然科学的探讨，主要关注退耕还林的营林技术、造林模式、造林效应以及土壤影响效果等问题。事实上很多技术问题已经得到解决，所以现在面临的更多属于社会科学中的问题，为此经济学、社会学等学科逐渐开始涉入退耕还林政策领域的研究，但当前从社会学尤其是从环境社会学视角对退耕还林政策的研究比较少。夏光（2000a）认为解决环境问题具有两重性，一种是要解决人与自然之间关系的“技术革命之路”；另一种是解决人与人之间关系的“制度创新之路”，而后者是环境政策研究的重点。同样有学者提到现有政策实施主体中，有很多人缺乏社会科学的背景，这直接导致他们难以解决退耕还林政策实施中复杂的社会经济问题，如县林业局的工作人员缺乏促进当地农民参与或是协调各个利益主体冲突的经验和技能（左停等，2006）。

再次，研究路径单一。从国外退耕还林政策的项目研究中发现，学者大多是从宏观层面对政策进行规范性研究，而微观地方实践的经验研究较少。在国内的研究中，研究路径主要以宏观为主，分为两大类：其一，针对工程的进展成效、政策可持续、工程监测评价、影响评估等的研究；其二，很多研究以具体的案例进行调查研究，但这些案例研究涉及工程覆盖的大部分区域，实质是借案例来论证工程具有的一些共同特征，从自下而上的视角对政策实施过程以及参与主体实践逻辑的探讨比较少。

复次，研究方法失衡，缺乏规范性。关于退耕还林政策的研究，定量分析较多，而定性研究较少。定量研究主要是通过自然科学相关技术对退耕还林政策的模式优化、林种设计以及造林模式等进行模型分析：采用应用遥感和地理信息系统技术对大尺度退耕还林还草适宜退耕区域界定、退耕模式、退耕规划制定和实施进行决策分析；利用专业的数据与图像技术对政策的综合效益评价、效果监测、决策分析等进行研究；通过计量经济模型分析政策实施的社会经济效益等。由于政策实施具有复杂性、多样性和差异性等特点，而定量研究中的指标体系主要以区域性单因素分析较多，没有形成全面性、系统性和完整性的指标体系，有的关注生态效益，有的侧重于社会经济效益分析，导致研究结果可比性差、可信度较低。

最后，研究内容缺乏系统性和全面性。当前关于退耕还林政策的综述性研究主要集中于工程效益评价、农户收入关系与补偿问题、工程进展成效与风险管理以及可持续性等方面，大多是对实体性政策的静态研究，而对过程性的动态研究很少关注。静态的实证研究中多以间断的资料为基础，缺少全面系统的宏观分析。

由于环境政策的特殊性，决定了它与“收税”、“计划生育”、“招商引资”等政府的硬任务不同，作为软任务的政策实践主体面临信息不对称、激励不相容等困境，所以从动态视角分析执行主体之间复杂的互动关系过程能获得政策执行过程更加丰富的内容。

（四）环境政策基层执行的相关研究

鉴于退耕还林政策属于直接环境政策，而环境政策是公共政策的重要组成部分，本书将退耕还林政策基层执行策略与逻辑的探讨纳入一般性政策执行讨论的范畴。基于科层体制以及社会转型背景，一项由政府主导的自上而下的环境政策受到多层级复杂因素影响，导致政策基层执行过程中存在“有法不依、执法不严”、“上有政策，下有对策”、“歪嘴和尚念经”等较为普遍的现象，被称为政策的变通执行。但需要强调的是“变通”并非政策失败或失灵，而是基于特定时空背景下通过政策执行主体的能动性实践在一定程度上实现了政策目标的一种扭曲或偏差执行。

学界对政策变通执行现象展开大量研究并取得丰硕成果，但中国科层体制的特殊性导致政策的决策权与执行权的分离，因此基层政府的行动逻辑成为探讨政策变通执行根源的重要原因。自20世纪90年代以来，中国地方政府尤其是基层政府的行为逻辑及其背后所交织的“权力－利益”网络的解释受到国内外学者的关注（吴毅，2007），提出了一系列分析基层政府行动策略的重要概念，如“软硬兼施”与“变通”（孙立平、郭于华，2000）、“共谋”（周雪光，2008）、“选择性政策执行”（Kevin，Li，1999）、“应对”（艾云，2011）、“选择性应付”（杨爱平、余雁鸿，2012）以及“正式与非正式的谈判”模型（周雪光、练宏，2011）等。他们的共同特征是将村委会视为“准政府”，按照理性逻辑，利用“有限的自主性和体制弹性”调整行动策略、增强适应能力。从现有研究看，基层政府多种变通执行策略的实践实质是由来已久的政策规范性知识与地方性知识之间的博弈关系，从理论发展脉络来看，存在两种竞争性的理论。

一是嵌入性（embedded）的竞争关系。该理论以静态的结构视角为基础，认为自上而下的中央政策具有规范性、科学性以及普遍性原则，嵌入到地方实施过程中遭遇多元化、特殊性以及“落后的”地方性知识的对抗，在“国家－地方”二元对立的零和竞争关系中导致政策的变通执行。嵌入性概念通过格兰诺维特发展，用于描述人们的经济行为嵌入到社会网之中，作为能动者的个体行为受到特定社会结构的影响，并进行理性选择。该概念适用于分析中国政府主导型政策执行过程中国家与地方关系的策略取向，自上而下的政策执行涉及正式制度的引入与变异、普遍规则与特殊变通之间的竞争关系。大量有关基层政府行动逻辑的讨论主要集中于国家支配论、庇护主义和国家中心主义等视角，将其置于“国家－社会”光谱两极中偏向“国家”为中心的分析。然而，具有官与民双重属性的村委会在应对政策地方实践过程中表现为多元化的竞争模式，如“地方法团主义”（Jean，1992）、“地方政府即厂商”（Walder，1995）、“政权经营者”（张静，2000）、“村镇政府即公司”（丘海雄、徐建牛，2004）、“政经一体化”（张玉林，2006）、“谋利性政权经营者”（杨善华，2008）等。自上而下的规范性政策通过村委会以“强势姿态”进入地方“弱势社会”结构中，准政府角色的村委会在地方场域中具有理性解读与回应政策的竞争优势（艾云，2011），从而导致政策的变通实践。

二是协商的互构关系。该理论以动态的互动过程为视角，认为政策执行过程中需要尊重具有特殊性和多元化的地方性知识的功能，政策的地方实践形态是上级政府的规范性知识与村委会（及其村民）拥有的地方性知识进行持续协商和互构的结果。传统研究将村委会置于“国家－社会”二元对立的脸谱化分析框架已难以解释不断演变的乡村社会现实，尤其是在治理背景下，基层社会政策实践形态是多元主体共同协商调适的结果，地方政府在动态的协商关系中凸显一系列行动策略，如“正式权力的非正式运作”（吴毅，2007；孙立平、郭于华，2000）、“经营式动员”（马明洁，2001）、集“代理型政权经营者”与“谋利性政权经营者”为一体（荀丽丽、包智明，2007）等。政策变通现象被认为是“大传统对小传统行政渗透过程中的相互调整”的结果（籍颖，2010），即政策实践一方面依靠强制性的行政指令或政治力量与地方小传统对抗，同时需要进行适当调整以尊重小传统部分功能，从而实现以大小传统互构为基础的政策变通实践。将“大小传统”融于一体的村委会运用地方性知识对抗自上而下的规范性政策；同时对规范性政策进行地方性解读和重构，从而在协商互构中实现政策变通执行的合法性认同。

协商互构关系视角表明，政策变通执行的根源在于规范性政策知识与地方性知识之间的互动实践结果。该视角强调社会情境与规则的“多元话语分析”（谢立中，2007），重视即时即地的“情境－行动分析”（卫小将、姜立标，2013）的动态互构，从而突破了静态“结构－制度”视角下嵌入性零和博弈关系的讨论，为本研究探讨特定时空背景中政策基层执行过程以及不同主体之间的行动逻辑与政策执行成效之间的关系提供一种新的分析视角。

（五）既往研究启示与拓展空间

笔者通过对退耕还林政策研究在理论视角、学科基础、研究方法与路径以及研究内容等方面的不足进行评述，为进一步深入开展退耕还林政策研究奠定基础。另外从嵌入性的竞争关系以及协商互构关系两大视角对政策执行中存在的“执行偏差”现象进行深入剖析表明，以地方性知识为基础的话语分析视角为退耕还林政策基层执行过程与逻辑分析提供了一种创新性视角。然而笔者并不企图通过本研究弥补当前研究中存在的所有不足，对于一个以案例为主的经验研究也是无法做到的，因此在本研究中重点从以下五个方面做出努力。

第一，重点以政策基层执行过程与逻辑的经验研究为基础，为进一步优化和完善公共政策执行过程与效果评估提供参考。在社会转型背景下，本研究以特定时空中退耕还林政策的基层执行过程为基础，批判地借鉴传统公共政策分析的委托－代理理论对政策基层执行过程展开的讨论，关注政策执行过程中行动者与规则之间的互动实践对政策实际效果的影响，试图突破传统理论解释的局限，并通过扎实的经验研究为构建环境政策的本土化实践逻辑提供丰富的实证资料。

第二，在研究方法上，对政策执行过程的动态分析采用深度个案研究方法。深度个案研究有利于不断丰富和完善定量研究指标体系，提升并超越量化分析的水平。所以在动态的政策实践过程中，采用深度个案研究方法有利于深入探究政策行动者的行动逻辑与机制，完善参与式动态评估指标并修正政策实施过程，提升政策实施的成效。

第三，以微观为主，宏观微观研究路径相结合。环境政策地方执行研究必须以特定的历史条件和社会经济文化为背景，由于退耕还林政策是一项全国性系统工程，覆盖面广，涉及地域特征复杂；同时也是一项复杂的经济活动，涉及中央、地方、基层政府以及村民等不同层次和多方利益主体。对退耕还林政策的研究既要以宏观社会经济文化大背景为基础，又要关注微观政策执行主体的实践行动，通过自上而下的政策规范约束性与自下而上的地方性知识适用性之间的整合与调整，探索一条地方实践的综合性路径。尤其重视特定时空中政策实践的独特性，以完善与修正既往宏大研究的不足。

第四，研究视角创新，以地方性知识为基础的话语实践策略解读政策基层执行的多元化逻辑。话语分析视角有利于突破“国家-社会”二元对立的脸谱化分析框架。在治理背景下，基层社会政策实践图景是多元主体话语共同协商构建的结果，而多元主体话语实践背后实质是不同主体之间“权力-利益”网络的博弈。在转型背景下，通过规范性政策与以地方性知识为基础的话语实践调整与适应，揭示政策基层偏差执行却获得合法性认同的深层逻辑。

第五，兼容并包形成合力，以社会学为立足点，兼收多学科资源动力。作为环境社会学核心议题之一的环境政策研究，需要研究者具备多学科的素养，借鉴和利用不同学科资源对环境问题进行深入的探究和分析。所以在退耕还林政策过程研究中笔者试图不断拓展学科研究领域，将政策的规范性研究与技术性研究有机结合，为不断丰富和创新环境政策研究提供有利的条件。

三　研究问题的提出

通过对退耕还林政策在特定时空中的实践现状、成效与问题的描述以及当前学术界有关退耕还林政策研究内容与不足的梳理，并且对政策执行偏差现象的根源进行多维度理论视角的剖析发现，在社会转型大背景下，基于特定时空背景下以微观视角分析公共政策实践过程与逻辑具有必要性。笔者认为，关注环境政策执行过程的重要性在于理论和现实两方面的依据。在理论基础方面，一是由于转型时期的复杂性，环境政策的执行面临阶段性与长期性、局部利益与整体利益、个体理性与集体理性之间的博弈困境；二是中国环境治理面临“边治理、边污染”的失灵困境，由此引发对逐渐完善的环境保护制度体系导致环境政策执行效果不佳的反思。在现实意义方面，一是从现有关于退耕还林政策的研究看，大多学者的讨论忽视了中国特殊的社会转型背景，同时缺乏对政策过程性的动态分析；二是对以往生态建设项目失败教训的警示与反思，如在世界粮食计划署（WFP）援助下实施的“通过种植树木和牧草来防止侵蚀和促进发展”的2605粮援项目的失败教训①。由此可见，环境政策的特殊性决定了对政策实际效果的评估

① 20世纪80年代初，在世界粮食计划署（WFP）的援助下，宁夏实施了“通过种植树木和牧草来防止侵蚀和促进发展”的2605粮援项目。项目在实施期内取得较大成功，也达到了预期目标。但它的成果如昙花一现，项目中种树面积达到6万多公顷，到1991年仅剩3.2万公顷，林地毁损率为47%，项目种草51万公顷，到1991年不到1.3万公顷，其中80%的人工草地已经重新开垦，破坏严重，到20世纪末绝大部分遭到破坏。有学者分析，该项目失败的主要原因是项目在计划经济体制下实施的生态工程，由政府主导，广大农民被动接受任务而非主动参与工程建设，这导致林草在项目结束后迅速被破坏（西海固反贫困农业建设研究课题组，1993）。

必须重视可持续性。当前中国政府虽然越来越重视环境保护并建立健全完善的环境政策体系，但仍面临环境治理失灵的困境。可待进一步研究的空间以及项目失败的教训表明，关注环境政策执行过程对政策执行实际效果以及可持续问题具有重要意义。

周飞舟（2006）认为，省市两级政府在政策执行过程中主要起上传下达的作用，与村民不发生直接的关系，在国家与村民的关系框架中不太重要，而县乡两级政府直接与村民发生各种关系，其中又以“乡镇政府”为中心，所以本研究基于社会转型背景，重点关注与村民有直接关系的基层政府（即乡镇政府，在本研究中主要是镇政府[①]）以及乡镇正式权威在乡村中延伸的村民自治组织（村委会）与村民三者之间的复杂互动关系对环境政策执行效果的实际影响。

由此，本研究所要研究探讨的基本问题是：在社会转型背景下，从微观视角揭示基层政府、村民自治组织（村委会）、村民参与政策实施的复杂过程与逻辑及其对政策执行效果的实际影响，以增进对转型时期公共政策执行过程的全面了解，为不断完善和优化政策执行过程提供参考，为此，将从以下四个方面对研究问题展开分析。

（1）宏观数据显示，退耕还林政策实施在生态、社会与经济

① 乡镇政府，包括乡政府与镇政府，从二者的行政建制来说，没有本质上的区别，皆为县、自治县或者市辖区所辖的基层政府。而乡与镇的区别主要体现在以下几个方面：一是镇是人口相对较多且居住比较集中的区域；二是镇的工商业相对于乡来说比较发达且商品贸易比较繁荣，而且镇一般设有固定的农副产品以及其他物资集散地，这些集散地的地理位置相对于乡来说都比较优越，经常设在中长途交通运输站的旁边或者是行人车辆必经之地；三是镇往往是由相邻的几个乡合并而成的，且镇的发展趋向就是转为县一级的行政单位，目前我国大部分地区的镇都升级为县级行政单位（李海宝，2011）。本研究中的“镇政府”主要是在2005年撤乡并镇机制调整后由三个乡合并而成，该地由于地处偏远山区，虽然从建制上称为“镇政府”，但其有很多条件不满足镇政府应具备的条件，如S镇至今没有农副产品及其他物资集散地，只有两条省道过境，全镇2.36万人，集镇面积0.5平方公里，集镇人口3200人，城镇化率仅14%。

等方面取得了显著成效，但从自下而上视角通过典型案例审视政策基层实践过程发现，政策执行效果与预期目标之间存在一定程度偏差，具体表现是什么？执行偏差如何产生？受到哪些因素影响？

（2）乡镇政府、村委会以及村民作为政策基层执行的行动者，他们如何解读政策？基于什么情境，依靠什么资源，采取哪些行动策略与规范性政策进行博弈？不同行动者政策执行的特点有哪些，影响行动的因素是什么？行动者的政策实践逻辑是什么？

（3）社会转型时期乡镇政府、村委会以及村民的角色和作用如何变化？三者之间的关系如何演变？三者共同围绕退耕还林政策的复杂互动实践对政策执行效果的影响是什么？意味着什么？

（4）从微观视角关注环境政策基层执行意义是什么？对环境政策执行有何启示？

第二章　研究方法与研究设计

本研究旨在考察退耕还林政策在特定区域的实践形态，并试图总结不同行动者政策行动的特点与影响因素以揭示行动逻辑。本书的研究主线是对退耕还林政策实践过程以及行动者行动的跟踪研究，而个案研究的方法可以更好地考察这个过程。

一　研究方法：个案研究

张静指出，"研究应进行'因果'分析还是'过程'分析，是'结构'分析还是'事件'分析，应交由研究者根据他关心的问题以及所得到的资料性质去决定"（张静，2000：14～15）。所以对方法论唯一恰当的态度是"对各种框架有益成分的包容，而不是排斥"，进而"因不同的问题关怀及所得资料的性质"来尝试选择不同的分析方法（谢立中，2007）。本研究的问题关怀是退耕还林政策基层执行过程，重点关注政策行动者（基层政府、村委会以及村民）如何在特定时空背景下解读政策并采取策略性行动，从而建构一种各方可接受的行动规则，不断创造、解释和运用新的规则以创造行动空间和机会，最终实现政策的变迁。

首先，由于当前有关退耕还林政策从宏观的"自上而下"视角讨论比较多，而从微观的自下而上维度的讨论比较少，一定程度上表现为"微观不足，宏大有余"的特点。本研究所考虑的退耕还林政策是中央大力推动的，因此原则上采取自上而下模式的动态视角是合适的，但是在中国转型期的背景下，随着地方政府自主性增强，中央政府与地方政府逐渐演变为讨价还价的委托－

代理关系，作为独立的行动主体很难使自上而下的政策得到忠实执行。同时研究并不带有价值预设对政策执行的结果进行规范性分析，而是更加关注政策执行的动态过程，这就需要从自下而上的视角以行动者为中心，强调对行动者的理解、所拥有的能力和资源等因素进行分析。采用自下而上视角对政策基层执行的互动过程进行分析时，需要关注一个可变迁的并正在变迁着的政策，一个复杂的互动结构，一个由于政府行动的缘故必然会影响执行活动的外部世界以及本质上难以控制的执行主体等。因此在本研究中基于宏观大背景从自下而上路径对政策的基层执行展开分析。

其次，由于“结构-制度分析”（张静，2007）与“过程-事件分析”（孙立平，2010）这两种研究模式在具体研究中存在一定程度的张力与冲突，其实质是“行动与结构”之间对立的古老议题。对此，布迪厄和吉登斯分别使用“惯习”和“结构化”等概念进行弥合二元对立，然而这仅仅是一种理论突破，很多学者试图发展更多中层模式与策略对具体生活实践进行解释，于是有了试图将“结构-制度”与“过程-事件”勾连的尝试，如强调话语情境与规则对话语影响的“多元话语分析”（谢立中，2007），重视即时与社会情境的“情境-行动分析”（卫小将等，2013）等。在本研究中，退耕还林政策作为一套制度化的规则体系由特定情境中的执行者根据自身的资源对政策规定进行运用、解释和创造，最终政策执行的效果是特定情境下行动者与政策规定互动实践的结果。所以在退耕还林政策基层执行过程的呈现中，既要重视政策行动者所处的情境与拥有的资源，又要重视政策规则对行动者的制约以及行动者的能动实践对政策采取微观的、具体的、不断变化的变通策略，由此使通过个案研究方法获得的丰富资料有助于全面了解政策执行的实际效果。

最后，本研究中要讨论一项政策的基层执行过程，重点关注不同行动者对退耕还林政策的执行过程、特点和影响因素。为了对不同行动者执行过程进行“全景式”的呈现，最适宜的研究方法就是深度个案研究，它可以使得我们深入现象的过程，以发现那些真正起作用的隐秘的机制（孙立平，2005：427）。深度个案的质性研究对于政策研究甚至整个中国社会科学领域而言尤为重要，对当前正处于转型过程中的中国社会来说，其社会、经济与文化水平的差异性和复杂性甚于西方，在西方情境下所适用的结构化的量化研究方法往往在中国的诸多方面面临桎梏，从而失去解释力和说服力，同时又可能很难发现现实中的真问题。所以采用深度个案方法有利于探究特定时空背景下政策地方执行的合法性。

以上对研究问题的关怀、所能得到资料性质以及研究性质的讨论表明，本研究采用个案研究方法，以大巴山区渝东北的一个国家级贫困县的一个村庄——东溪村的退耕还林政策的实践为例，重点关注该政策的基层执行过程，揭示基层政府、村民自治组织（村委会）以及村民参与政策实施的复杂过程及对政策执行效果的实际影响，以求对政策执行过程进行全面的了解，为进一步完善和优化政策执行过程提供参考。东溪村是我国592个国家级贫困县中贫困乡村的代表之一，可以说该村实施的退耕还林政策的微观场景并不是孤立的，也不是偶然事件，是我国中西部众多类似的贫困而封闭的村庄实施退耕还林政策的缩影，具有一定的代表性。

虽然以一个村庄中参与退耕还林政策实施过程的行动者的行动为研究对象，但涉及退耕还林工程的西部地区区域面积较大、经济发展水平不一，各乡镇资源禀赋不同，以一个乡镇政府作为研究例证，概括性相对低，典型性不强，存在一定的局限性。但基于研究者个人时间和物力等方面的限制，只能选择一个村庄进行深入调查。虽然这样的研究从统计学意义上看是远远不够的，研究的结论也无法在中国复杂的农村情景中得到普遍印证，但正因为笔者并不准备追求研究的统计学意义和一个推论到全国的普遍性的结论，才会以揭示个案村庄退耕还林政策执行的特色为目的进行研究，这样可能更有助于发现退耕还林政策在特定时空中所具有的真实面貌，希望能为退耕还林政策基层执行的研究提供一个真实而详尽的案例。

二　调查点的选择与进入

（一）调查点选择

调查点的选择决定了研究资料获取以及研究问题的深入挖掘的可能性，需要充分考虑宏观与微观层面的因素。在宏观层面，选择渝东北大巴山区 W 县为研究地点有几个原因。

首先，W 县地处大巴山的南麓，属于渝东北翼 11 区县之一，也是三峡库区的重要县，境内有多条河流共同汇入长江一级支流——大宁河。大宁河下游流经巫山和奉节县注入长江，所以该县的生态建设和水土保持对长江流域以及三峡库区具有重要的意义；该县是重庆市退耕还林实施的重点县（截至 2012 年全县退耕还林面积为 22.5 万亩，占重庆市退耕还林总面积的 3.4%）。其次，W 县是国家级贫困县（2012 年县 GDP 收入为 53.1 亿元，地方财政年收入仅 7.3 亿元[①]），而贫困与生态脆弱、经济贫困与生态恢复和建设密切相关；选择贫困地区的退耕还林政策实施作为试点更能反映地方政府在经济发展与环境保护的关系中矛盾如何实现一种均衡。再次，关于政策系统效应方面的考察，重庆自 2008 年来实施的一系列“惠农”创新试点政策，如户籍改革中的“五件衣服”[②] 等，为当地退耕还林政策的影响作用分析提供了丰富的社会经济环境。最后，在重庆市经济发展的功能分区中，W 县属于渝东北的 11 个生态涵养发展区之一（主要以长江主要支流覆盖的区县为主，属于库区县，且地处欠发展地区），该区对水环境保护力度要求较高，在很大程度上限制了该县的经济发展。该

---

① 数据来源于：《W 县 2013 年政府工作报告》，2013 年 2 月 27 日在 W 县第十六届人民代表大会第三次会议上通过。

② “五件衣服”是自 2010 年 8 月始，重庆试点户籍制度改革为转户居民落实的五项社会保障，即为让转户进城的农村人提供城市就业、社保、住房、教育、医疗“五项保障”，被形象地称为穿上“五件衣服”。

县在十二五规划中提出森林覆盖率将达到53%，超过年度计划1个百分点，作为国民经济发展的一种约束性指标，可见生态保护与经济发展之间呈现了一种紧张的关系。因此选择该县作为调查点能更好地反映退耕还林政策实施中可能面临的自上以及自下的各方压力与困境，由于东溪村属于三峡库区、生态涵养限制发展区、国家贫困县地区等，其复杂的社会经济情境更能反映政策执行过程中不同的行动者的复杂互动关系和策略性行为选择的逻辑。

在微观层面对调研村庄的选择也涉及多方面的因素。本研究主要以单个村庄为例展开分析，希望通过近距离、深入地发现和理解政策实施的真实情况。当然，如果能选择不同类型乡镇的村庄展开政策实施过程的田野调研，并进行概括比较，将会更加全面，但限于个人的能力、时间和经费，并考虑调研点进入与收集资料的方便，研究者选取渝东北W县S镇的东溪村的退耕还林政策实施过程进行深入调研。

（二）获准进入与研究关系建立

在研究关系建立中，关键有两点，一是语言无障碍，二是找到守门人。在语言上，由于该县是重庆的一个县，离主城有500多公里，地处渝陕鄂三省（市）交界处，语言基本以重庆话与四川话为主，研究者作为土生土长的重庆人在语言沟通方面基本无障碍。从重庆主城区到达W县只有两种方式，一是水路，二是公路，不通铁路。每天从主城区有3趟大巴车到W县，车程为9个半小时①。该县位于三峡重要风景区“小三峡”的大宁河源头，可以乘

① W县是距离重庆主城区最远的区县之一（约500公里），地处渝陕鄂三省交界的大巴山区，历来交通闭塞，经济落后，每年GDP排名在重庆40个区县中位居倒数。2013年前从奉节县到W县仅有省道S102过境，整个路段坡陡路窄，弯急地险，大巴车程4~5个小时。2013年12月31日奉节到W县高速路正式通车，车程缩短为2小时。该段高速路修建历时4年，由于海拔高、地形复杂、修建难度大，平均不到1公里就有一座桥梁或一条隧道，最长的隧道达到4560米，全线46.4公里，隧道有23条，桥梁达35座，桥隧比达到76%以上，因此被称为“重庆天路”。自此高速路修好后，重庆主城到W县大巴车程缩短为约6个小时。由于笔者最后一次进入田野是2013年8月，所以没有赶上因高速路而缩短车程的福利，每次来回于W县都有足足9个多小时的时间在颠簸的大巴车上欣赏沿途崇山峻岭的美好风光。

坐旅游船到达，从重庆朝天门码头出发途径奉节县转乘小型旅游船沿大宁河而上，一般要历时两天左右。到达 W 县城以后，需要在县城客运中心转乘县际小客车经过 1 个小时左右车程到达 S 镇，该路段沿着大宁河一侧的山谷修建，汽车在崇山峻岭中穿梭，沿途可谓风光旖旎，清澈泛蓝的大宁河水时而宁静时而湍急，山脚靠水的古时栈道孔清晰可见，途经盐文化浓厚的宁厂古镇[①]，沿河岸的古老破败的建筑见证了当时制盐业发展的繁荣。到了 S 镇之后还需要搭乘当地最普遍的交通工具——摩托车，约 10 分钟，若步行则约 40 分钟，才可以到达笔者所入住的东溪村 H 主任家。

在本研究中，关键守门人的寻找经历了两个阶段，第一阶段主要是依托在当地开展农村社区建设的一个社会组织[②]进入，通过参加该组织的活动以及试点的走访观察，与该组织对接的县级层面相关部门（县群众工作部[③]，下文简称“群工部”）的负责人以

---

① 宁厂古镇的历史可以追溯到四千多年前，《山海经》记载的“巫咸国”，位于大宁河上游的宁厂古镇就是传说中上古巫咸国的所在地。宁厂古镇是中国西南地区最早发现的盐泉，在新中国成立前极盛一时，也因此当地的河运与沿岸商业相当繁荣，后因为制盐业的统一管理，古老的制盐技术无法适应市场竞争于 1996 年停产，至今仍保留着一股盐泉（详见中央电视台中文频道“远方的家”栏目“北纬 30 度”·中国行）。

② 该社会组织是北京地球村环境教育中心（简称“北京地球村”），该民间组织是以传播乐和理念、建设生态文明为宗旨，近年来主要在农村开展以乐和社区与乐和家园为特色的城乡生态社区建设。2010 年 8 月 W 县明确将“打造秦楚之门，建立乐和家园”作为“十二五”规划战略目标，该组织主要负责人作为该县政府顾问，为了开展乐和家园建设专门在 W 县成立乐和家园办公室，并直接对接 W 县群众工作部推进社会管理创新工作。于 2010 年 9 月下旬在三村六社区进行试点，并于 2011 年 5 月在全县 27 个乡镇推广“乐和家园”建设试点。本研究所选择的村（东溪村）并非该组织所开展的乐和家园的试点村，而是研究者在完全脱离该组织关系的情况下，经过努力以个人名义开展第二、三阶段的田野调查研究。

③ W 县群众工作部是自 2011 年 6 月 15 日作为全国第一个省级层面的海南省委群众工作部挂牌成立以来，于 2011 年 3 月在重庆市成立的第一个县级层面的群众工作部，主要负责群众工作的统筹、协调和指导工作，该部门内设综合协调科、民意调查科、民众联络科以及便民服务科四个部门。该部门的实质是建立群众工作一站式服务平台，将传统的信访工作纳入群众工作部门管理，有利于高效率解决群众问题。

及乡镇层面主要领导和当地的村民精英建立了良好关系，这些领导、负责人和乡村精英对笔者下一阶段顺利开展调研工作具有关键作用。第二阶段由于各种原因不得不脱离组织关系以个人名义进入村庄，相比之下这次进入较第一次难度更大，面临着更多不可预期的困难，需要通过个人的努力打通县级层面、乡镇层面、村委层面以及村民等各层级关系。到了实地后笔者才发现，介绍信在进入县级层面的各级部门时很难发挥作用，如果没有内部相关人员的介绍根本无法找到部门的责任人；然而进入村庄相对比较容易，但村民对正式程序上的介绍信根本不懂。简单地说，介绍信在正式与非正式环节都没有起到理想中的效用。但幸运的是在第一阶段的调研中与当地政府群工部负责人以及S镇的书记建立了良好的关系，为第二阶段在东溪村的调查的全面铺开以及第三阶段的深入调研奠定了基础，他们也是我进入东溪村和县相关部门的关键守门人。在守门人的帮助下，笔者进入了各个层面并获得了宝贵的一手资料。

首先，笔者通过之前结识的县层面群工部相关负责人获得了再次进入的许可，并在他的帮助下，打通与县相关部门关系，如林业局、环保局、发改委、统计局、县志办以及群工部等部门，取得了对这些部门相关负责人进行访谈的机会，获得了大量重要的文献数据材料。其次，通过之前认识的S镇的领导，对所属乡镇进行全貌了解，并通过他得到乡镇政府各部门和领导（如农业服务中心、统计办公室、党政办、计划与人口办公室、林业办公室等和镇长书记与人大常委会主席）的支持和配合，获得乡镇层面相关部门的访谈和大量资料；在乡镇领导的推荐下，获得了进入到东溪村的许可。再次，通过乡村精英认识了东溪村村干部（村委支书和村主任），由于有乡镇领导的推荐，笔者在村层面的进入就相对容易，在得到村主任和村书记的允许下笔者参与了各项村务活动、乡村大型活动以及村突发事件解决等工作，这为笔者后期开展主题调研提供了丰富的背景知识并建立了与村民之间熟识的人际关系和信任基础。最后，通过村主任和支部书记，笔者有幸获得了村主任的同意并入住到他家，由此正式拉开了田野调研的序幕。

在获得同意的过程中有一段有趣的经历。2013 年 3 月 6 日，在没有获得任何自上而下的正式许可下，笔者直接奔去了 S 镇的东溪村，整整一上午走访了 3 户农家后发现没有针对性的入户面临诸多问题：一是村民对外来者有防备心理，不愿意多说；二是很难得到比较有价值的信息。这也是笔者第一次体会到一个行政村实在是太大，尤其是在山高坡陡的山区，村民居住分散，想在短时间内靠步行了解一个村的全貌是无法实现的，并且天公不作美，下午突如其来的一场暴雨浇灭了笔者高昂的热情，在失望中赶回了县城。在回县城的路上，笔者不断反思和总结并从长计议。第二天（即 3 月 7 日）笔者改变策略再一次进入东溪村。上午不到 8 点笔者就坐上往 S 镇的小客车，大约 9 点在 S 镇（沿着河谷而建的小镇）下车后直接叫了一个摩托车师傅让他带我到东溪村村委办公室。路上，摩托车师傅听笔者是外地口音，以为笔者是记者要去村委会采访。经过大约 15 分钟师傅就把笔者从山脚的小镇载到了坐落在油菜花海中的一栋三层小楼门前，这栋楼背后是一栋 2 层小楼，墙上的“东溪村服务中心”几个红色大字十分醒目。后来笔者才知道，前面这栋楼房就是村支部书记 L 书记的家。下摩托车后，恰巧碰上村委会在开会，于是一直等到临近中午 12 点他们散会后笔者才找到了 L 书记，向他说明来意后，他实在太忙抽不开身与笔者坐下来交谈，于是让笔者找村主任 H 主任。H 主任是一个比较细心谨慎的人，在我给他介绍信后，他还要求看笔者的学生证和身份证，在确认身份后他才同意与我交谈。整整一下午，H 主任在村委办公室详细而耐心地给我讲述了东溪村在生产生活方式以及乡村发展变迁历史等方面的内容，让笔者对东溪村有了全貌性的了解。正因为 H 主任的介绍，果断决定了将东溪村作为深入个案研究的田野地点。我们相谈甚欢而不觉天色已晚，由于我必须赶回县城，笔者借此向 H 主任提出请求，希望他能帮忙在村里找一家农户入住下来以便更加深入地了解东溪村。我迫不及待地在第二天（即3月8日）大清早就给H主任打电话，试探性地问他是否已经给我找到住处，结果在电话那头他迟疑了一会儿后，比较勉强地说："你就来我家吧！"虽然是一种勉强的同意，但那时的我不知道有多么的兴奋和感动，这是一种似流浪者获得收留后的感激，也是一种从心底里被人接纳和认可的感动。我按捺不住心中的激动，一刻不停留地拎着行李赶往H主任家，当天中午我就找到了H主任家，认识了他家里的另一个成员——H主任的妻子G阿姨。这样我就名正言顺地正式入住东溪村了，为我广泛而深入地了解东溪打开了广阔的田野空间。

巧合的是H主任在东溪村已有30年的工作经验，做过村会计、主任、支部书记。这为我从一个村干部的生命历程了解整个村自改革开放以来的发展历程提供了得天独厚的条件，通过他的帮助我首先获得了与该村一些重要人物（如老村长、老会计、老书记、村庄精英等）的深入交流机会，全面了解到历史中的村庄，并且每天晚上都能针对当天的疑惑向村主任求教，得到一些意想不到收获。此外，在该村下设的7个社社长的帮助下进入到村民家庭，获得与他们进入日常交流和互动的机会。

最后，在明确调研问题和主题后我第三次进入该村，由于与该村以及村主任建立了良好的关系，使该阶段的进入在前两个阶段基础上显得游刃有余，但在实际的田野调查过程中又面临很多更加具体的困难，如选择进入乡村与研究主题的契合性，深入挖掘研究问题的可能性，重点个案的发掘和资料获得的可能性，县相关部门负责人的再次访谈的可能性，等等。

（三）目标样本选择

从事社会学研究的人，应该到所观察的对象中间去观察、体验和学习。条件允许，还可以与研究对象一起生活和工作一段时间，深入当地仔细观察以了解情况。我采取与某个家庭亲密接触、长期住在一个家庭中的策略。因为得到当地人的认可和接纳后，才能真正进入田野，从他们的言行和生活细节中了解更多的鲜为人知的重要信息，从而增强研究的广度和深度。真正做到“从实求知”不容易，但在田野中秉承这样的信念就会有更多的收获。本研究中退耕还林政策实践过程所涉及的目标群体比较广泛，随着不同阶段的进入和调研的不断深入样本对象有所差异。

本研究的田野调研共分为三个阶段，总共67天。第一阶段，摸底调查及关系建立阶段（2012年8月20~9月2日，共14天）。该阶段主要依托一个乡村建设社会组织进入，鉴于时间关系，我对社会组织在4个村开展试点工作进行走访调研并和与之对接的县相关部门负责人、社会组织负责人以及乡镇领导和乡村精英建立了关系。

第二阶段，全面铺开阶段（2013年3月2日~4月5日，共计34天）。该阶段是以个人研究的名义进入田野展开调查，经过各种努力进入W县S镇东溪村后，从宏观层面对该村展开了关于“社会变迁与环境演化关系”的全面调查了解。该阶段正好赶上了东溪村最美而繁忙的季节，经历了当地一年一度盛大的菜花节，我参与了村社为迎接节日而组织村民处理垃圾的活动，跟着他们一起为春耕组织村民疏通檐沟而测工，因为春旱而与村民一起找水，等等。一个多月的时间里，我对东溪村的社会、环境、人文等各方面有了全面的了解。回来后与老师商量，老师觉得我的面铺得太宽，不容易深入下去，建议我选取其中一个比较小的方向，以小见大，“小题大做”，把研究做得细致、深入一些。老师建议以对该村社会经济和环境影响比较大的退耕还林政策实践过程作为研究的切入点，对该项政策的实施过程进行全面的了解和研究，对政策参与过程中的各个主体的行动进行分析，总结归纳政策实践的策略与逻辑，为环境与社会关系模型做一些实证的积累和理论铺垫。这也是接下来再次进入该村需要深入了解和调研的重点。该阶段主要涉及的调研目标群体包括：该村的村民、村委层面的主要干部（村支书、村主任、会计、林业员、综合治理员、计生专干以及各社社长）、乡镇政府层面的主要领导（书记、镇长、人大常委会主席）和相关部门（如林业办公室、农业服务中心、统计办公室等)、县层面主要部门（如环保局、林业局、统计局、发改委、群工部、县志办等）及负责人。

第三阶段，深入主题调研阶段（2013 年 8 月 8 日 ~8 月 26 日，共计 19 天）。该阶段在前两阶段的关系建立以及对研究问题进一步明确的基础上，对东溪村退耕还林政策实践过程以及个别突发事件展开深入的探究。该阶段主要面临的挑战是，需要在有限的时间内从不同层次围绕“退耕还林政策实践的过程”的展开调研，并探究其中发生的特殊案例以及焦点事件的隐秘文本。调研中发现，从村民群体获得的信息很容易达到饱和，很难在村民中发现特殊案例。随着我与村民、村委会关系的进一步深入，发现 2001 年的“合村并组”村社体制改革对村委干部利益关系结构有很大的影响，从而引出原村主任与现村委干部群体之间由于退耕还林政策实施而产生的各种复杂的矛盾，于是为了防止现任村干部的影响，经过一番努力我对原村主任（WJS）进行了两次深入访谈，并获得了当时东溪村退耕还林政策实施过程中的重要事件文本。与村主任建立关系的日常交流中了解到现东溪村村委会干部班子内部的利益关系以及关于退耕还林政策实施过程中的争议等各种宝贵的文本资料。该阶段主要的目标群体涉及：村民、村干部、乡镇干部（尤其是退耕还林政策实施过程中的负责人，如村支两委、乡镇驻村干部、林业办公室负责人等)、县林业局干部（退耕办、天保办、蚕桑办主任）等。

三　资料收集与运用

研究问题决定了可能获得资料的方法，所以从研究问题出发，本研究主要采用的资料收集方法有：文献收集与分析、个案访谈法、参与式观察法以及口述史。

首先，文献收集与分析。在预调查中主要通过文献法对该县国民经济发展以及历史概况等内容有了初步了解。同时对《W 县志》、政府官网、相关新闻报道等内容进行查阅了解。进入实地后我通过参与式观察和非结构式的深度访谈对当地环境状况与组织介入情况有了了解，这为后来的深入调研提供了丰富的背景性材料。

其次，在正式调研中，主要通过个案访谈、参与式观察和口述史方法收集一手资料。在调研过程中时刻保持对新鲜事物的敏感度，用手机记录所到之处的照片和收集田野实物等。在进入实地调研之前，我的老师一再叮嘱尽量收集一切能收集到的一手资料，如县志，统计年鉴，政府公报和十一五、十二五规划，环境监测报告，公告，等等。老师的建议我一直铭记在心，因此在下田野之前做了充分的准备，将可能涉及的部门、人群以及可能收集到的资料都一一列出来了，避免遗漏。因此，每到一个调查点，我时刻记得用相机记录看到的，用录音笔记录听到的和想到的，向县政府和乡镇政府部门索要相关的文字材料和电子材料，主要包括政策性文件、会议记录、专项数据资料以及各种政策措施的正式文本等。另外一个很重要的是，留下了我所访谈调研的各部门相关负责人的电话、邮箱和 qq 等联系方式，以备在后来的资料整理和写作中对可能遇到的困惑向他们请教。他们非常愿意也很理解，并提醒我："回去后有什么问题可以直接在网上或电话联系，你来一趟也不容易。" qq 等联系方式对我后来整理和完善资料有很大帮助，可以让我时刻跟踪了解退耕还林工程的近况以及与被访谈者联络感情，也为我第三阶段进一步深入实地调研奠定更牢固的基础。

在访谈中，我尽量记录被访者的原话，以便在分析时能更好地把握他们的真实思想。时间紧、任务重，每天晚上都要整理四五个小时的录音，但为了对最新的资料保持敏感度和减少信息损失，我坚持每天将当天的录音整理出来后才休息。在整理过程中，我将大脑中一时闪过的想法以批注的形式记录下来。在村层面访谈共 60 余人，分别对不同年龄阶段的人进行访谈，而对 60 岁以上的人（占村常住人口的 80% 以上，他们是当前农村的主要劳动力，这与当前中国大部分乡村现状一致，18 ~ 60 岁的青壮年都外出务工，留守的是老人和孩子）主要采用口述史的方法让他们重现乡村的社会、经济、文化等方面的历史场景，这有利于与当前村庄发展现状形成对比分析。通过对村里面几个老书记、老会计的深度访谈，初步对该村历史的全貌有所了解，老人虽然有过亲身经历，但毕竟年月相距已远，他们回忆关于村庄的很多内容存在前后矛盾，在具体事件的时间上也有所混乱。所幸的是大部分的矛盾和遗漏的内容在村主任那里都能找到答案，虽然不可避免地会有一些个人的偏见，但研究者可针对困惑或矛盾的问题，通过与不同的村民进行交流，做多方印证和进行逻辑性分析。

本研究的一手资料收集主要分为五个层次：一是中央政府层面，主要通过国家林业局网站查阅关于退耕还林的相关政策以及效果评估报告等。二是县政府层面，主要包括县经济发展报告、十一五和十二五规划、W县统计年鉴、W县志、国民经济和社会发展统计公报（10年）、环境监测报告（包括水、大气、噪声等监测报告）、退耕还林相关政策以及数据统计、天然林保护相关政策及数据资料、蚕桑办相关资料和数据，等等。三是乡镇政府层面，主要包括村层面退耕还林、种粮补贴、高山移民、村庄环境连片整治等相关政策和数据资料等。四是村委干部层面，主要包括村书记手绘村地图、原来村社规划图片、W县户口簿、农村经济统计表、村主任工作笔记、村主任打官司的文书、用章证明、村社会议记录、走访地点相关照片等一手资料和实地实物。五是村民层面，主要采用面对面的访谈、参与式观察方法收集村民的日常生活、生计方式、对环境的意识以及对退耕还林政策的态度，对耕种的行动与态度以及与村委会和乡镇政府层面的互动等。对于村民及村干部进行访谈的地点相当灵活，有可能在田间，也可能在地头，我对一个老书记的访谈是在他犁田的地里以与他聊天的方式完成的，这样既不耽搁他犁地，也很自然地得到了我想要的信息。另外，通过网络资源对W县的历史社会变迁以及退耕还林过程中凸显的问题和事件报道做了初步了解，有利于以此为线索进一步发现政策实践过程的可深入追踪的个案（见表2-1）。

表 2－1　资料收集方法及不同资料文本获得层次结构表

层面	方法	对象	获得资料
中央政府	文献法	相关政策文本	退耕还林相关政策、技术规程、评估报告等
县级政府	文献法、非结构式访谈	发改委、统计局、环保局、林业局、县志办、群工部等部门负责人，林业局下设的退耕办、天保办、蚕桑办相关负责人（约 15 人次）	县经济发展报告、十一五和十二五规划、统计年鉴、县志、国民经济和社会发展统计公报（10 年）、环境监测报告（水气声）、退耕还林相关政策以及数据统计、天然林保护相关政策及数据资料、蚕桑办相关资料和数据等
乡镇政府	文献法、非结构式访谈	乡镇书记及镇长、党政办、林业站、统计办公室、计生委办公室、现任及历任驻村干部（约 10 人次）	退耕还林相关的政策、方案与通知；惠农支农政策、乡镇农业经济统计表、人口数据等
村委干部	文献法、非结构式访谈、口述史	现任村支书、主任、会计，历任在世的老村主任、会计与支书与 7 个社社长（约 20 人次）	村庄历史、村书记手绘村地图、原村社规划图片、户口簿、林权证、1998 年以来农村经济统计表、村主任工作笔记、官司文书、用章证明、村社会议记录、走访地点相关照片等一手资料和实地实物
村民	参与式观察、口述史、深入多次访谈、个案追踪	以村主任家为圆心扩散到整村 7 个社村民以及周边 2 个村的村民（约 60 户）	村民日常生产生活方式及其环境意识，对耕种、退耕还林的态度及其行为；与村委会和镇政府层面的关系
网络媒体	二手资料	相关网站报道	The Fastest Changing Place on the Planet；《远方的家——北纬 30°·中国行》；退耕还林问题事件相关网站等

资料来源：据实地调研整理。

注：表 2－1 中关于资料收集对象，仅指每个层次中对象人员，而针对与退耕还林政策相关的关键人物及机构，如县林业局退耕办、乡镇以及村社主要负责人进行了多次深入的访谈。具体田野访谈获得资料信息详见附录 6：“收集文本资料目录”。

最后，值得指出的是，当谈到东溪村政策实施过程中的“弊病”、“隐秘”，特别是“不光彩的过去”的事情，不管是村民还是村干部，各级政府官员都讳莫如深，不愿道出其中的实情。如果研究者与被调查者是非亲非故的关系，一般很难得到真实的情况。但当地村民都愿意把研究者当作“记者”看待，愿意向研究者反映一些用水、用电等方面的实际问题，这也是我引入访谈主题屡试不爽的策略，但一提到有关退耕还林政策的弊病，还是很难得到真实的信息。是故，深度访谈和参与式观察（退耕还林政策已经实施 10 年，政策的执行已经形成固定模式，观察到“隐秘”内容更加困难）会陷入困境。书中的几个文本都是经过深度访谈，各种官方、半官方的资料以及自身经历和观察而“构建”起来的。有关东溪村当时实施退耕还林政策过程中的争议和矛盾，当时的村支部书记（现任村会计——G 会计）是文本中的一个关键人物，但从现任村主任（当时辞职外出务工未参与退耕还林政策实施）和村民的访谈之后，了解到 G 会计的为人。虽然我认为对他的访谈可能意义不大——他在村里的口碑一直不好，不受村民拥护，但他是当时政策实施的操作者，所以最终还是决定找他详谈。多次电话预约都被他以很忙不在家，或在镇里办事等婉拒，最后一次他终于答应让我去他家，但最后的访谈如最初预计那样草草收场，没有得到有价值的信息。所幸的是，在我 8 月份驻村的时候刚好碰上举家外迁到县城陪孙子上学的前任村主任（他是退耕还林政策实施当年在任的村主任，W 主任）刚好回老家避暑。在第二阶段调查中现任村主任（H 主任）及其妻子多次侧面提醒我不要去找 W 主任，从他们语焉不详的话语中我了解到，当年 W 主任跟现任村委干部之间因为退耕还林政策发生了很多不愉快的事情，加之后来身体状况，W 主任被乡镇领导撤职后就没有干了，他可能心存很多不满。基于一些困惑以及无法从 G 会计口中获得信息，我打算亲自去找这个可能是唯一能向我讲述和描绘当年政策实施情景的 W 主任。我想方设法避开 H 主任，找到了构建文本的这个关键人物——W 主任（自 2005 年赋闲在家），他看过我的介绍信后（我想他也将我看作记者），很快得到了他的信任。我个人猜想，可能一方面是他对村里面的很多不公和个人遭遇的两场官司[①]一直心存怨气，希望有人去反映，而他将我看作合适的人选；另一方面可能基于对现任村委干部的不满，愿意向我讲述当年退耕还林政策实施过程中的问题以及与村书记和会计之间的矛盾。他跟我详细交谈了整整两个下午，亲自带着我上山指认了他们社中存在问题的“小班”[②] 地块；他还特地回县城取回至今仍保存完好的当年有关退耕还林政策实施过程中的小班规划情况以及打官司的所有文本材料（在他同意的情况下我留下了所有的照片），由此了解到当年东溪村退耕还林政策实施过程中的一些不为人知的隐秘，也为我完成文本提供了重要保障。

另一文本的构建，起始于 2013 年 3 月我在乡政府与林业办公室人员访谈的时候，碰到邻村（N 村）的村主任（T 主任）来政府办事并与我交谈，在谈及自留山林和退耕还林相关问题中，他提到他们村的村委班子成员全部因为退耕还林补偿款项的贪污而被捕入狱。后来在东溪村我也听到了有关 N 村的各种“马路消息”[③]，初步对他们村的情况有所了解，并于 8 月找到 T 主任以及当时负责该村的驻村干部（L 主任），向他们了解到当时该村在退耕还林政策实施过程中村干部、村干部与村民之间的复杂矛盾关

① 无独有偶，W 主任所遭遇的两场官司都与退耕还林政策实施有关，一场官司是 1982 年土地下户后，村民 WJZ 将自己的土地交给原 T 村后外迁，2005 年 WJZ 又回来要退耕还林补助，但当时交给村里面的土地已经由村分配给 9 户人家，由此引起了 T 村（包括 W 主任在内）的 9 户村民与 WJZ 退耕还林补助的纠纷；第二场官司是在退耕还林分户落实中村民 WYC 由于 1 分地的退耕还林补助深夜闯入 W 主任家中将其打伤后引发的。在后文中将对退耕还林政策分户落实中存在的若干困境展开分析。

② 小班（Sub-Compartment）：林业上经常使用的术语，指内部特征（如立地条件、林分因子、采伐方式、经营措施和集材系统等）基本一致，与相邻地段有明显差别的地段，是森林资源清查和经营利用的基本单位。小班界线按集材系统以自然区划为主，一个小班的面积，一般以 5 公顷左右为宜，最大不应超过 20 公顷。在退耕还林政策实施过程中，根据卫星航拍图对退耕区域进行规划，作为作业的基本单位。

③ 马路消息：当地人对类似小道消息的说法，也即是听别人说，没有亲自看到的一些事件的说法，但对内容的真实性各执两端。研究者本着对任何说法并非空穴来风的态度，尊重每套话语存在的合理性。

系及导致的政策整改问题等内容。

需要说明的是，研究中引用的一些文本情节和一些事实并不完整，但可以从中洞悉政策实施过程中不同行动者互动而使政策发生变化的不同规则和逻辑。不得不反省的是，为了避免建构起来的文本可能存在的片面性进而基于此分析和解释带来的误差，在研究过程中采取了逻辑分析、常识分析和多方佐证的方法。在访谈现场，对于前后矛盾或与常识不同的说法进行追问和质疑；对于可疑事实了解不同访谈者的看法，确认事实描述的真实性。

本研究的整个田野调研分三个阶段进行，共67天，正式访谈人数累计64人次，访谈关键人物有10人左右，一般人物访谈通常1~2个小时，针对关键人物和重点对象都进行了多次且长时间的深度访谈，大多访谈一个下午约4个多小时。此外还在走访过程中开展很多非正式的访谈，对一些有价值的信息会有相应的照片或录音记录。所有的访谈都是开放式的，因为针对关键人物的访谈若采用结构式的提纲形式会有很大的限制，可能丢失很多重要的信息。对此，我每次访谈前，都会根据访谈的目的和关键问题事先想好相应的提出问题的思路，在具体的访谈过程中据实际情况适时调整访谈提纲内容，并不断总结经验，弥补可能遗漏的问题和对相应无价值的问题进行处理。对所有访谈人员的访谈录音都进行文字转化（约30万字），有的访谈为了防止关键人物的避讳而失去宝贵信息，当场只能做简单的笔记或大脑记忆，于是在访谈后及时根据回忆整理相关内容。此外，在访谈过程中收集了大量的文本资料、数据、实物以及一手照片资料等。为了使研究不成为可能影响当事人平静生活的一个因素，在资料呈现过程中对所调查的村与乡镇名称以及调研所涉及的人物名称都做了技术处理，所有这些，都是遵循田野研究的既有规范进行的。

本研究不是单纯讲故事，需要利用访谈资料对退耕还林政策的执行过程进行分析、提炼和一般化概括，最终发现政策实践不同形态中各个政策执行主体的特点、影响因素与实践逻辑。研究中需要遵循“从资料中发现问题”，即从实证到理论的原则。在已有研究的基础上提出本文要研究的问题，即在环境政策地方实践的形态的研究中，试图回答一直困扰着我的一个问题：“中国环境保护工作几乎与世界关注环境治理同步发展，但为什么目前逐步完善的政策法规体系却出现‘边治理、边污染’的环境衰退的困境，环境政策在执行过程中受到哪些复杂因素的影响而导致政策扭曲和变形?”根据研究问题建立研究框架并利用在特定时空下收集的资料对退耕还林政策的执行过程进行分析，其核心是在政策执行过程中，不同行动者如何利用自身的资源对规范性计划进行策略性行动，为行动创造更大的空间和机会，最终呈现政策实践形态演变的整个过程。

布坎南认为，只有个体才是选择和行动的唯一和最终实体，任何关于社会互动过程的理解都必须建立在对过程参与者的行为分析的基础上（布坎南，1985：21）。结合众多学者将“结构 - 制度”与“过程 - 事件”分析策略勾连起来的各种尝试，在本研究中将行动分析与结构分析关联起来，既关注政策规范对行动者的约束和制约，又重视在特定情境中行动者依靠自身的资源创造、运用和解释政策最终使政策执行发生流变的动态过程；同时明确以地方性知识为基础的话语不断建构行动者资源创造、运用以及政策解读，话语实践揭示的是行动者背后的“权力 - 利益”网络逻辑，从而构建政策地方实践的多元化图景。在具体的分析过程中，不仅需要了解行动者对政策和环境的价值判断以及他们的解读与论述，而且还要辨明行动者在做出行为选择时所受到的正式规则与非正式规则（如地方性知识、日常生活经验）的约束。本书是以个案研究的形式对退耕还林政策执行进行的经验实证研究，社会学方法论的优势在于实证，因而在研究中必须对实例中的行为和过程进行抽象。“理论实证是一种逻辑演绎，而经验实证却不仅仅是一种经验归纳”（张曙光，1996）。

四　研究效度评估

在本研究中，效度是指描述、结论、解释、理解或其他想法的正确性和可靠性。由于质性研究中的资料的真实性易受到怀疑，这就需要在研究关系建立与实地点选择上下功夫，通过选择“守门人”等方式尽最大努力获得信任，进入真实的场景中，才能与研究对象很自然地交流，了解研究对象日常生活中最真实的一面。为了实现这点，研究者选择生活在田野点，与调查对象同吃、同住、同劳动，进行长时间的参与式田野调研，由此我获得了大量宝贵的一手材料。该方法在前面的调查选点和资料收集部分已经有详细的阐述，此处不再赘述。另外关于资料准确性问题，我试图通过对不同研究对象做访谈的方式对模糊问题进行核实，或在多个研究点进行验证。在个案研究中主要通过不同的人群对同样问题的回答进行佐证。如本研究的验证资料，主要通过考察村民、往届村委干部以及现任村委干部等不同人群的观点和看法实现。

五　分析框架

本研究的核心议题是：在社会转型背景下，从微观视角揭示基层政府（镇政府）、村民自治组织（村委会）以及村民三大主体参与政策实施的复杂过程与逻辑及其对政策执行效果的实际影响。在中央集权国家的背景下，凭借强有力的政府动员以及特殊的行政管理体制的控制，一项全国性的政策自上而下地实施，政策目标最终基本得以实现并在一定时期内取得良好的效果。但由于中国转型大背景下村民与村委会、基层政府角色作用以及相互关系的演变，同时受到环境政策的复杂性和特殊性因素影响，虽然从宏观上看退耕还林政策目标在一定程度上得以实现并取得显著成效，但在特定时空背景下的乡村个案场域中，采用自下而上的视角反观政策实施成效时，却发现政策基层执行效果与预期目标之间存在一定的偏差，即规范性政策在地方执行中面临村民基于地方性知识等非正式因素的适应性选择、政策的经济效益与可持续性的风险的策略性行动等冲突问题。基于此，本研究将重点关注多元主体参与政策基层执行过程与实践逻辑对政策实践效果的影响。

本研究的主体部分以委托－代理理论视角为基础，重点分析在社会转型背景下，一项全国性的环境政策通过自上而下层层传递到科层体制末端，基层执行主体（镇政府、村委会以及村民）共同参与退耕还林政策实施的复杂过程及其对政策执行的实际影响等内容。基于研究者对研究场域的可进入性以及对各层级政府的资料可获得性情况而言，中央层面主要限于系列政策文本的二手分析，而在基层政府、村委会以及村民及政策执行情况上拥有丰富的一手资料，所以本研究重点关注基层政府的政策委托－代理执行情况（即以科层层级权力末端的乡镇政府及其延伸的村委会层级为主），并不对自上而下中央到地方以及村民各个层级的委托－代理关系展开全面分析。本研究的分析框架如下（见图2－1）。

基于对研究核心议题和基本分析框架考虑，本研究主要内容包括七章，前三章是研究基础与准备；第四、五、六章是研究主体，重点讨论在社会转型背景下退耕还林政策的基层执行过程与实践逻辑，即镇政府、村委会以及村民三大主体的关系演变以及围绕退耕还林政策执行的互动关系，并根据各个主体在执行过程中凸显的政策执行特点探究影响因素以及实践逻辑；最后一章是总结与进一步讨论，简要呈现该研究的结论和可供进一步研究的议题。以下是本书的框架结构（见图2－2）。

第一章：导论与研究问题提出。首先，该部分开门见山地直接引入本研究所讨论的退耕还林政策地方实践案例，初步描述东溪村退耕还林政策实践的现状、成效与存在的问题。在微观描述案例实施过程同时嵌入性地呈现全国退耕还林政策实践概况以及同期中央政府回应“三农”问题而出台的一系列“惠农、支农”

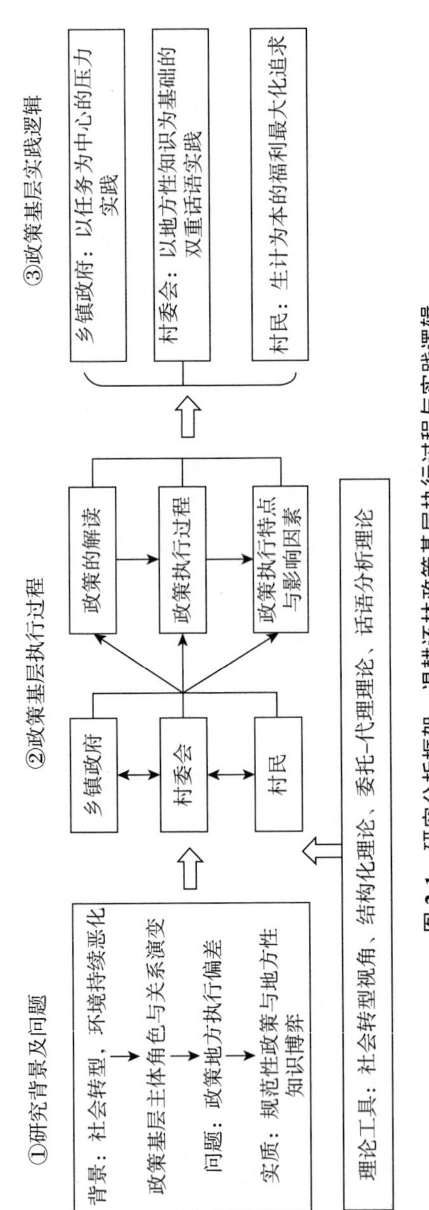

图 2-1 研究分析框架：退耕还林政策基层执行过程与实践逻辑

激励政策的相关实践，此外对转型时期基层政府、村委会以及村民三者的角色和关系演变进行简要分析。其次，从学术层面对近

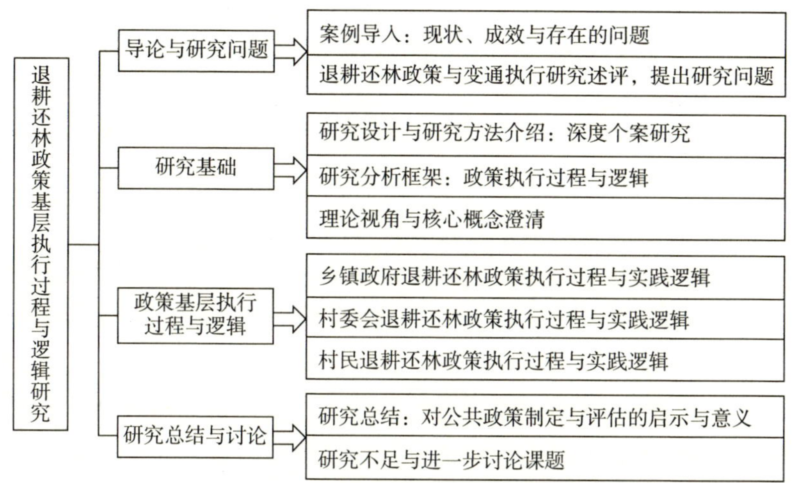

图 2－2　研究写作逻辑框架

年来国内外退耕还林政策的研究成果与不足以及政策变通执行理论视角进行评述，重点关注退耕还林政策研究中有关程序性动态研究以及基层执行研究方面有待进一步完善的空间。最后，根据实地案例实践与理论层次的讨论提出研究问题。

第二章：研究设计与研究方法。该章重点介绍本研究采用深度个案研究方法的原因、调查点的选择与进入、资料收集的方法（如参与观察、深度访谈、文献收集与分析等）与运用以及研究的效度评估等内容。在充分的研究准备工作以及完备的实地资料基础上，根据研究问题以及田野经验拟定本研究的分析框架，为接下来的讨论奠定基础。

第三章：理论视角与核心概念界定。该部分主要包括两个方面，其一是介绍本研究的理论视角，首先在社会转型背景下重点关注一项全国性环境政策基层执行的过程与实践逻辑以及实际效果；其次基于我国科层管理体制，一项全国性政策的实施需要经过自上而下层层传递得以实现，在批判借鉴委托－代理理论基础上对政策的基层委托－代理过程进行深入分析；再次，通过建构主义的话语分析视角对基层主体的政策解读、政策执行过程特点与逻辑进行分析；最后以结构化理论为基础呈现政策在基层执行过程中的策略性演变。其二是核心概念的界定与澄清，该研究重点将“行动者”、“地方性知识”、“话语”、“环境政策基层执行”、“乡村社会转型”等作为特定时空中的政策实践过程与逻辑的主要分析工具。

第四章：乡镇政府退耕还林政策的执行过程与实践逻辑。首先，对退耕还林政策相关文本规定与规范性的操作规程做简单介绍，并根据政策自上而下委托－代理过程对乡镇政府、村委会、村民以及其他主体在委托－代理过程中的角色进行定位；其次，在梳理基层政府执行政策原则的基础上，呈现实地调研过程中东溪村所属的S镇政府对政策的解读以及执行过程，并在此基础上总结乡镇政府政策执行的特点、影响因素与实践逻辑。

第五章：村委会退耕还林政策的执行过程与实践逻辑。首先，分析村委会对退耕还林政策的解读以及宣传动员过程；其次，阐述作为代理乡镇政府执行政策的村委会，重点突出村委会在政策执行过程中的两个特殊环节，即以东溪村村委会为主导的小班规划与分户落实，田野研究发现在政策实地执行过程中面临分户落实的两大困境；最后根据村委会执行过程总结政策执行的特点并分析影响政策执行的因素以及实践逻辑。

第六章：村民退耕还林政策的执行过程与实践逻辑。该部分首先分析村民对退耕还林政策的三种态度以及原因；其次，呈现村民基于自身生存逻辑对退耕还林政策的解读并采取“禁种而种”—“可种而不种”—“毁林复耕”的三阶段策略性的具体行动。再次，从政策实施不同阶段所特有的具体行动中分析村民在政策约束下选择的阶段性生计策略：传统生存经验的坚持—外出务工的第三条道路—多元化政策选择性激励的困境。最后，根据村民应对政策的适应性行动选择与生计策略的变化总结村民在退耕还林政策执行过程中的特点以及实践逻辑。

第七章：研究结论与讨论。该部分重点对第四、五、六章进行总结，主要围绕以下几个方面展开：一是环境政策基层执行的特点以及对政策成效评估的意义与启示；二是转型背景下基层政府、村委会以及村民之间的复杂互动关系及其演变对政策的实际影响；三是政策基层执行过程经验研究有利于探究环境政策可持续实践应对举措等；四是从话语分析视角深入剖析环境政策地方实践过程背后的行动策略与逻辑，这有利于拓展公共政策变通执行分析的视角与构建“参与式”评估体系；五是对本研究的研究问题的意义、研究方法的特点与局限、研究发现的意义与局限以及进一步研究的课题进行讨论。

第三章　理论视角与核心概念

转型社会成为分析当前中国复杂的环境问题以及环境治理困境的一个基本背景；委托－代理理论是公共政策研究中比较常用的分析视角，本研究在批判借鉴委托－代理分析视角的基础上对一项全国性的生态建设项目基层实施过程进行动态分析，有利于还原并构建政策地方实施过程的“全景图”；为进一步深入探究政策基层执行主体行动实践的逻辑，以建构主义视角为基础，通过多元行动主体的话语分析对政策的解读与策略性实践，揭示政策基层执行的深层逻辑；进而采用结构化理论视角重点阐述行动者在实践过程中与制度约束的互动，在本研究中主要将环境政策作为一套系统的规则体系，研究在不同行动者的执行过程中不断地创造、解释和运用政策规则最终形成政策地方实践的一种特殊形态过程。在批判使用既有分析视角以及理论资源之前，有必要对其内涵、核心要素、适用领域以及在本研究中适用的特殊性等内容进行讨论和说明。

一　分析视角与理论资源

在本研究中，社会转型作为环境政策执行过程分析的宏观大背景。基于中国特殊的行政管理体制，政策通过自上而下的层层委托－代理得以执行，本研究在政策执行过程中以结构化理论视角呈现行动者与规范性的政策系统互动实践的丰富内容，并在此基础上以话语分析视角对政策基层执行主体的行动逻辑进行深入剖析。

（一）社会转型视角

社会转型视角是社会学界普遍使用的一个视角。以郑杭生先生为代表的“社会转型”论的观点认为，所谓社会转型（social transformation），即“社会改造”、“社会改革”或“社会转变”，是指社会结构和社会运行机制从一种形式向另一种形式转换的过程，同时也包括价值观念和行为方式的转换，中国社会转型是一个十分复杂的过程，整体上是一个从传统向现代社会转变的过程，其过程具有复杂、交叉和重叠等显著特征（郑杭生，1997；洪大用，2001：67～68）。当前，中国学界广泛使用“社会转型”概念，其主要是指改革开放以来中国社会结构变迁过程及特征，而计划经济向市场经济体制的转变是这一变迁过程的核心动力（陆益龙，2013）。正如倪志伟所说的市场转型兴起了“市场社会”（转引自 Victor Nee，1996：908－949）；或者如李培林指出的“另一只看不见的手”导致的结构转型（李培林，1992）。当前日益严峻的环境问题以及环境治理的困境等必须在特定的历史条件和社会经济背景中进行分析。郑杭生先生（1996）明确指出，“当前中国的各种社会现象无不具有转型的特点，社会成员也无不这样或那样地受到转型的影响和制约。当前中国社会的发展，正是突出地表现在中国社会转型，特别是社会结构转型的快速推进中。”

20 世纪 70 年代以来，改革开放标志着中国社会进入一个加速转型时期，社会经济高速成长，人民生活水平大幅度提高，与此同时，中国环境问题与其他社会问题交叉、重叠，凸显高度的复杂性和特殊性。中国环境治理始于 20 世纪 70 年代初（曲格平，1992；解振华，1992），出现“边治理，边污染”的环境衰退现象。虽然中国几乎与世界同步开始关注环境治理并高度重视环境保护，至今已经建立健全了环境保护的法令法规体系和机构，并加大了对环境保护的投入，但环境状况却出现“公众的主观感受与政府的客观监测不一致”，“局部在改善，总体却在恶化”的现象等（洪大用，2013）。针对中国高速发展而引发的环境衰退问题以及环境治理困境，需要在社会转型背景下展开深层次的分析，尤其是对导致环境治理失灵的具体社会机制进行分析。

洪大用教授采用社会转型分析范式分析当前中国的环境问题与环境保护，指出当代中国社会转型加剧了环境管理的难度。特别是社会转型期所具有的“形式主义”、较强的异质性、价值冲突以及社会控制体系的弱化等各种复杂因素，使得相关制度虚设和扭曲执行比较普遍（洪大用，1999：85）。具体表现在环境治理实践中的“上有政策，下有对策”、“中央重视，地方不重视”、“会上重视，会下不重视”、“纸上重视，实际工作不重视”、“说起来重视，做起来不重视”以及“虽然重视了，但是没有效果”等种种失灵现象（洪大用，2008）。也有很多学者对环境政策执行失灵现象的机制和原因进行分析，如林梅采用“制度过程分析”策略对洞庭湖区“平垸行洪、退田还湖、移民建镇”政策案例分析进行了政策过程中的再界定、认知差异、正式与非正式规则等机制的总结（林梅，2001）。荀丽丽与包智明通过对“政府动员型”生态移民环境政策的研究表明，政府、市场和家户等多元社会行动主体共同互动实践过程中的结构性障碍在于约束地方政府角色的政策安排和制度体系，强调地方政府的特殊位置和双重角色使环境保护目标实现具有不确定性（荀丽丽、包智明，2007）。由此可见，有关环境政策的研究大多集中于在政策自身特征、执行过程等因素展开分析，而对政策执行的宏观社会环境因素，即将政策实践过程与社会转型大背景结合起来展开全面深入分析的研究较少。因此本研究将基于社会转型的视角深入特定时空背景下研究当前中国环境政策执行过程，这有利于对环境政策的执行过程有更全面的了解，并为进一步优化和完善政策执行过程提供参考。

本研究中主要运用社会转型视角从微观层面分析一项全国性的环境政策的基层执行过程与实践逻辑。重点关注从传统因素占主导地位的社会转变为现代因素占主导地位的社会过程中，社会结构转型、社会体制转轨以及社会价值观念转变对环境政策基层实践过程产生的影响。由于中国科层管理体制的特点，一项全国性的政策实施需要通过自上而下不同政策执行主体的层层委托-代理，而这种多委托任务链条的复杂性为政策变通执行提供了土壤与空间。为了简化多任务链条的复杂关系，重点讨论对政策具有较大解释力、有较大创造和运用空间的基层政府（正式权威的末端）及其权威延伸的村民自治组织（村委会）、村民主体之间的复杂互动关系对政策执行效果的实际影响。主要从三个层次展开分析。

一是当代中国社会转型背景下基层政府（乡镇政府）、村委会以及村民角色和作用的变迁。由于“放权让利”改革，乡镇政府有更大的自由裁量权和行动空间，逐渐演变为具有追求自我经济利益的主体。大量学者提出基层政府具有多元化角色：“赢利型经纪人”（杜赞奇，1995），“地方企业家”（Oi，1995），“谋利型的政权经营者”等（shue，1998；张静，2000；杨善华等，2002）。十一届三中全会后中国农村改革使农民拥有生产资料、土地使用权和自由择业权等，村民逐渐摆脱制度性的束缚和控制成为自由行动的经济主体，村民个体性与独立型的提升，增强了乡村社会的流动性，使乡村及农民与外部世界的关系发生巨大变化（陆益龙，2013）。但由于户籍制度限制，农民成为定期流动于城乡之间的第三类群体，即“两栖人”，他们对城市和乡村形成一种双向疏离的归属感和认同感，从而对环境问题漠不关心。

二是当代中国社会转型背景下基层政府、村委会以及村民三者之间的互动关系的变迁。1978 年改革开放以来中国行政体制从“集中的动员体制到分权的压力型体制”转变，在中国科层体制下乡镇政府是国家正式权力体系中的末端代理人，原则上只能完成上级各层政府的任务目标，而不能再向下分解目标，但其面对压力指标下的众多任务，各种政策目标无法完全得以实现。在中国行政管理体制下，由于对命令服从逻辑的惯性，村民自治组织（村委会）成为乡镇政府权威在乡村中的延伸与代理人，二者的关系从科层体制下的命令服从逻辑逐渐演变为压力型体制下相互讨价还价的委托-代理关系；村干部作为直接面对广大村民主体的权威代理人，后税费时代村民与村委干部之间不存在改革前的纵向庇护关系，而是一种半行政半民间的委托和村民基于生计为本的变通适应关系，村民与村委会的关系在转型期具有明显的双重性；放权让利和税费改革之后，乡镇政府与村民之间的关系从直接命令服从向间接的委托和村民的变通适应转变，并且村民与政府之间的关系存在较大的层级差异。

三是在当代中国转型社会背景下以基层政府、村委会以及村民三者之间的互动关系作为媒介，共同围绕一项全国性的环境政策执行过程发生变迁，这为我们理解认识转型时期的政策执行过程提供了宏观的社会文化背景。转型时期环境问题的复杂性决定了环境政策治理具有转型期的特殊性：由于环境问题的外部性特征，需要在环境治理过程中更加关注个体理性与集体理性的协调；环境问题的目标主体的不确定性，需要环境治理更加重视局部利益与整体利益的整合；环境政策持续性的成效，需要兼顾阶段性实施与效益回报的长期性，从而需要统筹短期经济效益与环境可持续发展之间的关系。

以上三个层次的内容将在第四、五、六三章中进行具体分析和阐述。

（二）委托－代理理论

委托－代理理论是20世纪70年代，由罗斯、詹森与麦克林等人最早提出："一个人或一些人（委托人）委托一个人或者一些人（代理人）根据委托人的利益从事某些活动，相应地授予代理人某些决策权的契约关系。"（Jensen et al，1967）。后来有学者进一步将该理论试图解决的问题模型化：委托人试图使代理人按照前者的利益行动，但二者之间存在信息不对称。该理论的关键问题是：在信息不对称下的约束与激励问题，委托人如何根据有限信息设计一个最优契约来激励代理人，其侧重于解决委托人应该采取什么样的方式在代理人实现自己的效用最大化的同时也能实现委托人的效用最大化。委托－代理理论实质上是一种契约关系，只要在签订合同前后，参加者双方掌握的信息不对称，这种经济关系都可以被认为属于委托－代理关系（刘秀文等，2007）。在本研究中，对委托－代理理论分析模型的理解是，退耕还林政策可以被看作由政府委托农民代理提供生态公共物品的工程建设项目，这是一项全国性的政策，在自上而下层层传递过程中，中央政府与各级地方政府存在地位不平等的契约关系，在信息不对称的情况下地方政府为了实现自身利益最大化对政策进行“再执行”，最终导致政策执行可能出现偏差。

委托－代理理论模型主要有三个要件：一是信息的非对称，这是该理论前提假设的起点，代理人较委托人具有信息优势，如退耕还林政策执行过程中各级地方政府能更充分地掌握地方资源、信息渠道和群众的反映，能对政策适应性做更好的判断；二是契约关系是该理论框架形成的保障，契约明确规定委托人与代理人的责、权、利界限以及某一可立约指标（如利益指标）之间的函数关系，如地方政府对退耕还林政策工程的实践是通过转移支付来实现，中央政府拨给地方相应的专项资金以完成退耕还林；三是利益结构，这是该理论框架的基本问题，即二者存在一个利益均衡：委托人的利益实现建立在自身利益最大化的基础上，退耕还林政策实践是以地方政府追求自身利益最大化为前提。该理论的三大要件同时也为契约关系中存在的“代理问题”提供了有效的解释路径，主要包括在订立契约前后代理人为了追求自身利益最大化而损害委托人利益而产生的道德风险和逆向选择等问题。随着该理论分析模型适用范围的不断扩展，出现了“委托人目标多元化”、“缺乏退出自由”、“委托缺位与代理越位”等问题。

当前委托－代理理论丰富的研究成果表明，该理论的基本模型发展得已经相当成熟，分析方法从传统的单一委托－代理关系发展到多重任务以及动态的委托－代理关系模型的分析；分析领域也从企业管理活动进入其他社会公共领域组织和个体。传统的委托－代理模型主要分析单个委托人与代理人之间的委托－代理关系，主要是研究企业内部的信息不对称和激励问题，在中国主要用于研究国有企业的改制和内部管理问题，主要讨论的问题是国家与国有企业、国家与国有企业经理等关系（胡涛、查元桑，2002）。随着经济学理论与方法推广到其他社会科学研究，委托－代理理论被用来分析其他组织中的委托－代理关系，如医患、律师和当事人的关系等。到20世纪90年代后，委托－代理理论进一步发展，豪斯顿（Holmstrom）与米格龙（Milgrom）（1991）共同首次提出了多重任务的委托－代理分析方法。这为该理论拓展应用于政治领域和公共领域提供了条件。迪克西特（2004）认为，政治领域也存在委托－代理问题，且一般是多委托－代理关系。威尔逊（Wilson，1989）首先指出了西方政治体制当中存在多委托人与多代理任务的委托－代理关系，且这种关系具有两个关键特征：一是代理人有多重任务；二是政府机构有多重委托人。沃特曼（Waterman，1998）等把委托－代理模型扩展到政治领域，并根据信息不对称和目标一致性的程度，对政府管理中的委托－代理关系进行分类。克兰尼克（Craniek，1990）、斯（Shi，1993）和哈丁（Harding，1981）都从各自研究的不同角度指出中国的政府管理体系中存在多委托－代理关系。文迪兰（WedeInan，2001）则建立了一个多委托－代理模型来分析地方政府干部对中央政府的不服从问题。但是否可以把委托－代理分析策略扩展到政治生活领域和政府管理过程中，学界存有争议。有学者认为西方委托－代理理论的假设条件包括：代理契约以自由选择和产权明晰化为基础；不确定性突出了代理人拥有信息优势，以及可转让的产权和剩余索取权等。然而政府尤其是中国政府所具有的一系列特殊性，如稳定的政府机构、程式化的机构运转、复杂的政府效用、难以度量的政府绩效、强制性的政府代理无退出机制等（王金秀，2002）。

在本研究中重点讨论一项全国性的政策在层层传递过程中如何受到不同因素影响最终导致政策执行偏差，并从动态视角分析其中产生干扰的影响因素。正因为中国科层管理秩序的特殊性，在忽略该理论的一些前提要件的基础上，需要进一步讨论在中国行政体系特有的社会背景下利用委托－代理理论分析政策的执行过程具有一定的适切性。

第一，政策的制定权与执行权的分离是委托－代理关系形成的前提。传统的委托－代理理论主要是被经济学家用于研究现代公司中的两权（所有权和经营权）分离造成的委托人利益受损的现象，但在公共领域也存在众多的委托－代理关系和行为。与公司中存在所有权和经营权相分离的现象不同，在中国科层体制背景下的公共政策领域同样存在两权（制定权与执行权）分离现象，其主要表现为两方面：一是绝对的分离，如立法机关制定政策而行政机关执行政策；二是相对的分离，如中央制定政策而地方执行政策，或上级部门制定政策而下级部门执行政策，更甚者是在同一部门内部的政策制定机关与执行人之间的分离。由此两权的分离使事实上的委托－代理关系在政策执行上出现并广泛存在（定明捷，2003）。

第二，科层化行政秩序为政策实施的委托－代理关系创造了条件。在我国的行政框架下，从中央到地方，共有包括中央—省（市、自治区）—地（市、州）—县（市、区）—乡（镇）五级垂直管理政府层次。在等级结构中，当权力可沿组织阶梯上下移动时，每一层级主体（除了在最末端层级以外）往往既是委托人又是代理人。所以在一项全国性的政策实施过程中，除了政策制定者中央政府和最终的政策执行者之外，其他政策执行参与者都具有双重身份，既是委托人的代理人，又是代理人的委托人，各级地方政府和官员通过层层委托关系解读和传递政策，每一层级相对于上一层级是代理人，而相对于下一层级又是委托人。政策层层传递链条的多环节性存在，为政策偏差执行提供了土壤，并且政策传递的层级越多，政策偏离度越高。因此在中国，全国性的环境政策执行效果取决于垂直行政管理体系中各级政府主体执行政策的可能性组合。本研究重点关注政策在基层政府（即乡镇政府）及其以下执行主体的委托－代理过程。

第三，政策传递中的关键因素分析与代理问题的讨论具有切合性。政策从中央到地方的等级结构的传递中，中央政府代表着社会公共利益和全民福祉，着眼于全局利益最大化，而具有双重身份的地方政府与官员由于经济和权力的自主性不断增强，掌握了更多的信息优势和多元的资源渠道并尽最大的努力实现自己的利益最大化。一项政策的出台往往具有原则性和方向性，执行主体会根据特定情境的实际情况再制定出具体的执行措施（定明捷，2003）。“行政管理机构常常在内容广泛，但含糊不清的法令下进行活动，这就为它们应该做什么和不应该做什么留下了很大的余地”（安德森，1990：116）。因此政策的不完备性为委托－代理问题的出现留下了可乘之机。政策传递过程中存在的中央与地方政府之间的信息不对称导致不同主体之间的利益冲突，并且政策的不完全性为执行机关创造了“再决策权”，最终会影响政策执行的效果。

第四，在中国社会转型背景下，基于科层管理体制以及环境政策的特殊性，采用委托－代理理论视角对退耕还林政策实施过程中出现的“代理人危机”导致的执行偏差问题进行分析。由于政策执行主体的能动性、外界环境的复杂性以及政策执行过程的连续性等因素相互作用，政策预期与政策结果之间存在巨大的差距。“有法不依”、“执法不严”作为一种较为普遍的政策变通执行现象，可以用来概括所有政策执行中出现的问题。所谓“有法不依”，就是在行动上规避政策于己不利部分的执行，表现为一项既定的政策在实际的执行过程中不能得到执行，或者不能得到完全执行，或者被歪曲后得到执行，或者表面上得到执行而实际上没有得到执行，甚至可能是完全背道而驰，如常见的“上有政策，下有对策”、“钻空子”、打“擦边球”等现象（林梅，2001）。不同学者对政策执行可能出现问题的现象有不同的提法：偏差、走样、扭曲、异化、失败、规避等，而具体的执行行为有：敷衍、选择、附加、歪曲、抵制和替换执行等。政策执行实质是一个在政治上进行讨价还价的过程，政策制定者与执行者在过程中通过不同方式交易，在各种力量的互动博弈过程中达成某种默契、退让和妥协，从而使政策出现偏离、歪曲等流变（陈庆云，1996：250）。本研究将退耕还林政策执行中存在的问题统称为“偏差”，主要是指政策执行实际效果与政策预期之间存在一定差距，但并不意味着政策实施的最终结果就是失败或者无效的，政策在不同情景下经过行动者之间的互动妥协而不断修正和重组，最终政策执行的结果可能是一种符合特定时空背景下的灵活处理与调整。

从以上对中国政策制定与执行的权力分离、科层化行政秩序以及政策执行中的信息不对称、利益冲突以及政策的不完全因素的分析表明，委托－代理理论分析模型与政策执行具有很强的适切性，同时也为环境政策执行过程的分析提供了一种新的视角，为此在研究中将引入多任务的委托－代理分析框架对一项全国性的环境政策的基层执行过程展开分析。

（三）结构化理论

吉登斯（2003：55）的结构化理论（structuration theory）指出，社会系统的结构性特征对于它们反复组织起来的实践来说，既是后者的中介，又是后者的结果，即是潜在于社会系统不断再生产过程中的规则和资源。规则并不只是对人们如何行动做出概括，它们是实践活动的生产与再生产以及系统再生产的条件和中介，它不仅仅带有否定性意义的禁令或者限制，也具有建构作用。同样，资源也不是对某种现状的描述，而是一种能力。正是在使用这些规则和资源时，行动者在时空中维持或再生产出结构。相对于个人而言，结构并不是“外在”于个人的，相反它作为记忆痕迹“内在”于人的活动中，而且不应该将结构等同于制约。在结构化理论中，实践是具有能知和能动的行动者在一定时空之中运用规则和资源持续不断地改造外部世界的行动过程。现代社会学研究表明，社会的规则系统只是构成人们行动的一个背景，或者说规则成为人们行动的一种资源，行动者这一“能动主体不断地形成和改进社会规则系统”，这种形成与改进有三种方法：创造规则、解释规则和运用规则（伯恩斯；1986；1987）。所有这些活动，实际上都涉及较大的自由边界，而且这种边界是不确定的。由于不同的社会行动者常常倡导建构和管理社会生活的相互矛盾的而且都声称是合法的规则系统，所以，社会规则系统内部实际上总是存在普遍的冲突和斗争，这就大大地影响了制度对人类行为的预期约束力，人类行为总是以某种偏离制度设定的方式表现出来。由此基层执行主体对政策的策略性行动在形塑政策特殊实践形态的同时使政策发生流变。

已有关于环境政策的研究表明，政策执行的实际效果是一个“复杂的问题复合体”，是多种因素在特定时空条件下互动实践的结果。转型时期社会经济背景、政策体系、不同的政策执行主体、自然历史条件、传统文化因素都是不可忽视的因素。在一定程度上来讲，政策最终的实践形态是国家规范性政策知识与地方性知识之间互动妥协的结果。本研究试图采用吉登斯的“结构化理论”将方法论的个体主体（个体论）或方法论的集体主义（整体论）视角结合起来对政策执行展开分析。简而言之，结构化理论试图以“结构二重性”为核心克服微观与宏观、能动与结构的二元对立，并且强调行动者与社会结构的互动关系。在具体的研究过程中，一方面环境政策是国家政策和制度安排的结果，要从整体宏观层面关注结构性与制度性因素的制约作用；另一方面同时强调不同的政策行动者的能动作用——其依靠自身资源为自身创造自由活动空间并不断修正和调整政策规定。为了更好地说明这种“二重性”，吉登斯提出了一个行动者的分层模型（见图3－1）。

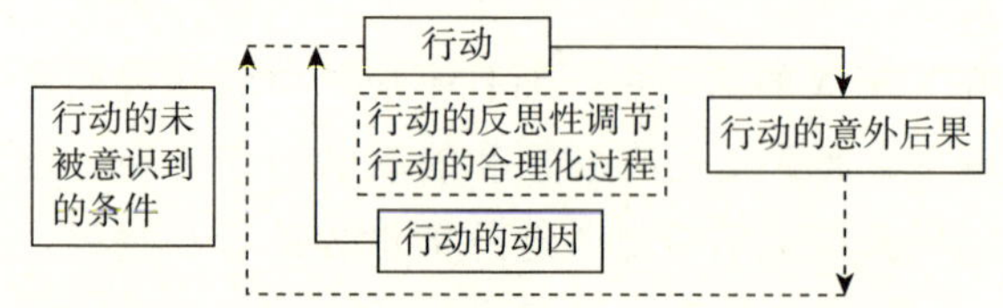

图3－1　行动者的分层模型（条件－行动后果）

资料来源：（吉登斯，1997：85）吉登斯，1997，《社会的构成》，北京：三联书店。

图3-1的行动者分层模型中，首先行动者有明确的行动动因，在行动过程中总是不断地对自己的行动进行反思和调整，并将自己的行动加以合理化，以此表明行动者的行动是理性的。但这种理性的、有意图的行动仍会产生意外后果，同时这种意外后果又会成为下一步行动未被意识到的条件。所以行动的未被意识到的意外后果以及条件约束行动者的行动，无论是从个体论重视行动者行动本身角度，还是从整体论重视制度结构的约束性角度，二者都对行动本身的分析具有明显的局限（吉登斯，1997：65）。在本研究中，试图将二者结合起来对政策执行过程展开分析。

在本研究中，根据结构化理论有如下假设：退耕还林政策基层执行过程是行动者［理性的行动者，在此重点以基层政府（乡镇政府）、村民自治组织（村委会）以及村民］与规范性政策安排（规则与资源的组合，在此即退耕还林系列政策、与此相关的制度安排、自然资源、地方性知识等）二重化过程的结果。在研究退耕还林政策基层执行过程中，政策规定与不同行动主体是关键因素，因此在本研究中试图考察在特定时空背景下不同行动者（主要包括乡镇政府、村委会以及村民）为了获得更大的活动空间，如何利用自身资源不断地创造、解释和运用政策，从而导致资源再分配和国家政策流变的过程。如吉登斯所说，在不断往复的社会实践中，结构重新被塑造，社会资源的分布也会依据结构的变化而变化（吉登斯，2003：57）。鸟越皓之认为，人们生活方式的选择也是社会结构化的选择，改变生活方式就必须改变现有社会体制，这表明人的生产和生活活动都是在一种既定的社会结构中完成，社会结构对人们的生产生活方式有着重要的影响和制约作用（鸟越皓之，2009：89～90）。而吉登斯的“结构二重性”进一步回答了鸟越皓之的“改变生活方式必须改变现有社会体制”何以可能的问题。因为在日常生活中社会结构既是由行动者的行动构建起来的，同时又是人们的行动得以实现的桥梁和中介。国家的制度安排和政策体系，不是一个固态的结构，行动者在实践中根据已有的规则和资源，即真正执行政策的村民主体通过地方性知识和生活经验与规范性知识进行不断讨价还价，最终创造了一个新的行动空间与机会，并再生产出新的规则，所以规则并不直接指向预期的目标，由此，政策执行产生一定偏差。

如上所述，在采用结构化理论时，笔者受到相关研究的启发，但是，需要说明和强调的是，在本研究中，采用结构化“二重性”理论资源的具体表现为以下几点。

首先，本研究主要从方法论层面运用结构化理论分析一项全国性的环境政策在基层执行的过程。其关键因素是行动者与政策规则。规则系统构成政策行动者执行政策的一个背景，或者说规则成为人们行动的一种资源，行动者作为能动的主体不断解读和重塑政策规则系统。基于中国特殊的行政管理体制，政策在自上而下的层层传递过程中，行动者根据自身资源和目的不断地解释、运用和创造政策，最终形成一种新的规则和惯例。在后文中，重点以结构化视角为基础呈现环境政策如何在乡镇政府、村委会以及村民的复杂互动中形成政策流变的过程。

其次，本研究中运用结构化理论为分析当前环境政策执行过程与实际效果提供了一种思路，即试图超越主观与客观、宏观与微观以及静态与动态的二元对立思维，将政策基层执行的行动者与系统化、规范化的规则结构结合起来讨论。研究过程中始终围绕特定时空背景下的行动者、资源与规则、边界与模糊性、修正与重构等关键词展开。

再次，本研究采用结构化理论对特定时空背景下的环境政策基层执行过程进行分析，重点关注政策最终落实主体村民及其相关主体，即村委会、乡镇政府等之间的复杂互动关系，重点分析村民如何利用自身资源（生计为本的生存逻辑、传统生态智慧以及地方性知识等）解读政策以及对政策进行变通适应，村委会基于“上下”之间的特殊位置对政策的双重解读与应对，以及在此基础上形成的政策实践的一种特殊形态。

最后，本研究将结构化理论作为一种分析和呈现研究内容的策略，这贯穿于整个政策执行过程。

关于以上有关内容，笔者将重点在第四、五、六章中进行分析。

（四）话语分析

话语分析就是要对那些已经说出来的“话”到底是以怎样的方式以及按照什么样的规则被说出和被传播的过程加以分析。简而言之，已经说出的话如何被说出，为什么被说出，其遵从一种现实生活规则而非语法规则。在日常生活中存在一些有意思的现象，有的话能说，有的话不能说，有的话只能私下里说。话语分析的目的是为了在现实生活中寻求人们说话的最符合原意、本意的分析结果（戴伊克，1993；麦克洛斯基等，2000），其体现了现代主义下的一元论特征。与现代主义下话语分析不同，多元话语分析与后现代的建构主义具有更强的亲和性。建构主义认为语言是混杂的，意义受具体情境影响，并不存在独立客观的社会现实等待人们根据经验和逻辑思维去认识，而是通过语言论述进行建构。由于现实中的人并非完全独立自主，而是与具体的历史、地理、文化与地理情景互动，并通过语言赋予与延续社会现实与主体以意义。社会现实的非客观性体现为一种话语的论述方式，话语主体背后的权力利益关系使论述充满矛盾以及具有不稳定的多元化特征，而非唯一的内涵。

话语的“多元主义”特质，即话语在不同社会背景与主体的解读并非只有唯一的原意或本意，且难以判断谁更加符合或者接近话语的本意，可能只存在暂时性符合特定时空背景与文化的个体本意的解读。多元话语分析以一种开放的心态接受多元化的社会现实，允许多种分析结果同时存在，可以根据不同的理由来选择某一个暂时的具有合法性认同的答案，从而为政策基层变通执行提供较大的解释与实践空间。本研究对自上而下规范性的政策文本与地方性知识构建的两套话语进行解读，并非希望通过对某一套话语规则、程序、方法的分析得到唯一有效的政策执行效果，而是试图以一种更加开放多元的立场，从自上而下的官方话语与自下而上的地方性话语的互动中转换视角分析政策执行过程中存在的不同结果与可能性，从而为基层政策执行主体（村委会）实现双重话语转换的行动策略提供更大的自主性空间。具体的话语分析实践逻辑见图 3－2。

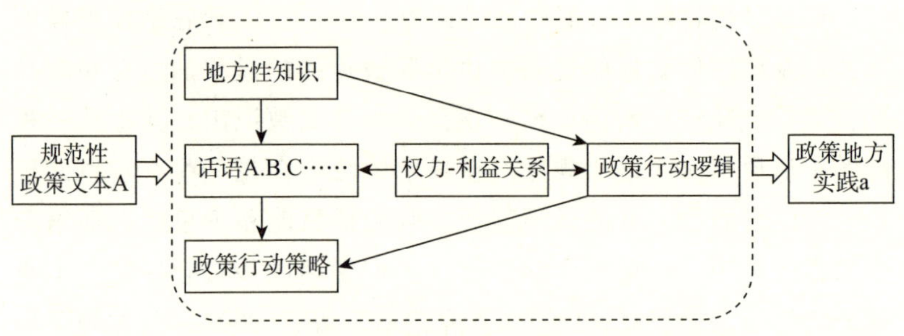

图 3－2　退耕还林政策基层执行的话语分析框架

在本研究中，重点关注退耕还林政策地方执行中发生的偏差和扭曲，即自上而下的政策 A 如何通过系列的委托－代理过程最终成为政策地方实践的 a 形态。政策地方实践形态构建主要包括两大路径：一是基于地方性知识为基础的行动逻辑，通过一系列行动策略回应规范性政策规定从而部分实现政策目标；二是运用地方性知识构建的多元话语体系（话语 A、B、C……）对一系列行动策略进行持续解读和包装，从而使政策的变通执行获得合法性认同。两大研究路径中的行动逻辑与话语论述的核心基础是政策行动主体间的权力－利益网络关系。当前大量研究主要侧重于第一种研究与分析路径。通过话语分析行动策略逻辑的研究还比较少见，这正是本研究的重要创新之一。

在政策基层执行中，村委会通过构建“上下”之间的双重话语体系回应和解读政策变通实践的行动策略，在不同的话语体系背后蕴藏着话语的规则与基础，即处于特定时空背景下的地方性知识与规范性政策话语之间的博弈，其本质逻辑是政策执行主体之间的权力－利益关系。以地方性知识为基础的行动逻辑与策略性行动选择表明，不同政策主体对政策实践的话语论述基于特定时空背景下的权力－利益网络关系，主体权力间的博弈决定了政策的多元化解读与回应，从而体现出政策变通执行的阶段性与特殊性。话语分析视角有利于突破传统结构－制度的静态以及过程－事件的动态分析维度，将既往研究中的政策执行策略与逻辑的分析和规范化的政策文本以及地方性知识为基础的行动勾连起来，从而构建特定时空背景下政策执行主体实践的动态图景。以该视角为基础的分析论述主要在第五章中详细展开。

二　核心概念界定

退耕还林政策属于直接环境政策，其作为一项自上而下的政策在执行过程中涉及中央政府及不同行动者的参与，在社会转型背景下各个行动者在特定的时空中（即乡村场域）为创造自身行动空间，利用资源和权力（正式与非正式规则）不断重组和修正政策规定，从而使政策形成一种特殊的形态。所以在本研究中，提出并使用行动者、地方性知识、话语、环境政策基层执行以及乡村社会转型作为概念工具对退耕还林政策基层执行过程进行分析，以下将对它们在本研究的适切性分别加以界定。

（一）行动者

行动者是构成社会学概念“社会行动”的一个重要因素。但学者对行动者有不同的理解。帕森斯将行动者看成作为行动主体的个人（帕森斯，1968）；而科尔曼认为现代社会人们所处的环境主要是“人为建立的社会环境”，在环境中的核心要素是现代法人行动者，包括相对立的自然人和法人（科尔曼，1999：456）。不管是个人还是法人行动者都是社会行动者，方文认为社会行动者作为社会情境中的社会行为的表演者和负荷者，是不可替代的生物、文化和社会选择的三位一体，同时秉承生物存在、文化存在以及社会存在为一体的个体或群体在社会情境中的交往或互动过程与实践（方文，2002：13～14）。伯恩斯（Tom R. Burns）倡导的行动者－系统－动力学的理论（ADS）分析进一步强调行动者与规则互动的关系，认为行动者是通过行为和互动能够规范和改变其行动的条件（如物质环境、制度环境以及文化环境），同时亦受到限制。行动者具有创新能力，如，他们通过发明新技术与工艺，通过重新制定社会规范与制度来证明这一点。他强调“社会规则系统是人类的建构，能动主体通过创造、解释和运用规则不断地形成和改进社会规则系统，而所有这些活动都涉及较大的且不确定的自由边界，同时也是社会冲突和斗争的领域，所以规则诞生于人类活动，又作用于人类行为”（Burns，2010：3）。

在本研究中，行动者是指在执行退耕还林政策的行动领域中，其行为对构建这一领域的规则具有一定作用的组织或个人，主要涉及村民（自然人）、各级林管部门与地方政府、中央政府等多种主体。政府与村民分别作为法人和自然人存在，他们在行动基础、权力所属、约束手段等方面都有所不同，这也为委托－代理理论分析政策实践过程中所应对困境提供了多元的解释路径。费埃德伯格指出，行动领域中行动者身份的获得是由于其处于研究所在的领域并对建构该领域具有重要作用。每个行动都具有多重身份和角色，在遵从每个领域中的“游戏规则”同时，又不断地打破已有的规则。由此既维护了这些规则的作用，同时又改变了规则的作用（费埃德伯格，2004：203～205）。新制度主义分析凸显行动者的认知因素对制度的影响与建构，强调行动者认同对制度合法性的重要作用，并且制度和个人之间的关系由对立走向一种互嵌（inter-embeddedness）的关系。在本研究中，将行动者的行动理解为，在特定情景中，行动者为了避免政策或规则等约束而创造自身利益最大化的行动空间，借助已有的资源和权力做出的策略性行动，在规则与行动者互动过程中政策得以不断地重组和建构，从而导致退耕还林政策实践过程中不同行动者在实践政策的同时又重新建构了规则。

为了更好地理解行动者的概念，这里将对与行动者密切相关的场域、权力、资源与策略或决策等因素进行简单的梳理。

首先，行动者与资源是一个基本行动系统的两种元素，行动者控制资源以获得利益。行动者在追求自身利益的过程中如果有足够的资源而无适当的能力去管理这些资源，便要寻找具有相当技术与能力的其他行动者，并以支付报酬的形式实现自身目标利益最大化，由此委托－代理关系形成，由此二者组成的法人行动者取代了原来彼此独立的行动者。所以系统规则的代理人，一定是在具体领域中的行动的人；而行动者/代理人显而易见既可能是个体，也可能是集体。

其次，权力是行动者为了避免组织制约而去建立扩大其自由的途径。这也是行动者为了实现决策而使另一个（或另一组）行动者有意或无意地提供资源的能力，其前提是行动者必须能够占有其他行动者不熟悉的领域，能够使自己的行为不被其他行动者预见（李友梅，1995）。即甲对乙的权力取决于甲对乙的行为预见以及甲行为的不确定。在组织中，权力主要包括四个来源：不可替代的特殊技能；控制与环境的关系；对信息传递网络的掌握；对组织规则的利用等。每个行动者使用必要的手段，既保证组织整体运行体现自己的看法，同时又会产生不相一致的决策。

最后，决策是一种行动者根据其在环境中随时发现的机会和约束而进行不断重组的行为，它的理性因而只相对于行动者置于其中的那个环境而言（李友梅，1995）。所以，不存在完全理性的行为。西蒙最初提出行动者是在“有限理性”下的决策与他满意的最小界限成正比，而法国社会学家米歇尔·克罗齐耶进一步发展了组织与外部环境的联系影响行动者决策的理性，二者重组表明决策不是单独成为理性的，理性只相对于那些使决策的规划得以落实而变得无效的体系而存在。而策略是置身于既定情景与既定约束中的行动者，为了达到目标而选择尽可能合理的解决问题的方法。“策略作为一种概念的最重要效用，是迫使人们超越行动者与目标的两分法并使其成为可能”（费埃德伯格，2007：40）。换句话说，以“目标”术语进行思考，倾向于孤立地把行动者当作组织的对立面来看；以“策略”术语进行的思考，则认为有必要去探讨行动者在组织背景下的理性，去了解行动者实际经验中的组织构造。此外，“策略”与“权力”概念密不可分，“诸如相关的策略只有在相关联的权力结构中才能为人理解，这些策略依次又对这一结构进行条件限制”（费埃德伯格，2007：45）。从以上对资源、权力与策略的因素与行动者关系的梳理中可以发现，它们共同强调一个关键因素：特定情景，即行动者是在既定的空间和场域的约束中为实现目标而做出不完全理性的策略性行动。

（二）地方性知识

科学知识总是挤压多元化的地方叙事，而当前以科学技术为基础的宏观决策以及规范性计划在应对日益严峻的环境问题时面临失效的风险，为此我们开始重新审视被现代科学知识认为是“非科学的”、“落后的”、“野蛮的”、“愚昧的”传统知识的重要性，这是在很多学科话语中很少听到的声音，在学科知识体系中长期处于边缘地位甚至被完全忽视的地方性知识（local knowledge）。人们为生活得幸福和生存安全，必须具备各种地方性知识，因为具体、细致的地方性知识指向实实在在的生活，而真实生活本身是由各种细节构成的；相反我们绝不能按抽象的、普遍的函数关系式来指导生活（卢风，2010）。每个民族的生存与发展过程，从生态的视角来看都是具有自身特点的生态知识与技能不断累加的历史。从“人类中心主义”向“人类豁免主义”转变以及试图超越二者的生态文明，更加关注人与自然和谐，重视对环境感知的“自觉”。不同学者对地方性知识有不同的理解，吉尔兹首先提出“地方性知识”（locality knowledge）概念，他认为地方性知识是具有自然性和实践性的“常识”，可能是各种各样从未上过课本和词典的知识，这些知识不可翻译却是具有文化特质的地域性知识。“因为这种经验没有什么奥秘的知识。没有特殊的技术，或罕见的天才，几乎没有什么特异的训练跟常识有牵连”（Geertz，2004：118）。换句话说，把我们的世界用熟知的形式展现为一个每个人都能够、都应该、都认识的世界。然而，他对该核心概念的模糊解释又为后来的学者提供了无限的空间。一部分学者根据研究情景对“地方性知识”的内涵和意义有不同的解读。认知人类学家沃德·古德纳夫（Ward Goodenough）认为人类文化研究的主要对象是“文化地图”（转引自吉尔兹，20000：33），而地方性知识便是这样一张“文化地图”，其建构的显著特征之一即在于偏重对事物的直接感悟。科尔（2001：285）将与核心知识相对的“外围知识”（或“前沿知识”）称为“地方知识成果”，因为其缺乏系统性和科学性所以尚未得到公众普遍认可。而卢风（2010）将地方性知识与幸福生活联系起来，认为为了安全生活和生活的幸福，必须具备各种地方性知识，这种知识是生活在特定地方的人们世代积累的适应其所居环境的具体知识，它能很好地指导前现代社会的生产和生活。杨庭硕（2010）根据“本土知识”发展了“本土生态知识”，即特定民族或特定地域社群对所处自然与生态系统做出文化适应的知识总汇，是相关本土民族或社群在世代的经验积累中健全起来的知识体系，并指出该知识具有文化归属性、有特定的适用范围的不可替代性、有长期实践奠定的可靠性以及成本低廉等特点。舒尔茨（1987）认为，传统中国农民“可以点土成金”，在从事农事中会自觉或不自觉地运用一种微妙难言的“体验性知识”，这就是传统中国农民善于总结、创造、积累的乡土“地方性知识”。他们通过观察与模仿，认同、自居与角色扮演及对自身行为进行客观奖罚与自我奖罚等社会化过程以增进其行为发展，充分展现和释放潜在的能量，最终会形成一种人类社会的集体“合力”（唐任伍，2008）。

在本研究中，地方性知识的内涵是，重点关注特定时空中的村民基于自身生存逻辑在长期的生产生活以及应对自然灾害的实践中，世代实践创造、积累、运用和传习的一套认识处理自然灾害的具体知识体系和生态智慧结晶，它能够很好地指导地方生活和生产实践。即如舒尔茨所言“农事中自觉或不自觉地运用一种微妙难言的‘体验性知识’”。具体而言，即是位于大巴山区的东溪村村民在应对一项国家主导的自上而下、自外而内地进入乡村社会的退耕还林政策实践过程中，村民作为政策的核心行动主体基于自身生存逻辑不断对政策规定进行解读、运用和创造所利用的一套世代积累的从事农事活动的体验性知识和经验，如从事传统耕种的习惯，对耕种与林木生长规律的认识等以及环境保护的朴素观念。

(三) 话语

从社会学视角理解“话语”(discourse)，可以从日常“语言”与实践“话语”之间的关系维度展开，简而言之，话语是语言的实践形式。语言是一种与意义相关的社会现象，其有赖于个体在社会体系中的地位以及社会文化的背景，作为一种生产和社会控制工具变得越来越重要（费尔克拉夫，2003：1）。所谓“话语”是人们说出来或写出来的语言，可译为论述、谈论，由福柯在索绪尔语言和言语二分法基础上发展而来。话语是语言的实践形式，是特定社会语境中人与人之间从事沟通的具体言语行为，具有社会性，包括一定的说话人、受话人、文本、沟通、语境等要素。话语可以看作语言与言语结合而成的丰富和复杂的具体社会形态，是指与社会权力关系相互缠绕的具体言语方式。因此，“借助于语言结构的相互作用以及宽泛的社会意义，来对其做出分析以揭示话语表达中的社会意义”成为话语分析的逻辑起点（福勒，1979；费尔克拉夫，2003：26）。

话语分析是指对人们说（叙述）什么，如何说（叙述），以及所说（叙述）的话带来的社会后果的研究。话语分析的目的是揭示语言与建构主体的关系、与社会实践的关系以及与意识形态的关系。话语的突出特点是可以有效地解析无时无处不在的人类使用符号的话语实践，即人在话语中。“语言使用目的的差异性导致了意义争夺的不可避免，而对意义的争夺就变成对现实的解释权的争夺，从而也就成为对世界现实利益的争夺，语言中的权力问题因此就无法回避。”（胡春阳，2007：11）20世纪70年代，米歇尔·福柯（Michel Foucault）建构了知识考古学和谱系学，将话语和语言置于社会实践和过程的中心位置，通过借助更加宽泛的社会背景，揭示话语比运用语言符号指称更多的对象实践与社会意义。

在本研究中的话语，主要是指政策基层执行主体对政策的解读与回应，包括乡镇政府作为权威层级末端对规范性政策文本的解读；村委会基于“上下”之间特殊的双重地位与角色，一方面作为科层权威代理层级末端的延伸，以地方性知识为基础对政策文本进行规范性的回应；另一方面作为村民利益的代表，基于自身利益对政策进行策略性解读；作为政策最终执行落实的村民主体，在政策的选择性执行中，以地方性知识与生态智慧为基础对政策进行解读与理解。不同政策执行主体对政策解读存在差异性，这不可避免地导致政策变通执行中的冲突，而不同解读话语实质是主体间“权力－网络”的冲突与博弈。文中第五章重点对村委会以地方性知识为基础构建的双重话语对行动策略及其背后交织的“权力－利益”网络进行持续的解读与包装，从而使政策变通实践获得合法性认同进行详细分析与论述。

（四）环境政策基层执行

环境政策基层执行，从字面上理解主要涉及两个层面的核心内容，即环境政策执行与基层政府，为此这里将在理解环境政策执行与基层政府定义的基础上分析环境政策基层执行的丰富内涵。在公共政策学界，不同学者对政策执行的定义有不同的理解，如组织理论视角为基础的理解（张金马，2004：383）、行为理论基层的定义（林水波等，2003：225）等。这里主要结合组织理论与行为理论对环境政策执行进行界定，即环境政策执行是指环境政策执行主体在一定的组织机构内充分调动和运用各种能力和资源，通过一系列贯穿于资源与环境保护的相关活动及执行主体与目标群体之间的沟通与协调，最终将环境政策计划、方案、决定、目标转变为现实的实践活动过程。由此可见，环境政策执行过程既是组织和行为的互动过程，又是将目标转化为具体实践的过程（丁文广，2008：11；马娜，2010）。简单地讲，环境政策执行就是将环境政策付诸实践的一系列动态的过程，通过不同政策执行主体的互动实践，最终实现政策执行效果的一种行动。

基于中国特殊的行政管理体制，基层政府主要是指乡镇政府。它直接面向广大的人民群众，是国家政府与基层民众的纽带。我国特殊的行政管理体制采取五级垂直管理模式，最上层是中央政府，向下依次是省级、地市级、县级和乡镇级，一共五级政府，由此可见在政策自上而下的层层传递过程中乡镇政府是最后一级末端代理人，但在中国科层化体制运作的命令服从逻辑中，这种逻辑虽然从理论上讲只是延伸至乡镇一级（压力型体制的末端），并未被要求贯彻于村庄之中，但巨大的运作惯性使其与地方传统运作逻辑进行对抗，其结果是村民主体的政策行动选择。所以在本研究中，环境政策基层执行的基层政府主要是乡镇政府及其在乡村中权威的延伸——村民自治组织（村委会），主要涉及政策的两级委托和村民对政策的变通适应逻辑。乡镇政府作为我国行政体制的末端，自上承接国家政策的执行落实，自下面对农民的利益诉求和公共物品的供给，其政策执行成效直接影响农民的生活水平，关系着环境政策实施的成效（周定财，2010）。

环境政策基层执行，通俗地讲就是以基层政府（乡镇政府）、村民自治组织（村委会）以及村民为主体，通过他们的一系列手段，将环境政策内容转化为现实，从而实现环境政策预期目标的一种行为。它是一个由执行机关主体、目标群体及其执行机制构成的系统过程。

在本研究中，关于“环境政策基层执行”这一概念，需要加以说明和强调的是以下几个方面。

一是在本研究中，“环境政策基层执行”是从广义层面对环境政策执行的理解，而基层执行主要是为了便于深入分析基层政府、村民自治组织和村民三者之间的复杂关系与实践逻辑对政策执行的实际影响而限定政策执行的主体和区域空间。在这种意义上，对环境政策基层执行本身意义不做详细的讨论。

二是在本研究中，“环境政策基层执行”是基层政府的环境政策执行过程。所谓的基层政府主要是指 1978 年改革开放以后，经历中央与地方的分税制和“让利放权”改革以及 2006 年农业税费取消以来这段时期，基层政府的角色和作用发生变化，从而对政策执行产生一系列影响。转型期中国政府以指标的方式下达任务，基层政府执行公共政策时，处在一个“多头终端”的特殊位置上，它作为中央政府面向广大人民群众的办事机构，承担中央和地方各个层级委托的压力型指标任务。在日常生活中，农民主要通过乡镇政府与政府打交道，在农民眼中基层政府就是“国家”的代表，它们的行为直接关乎国家权威及其合法性认同的基础，基层政府在环境政策执行过程中具有至关重要且无可替代的作用。

三是在本研究中，“环境政策基层执行”重点强调环境政策的特殊性在执行过程中的意义。既然是环境政策的执行，必须重视环境政策所具有的特殊性，如外部性、长期性以及目标群体的不确定性等。有学者将环境问题定义为一个多层面的涉及经济、社会、文化、政治、国际等社会方面问题的关节点，因此被称为“世界问题复合体”（潘岳，2006）。基于环境问题的特殊性，环境政策作为解决环境问题的重要手段必然受到经济、社会、文化、政治的制约和影响，由此环境政策的实施手段也具有多元化特征。基于环境政策成效长期性的特征，需要更加重视政策基层执行权力主体的阶段性与政策可持续成效的实际影响。

四是在本研究中，“环境政策基层执行”概念本身蕴涵环境政策执行变通的主体实践与意涵。作为中央政府政策执行过程的末端代理层级，基层政府在中国政府科层组织体系中具有重要的位置。权威中心和政策研究者们常常用“上传下达、令行禁止”来形容基层政府工作的理想状态。但实际上基层政府基于政策的边界模糊性以及传统生态智慧，运用相应策略规避自上而下的各种规范性政策要求以及相应的检查，导致政策变通执行或扭曲。由于我国特殊的科层行政管理体制导致信息不对称，以及特定时空背景下的社会文化、经济发展水平差异等因素影响，对政策采取策略性与选择性的变通执行具有一定的地方合理性与合法性认同。

（五）乡村社会转型

社会转型（social transformation）是社会结构与社会运行机制转变的历史过程，有学者明确了这种转变过程的丰富内涵，即社会从传统型向现代型的转变，或者说传统型社会向现代型社会转变的过程，也就是从农业的、乡村的、半封闭的社会向工业的、城镇的、开放的社会转型；从自给半自给的产品经济的向有计划的商品经济的；从同质单一性的社会向异质多样性的社会转型（李培林，1991；童星，2005）。同时，转型中社会控制方式由传统权威、感召权威向法理权威转变（韦伯，2001：241）。社会转型的主体是社会结构，具体包括人们的价值体系、生活和行为方式等发生明显的变化。这个意义上的社会转型类似于波兰尼所说的“大转型”（great transition），也就是指近代化以来的社会结构变迁过程（波兰尼，2007）。有学者将“社会转型”理解为自改革开放以后由经济体制的市场化改革而带来的社会结构变迁的过程，该过程属于社会现代化转型，同时又具有中国特定的情境意义（陆益龙，2013）。已有研究表明，社会转型是社会在结构制度安排、体制机制、价值观、文化模式以及社会控制等方面从传统社会向现代社会转变的复杂过程。在某种意义上，本研究在大量学者对“社会转型”的代表性研究的基础上提出了区域性的“社会转型”，即“乡村社会转型”。这实际上是的对“转型社会”概念进行选择性的运用。

正如郑杭生先生所说：“当前中国的各种社会现象无不带有转型的特点。”（郑杭生，1996c：1）所以乡村社会也无不例外地在社会转型大背景下发生着各种深刻的变迁，本研究试图在特定时空背景中深入探究“乡村社会转型”概念的丰富内容，进一步拓展“社会转型”的意涵。本研究中所谓的“乡村社会转型”主要是指 1978 年农村改革以来持续较长时段的历史过程，其主要涉及土地制度变迁、乡村人口流动、税收制度改革以及乡村治理结构改革等方面的重大转变内容，以下将对这几方面进行说明和阐释。

一是乡村土地制度变迁。中国农村改革的起点是家庭联产承包责任制，虽然自 1981 年分田到户以来，农民拥有了基本的生产资料和土地使用权、收益权和处置权，这一方面极大地增强了农民生产的积极性，另一方面极大地解放农村劳动力，使农民外出流动成为可能。在本研究中，土地制度变迁与退耕还林政策实施是农村土地变革历史上的两个重要转折点，前者是改革开放初期为了解决农民温饱而实施的土地个体承包经营；而后者是国家为了改善生态而实施的将个体承包的耕地转变为林地的重大变革。本研究重点关注退耕还林政策实施过程中面临的传统的以土为生的村民在政策变迁背景下，基于自身生存逻辑以及传统生存经验与自上而下政策规定之间的博弈问题，同时对乡村社会中延续的地方性知识和传统生态智慧对环境保护的利弊影响展开深入的分析。

二是乡村人口流动变化。中国农村家庭联产承包责任制使村民从集体化时期的控制和约束中解放出来，拥有更大的自主权和选择权；同时在工业化、信息化和城市化的冲击下，乡村社会的流动性加剧，从而使中国社会结构形成了城市居民、农村居民以及城乡之间定期迁徙的流动人口的三元结构（李培林，1991）。由于人口流动是一个持续的过程，随着现代因子不断向传统乡村社会渗透，乡村社会异质性和文化多元性增强，以地缘为基础形成的乡村共同体逐渐解体，村民逐渐摆脱传统村庄舆论的压力；同时由于户籍制度的约束，定期迁移在城乡之间的流动人口对城市和乡村缺乏归属感和认同感，从而产生了一种对城乡环境关心的双向疏离感，他们对环境破坏不再有愧疚感。本研究关注乡村社会人口流动对乡村生产生活方式、思想观念、行为方式以及环境意识等方面的影响，并对村民应对自上而下的规范性政策在传统与现代博弈过程中选择的多元化生计策略展开分析。

三是税收制度变迁。2006 年中国全面取消了农业税，该举措被称为“第三次农村革命”。在 1999 年开始实施的退耕还林政策是国家财政收入由农民流出转向流入农民的转折点，在该政策实施过程中随着中央政府全面取消农业税，围绕政策执行的基层主体（即农民、基层政府以及村委会）的角色与作用以及三者之间的关系发生了重大的改变。农业税取消使农村基层组织失去了存在的必要性，由此全国范围内出现了撤乡并镇、合村并组的改革热潮，与此同时，国家为了进一步鼓励农民种田出台了一系列“惠农、支农”政策。一系列政策变化为退耕还林政策实施提供机遇的同时也使其面临一系列的困境：由于以耕地性质发生变化为基础的政策实施经历了全国农业税从有到无的巨大变革，政策实施面临基层主体之间资源分配的各种遗留矛盾的困境；村组、乡镇与村民之间的关系演变对政策实施产生影响；自上而下各部门制度系统的耦合性冲突以及村民对激励性政策采取的策略性选择对退耕还林政策可持续性产生影响等困境。

四是乡村治理结构变迁。自 1981 年以来，由村民自发形成的村民自治组织是中国农村一种新的社会结构（Robert，2001），弥补了自计划经济向市场经济转轨背景下乡村社会治理主体的缺失。2001 年，国家为了缩减财政开支和优化基层管理结构而实施大规模的“合村并组”行政建制改革，该举措创造了新农村建设的体制空间的同时，也给乡村治理带来一系列负面后果。本研究重点关注“合村并组”作为自上而下的“结构性”力量推动的乡村行政建制改革在退耕还林政策实施中面临的一系列困境：由于村民长期以来生活在以地缘与血缘为基础形成的村落共同体中，难以突破传统的人情交往模式和资源活动范围，所以在政策实施过程中合村并组改革增加了村组管理成本和村民的交往成本；在合村中形成以原有不同村落为共同体的多元利益集团，它们在政策实施过程中进行持续的冲突与博弈；改革后的行政村组中的村民缺乏认同感和归属感，形成了一种半熟人化关系，导致村民群体之间缺乏一致性行动的默契和能力，从而使退耕还林政策实施过程中缺乏持续稳定的社会力量基础。

由于信息化、现代化和全球化的推进，原有的各个地区、民族和国家之间彼此分隔的原始闭关自守状态逐渐被打破，逐渐形成相互联系的整体。不同区域的乡村社会转型共同构成整个社会的大变迁，中国社会的转型也是全球化过程的一个重要组成部分。由于环境问题在转型时期具有特殊性和复杂性，环境治理面临巨大的困难与挑战。关于这点，本书将在特定时空的转型背景下对环境治理过程及其可能出现的失灵现象的原因与实践逻辑展开分析。

第四章　乡镇政府的退耕还林政策执行过程与实践逻辑

中国自改革开放以来在经济、社会以及文化观念领域发生了深刻的变革。中央政府与地方政府之间的关系从计划经济体制下单向度的“命令－服从”关系转变为市场经济下讨价还价的“委托－代理”关系（郑永年等，1994；李新安，2004；金太军等，2003 等）。中央与地方关系变革的一个重要内容体现在，中央政府权力下放，地方政府自主性凸显。由此产生一个问题：与计划经济体制不同，在转型时期政策实施面临不断变化的社会经济基础，一项全国性的环境政策是如何落地的？即政策通过自上而下层层传递，基层政府以及最终执行主体——村民是如何落实政策的？他们为应对政策采取了哪些策略性的行动，对政策的实际影响是什么？本书在批判借鉴委托－代理理论框架的基础上，采用微观视角通过案例展开分析，重点阐释一项全国性的环境政策在基层执行的过程，试图揭示政策执行过程中乡镇政府、村委会以及村民之间的复杂互动过程与实践逻辑对政策实施效果的影响，从而不断修正与完善公共政策的制定、执行与评估体系。

本书案例主要从规范性计划与地方实践两个向度呈现退耕还林政策在基层执行的各个环节，即目标原则的理解、宣传动员、小班规划与分户落户、造林植树、验收年检与政策兑现等。书中呈现的所有文本以及相关案例都是笔者通过关键人物的深度访谈、田野中的一手文本与图像资料以及深度参与观察建构起来的，笔者试图以案例形式呈现特定时空背景下退耕还林政策实践的各个环节最真实的场景。从本部分开始，进入本书的主体讨论部分，重点呈现退耕还林政策基层执行的过程与实践逻辑。本部分主要讨论乡镇政府退耕还林政策的执行过程与实践逻辑。

一　退耕还林政策的文本规定

退耕还林工程是一项由国家主导的旨在改善与恢复生态环境的系统性工程，也是一项复杂的经济活动。在工程实施过程中，会涉及不同群体、不同层次的多方面利益。为了保障政策的顺利推进，中央政府和地方政府相继出台了一系列有关经济补偿、资金管理、工程建设、检查验收、政策兑现等方面的办法、规定和标准（详见附录1）。为了对退耕还林政策基层执行过程有全面的了解，本章首先围绕对村民有直接激励和约束作用的政策规定进行简要梳理与说明，这些规定包括粮食补助、现金补贴、种苗供应、林权保护、科技支撑等方面的具体操作规程。由于退耕还林政策通过自上而下层层传递得以实现，接下来将通过委托－代理理论框架进一步明确乡镇政府及其以下各个基层政策执行主体在政策实施过程中的位置及互动关系，为政策执行过程及实际成效影响分析提供宏观政策环境与研究基础。

（一）退耕还林政策的操作规程

退耕还林工程是国家从保护和改善生态环境出发，要求将易造成水土流失的坡耕地（一般要求是25度以上）有计划、有步骤地停止耕种，按照适地适树、因地制宜原则植树造林，同时给予农户一定的粮食及现金补贴的环境保护项目（国家林业局，2001）。国家为了落实该全国性的林业生态建设工程，在粮食补助、现金补贴、种苗供应、林权保护、科技支撑等多方面制定了一系列具体操作措施（国家林业局，2006：52～53）。

（1）国家无偿向退耕农户提供粮食、生活费补助。粮食和生活费补助标准为：长江流域及南方地区每公顷退耕地每年补助粮食（原粮[1]）2250kg；黄河流域及北方地区每公顷退耕地每年补助粮食（原粮）1500kg。从2004年起，原则上将向退耕户补助的粮食改为现金补助。中央按每千克粮食（原粮）1.40元计算，包干给各省（自治区、直辖市）。具体补助标准和兑现办法，由省（自治区、直辖市）政府根据当地实际情况确定。每公顷退耕地每年补助生活费300元。粮食和生活费补助年限，1999~2001年还草补助按5年计算，2002年以后还草补助按2年计算；还经济林补助按5年计算；还生态林补助暂按8年计算。尚未承包到户和休耕的坡耕地退耕还林的，只享受种苗造林费补助。退耕还林者在享受生活费和粮食补助期间，应当按照"退一还二，还三"原则，承担两亩或两亩以上的宜林荒山荒地造林种草任务。

（2）国家向退耕农户提供种苗造林补助费。种苗造林补助费标准按退耕地和宜林荒山荒地造林每公顷750元计算。任何单位个人不得为退耕农户指定种苗供应商，种苗造林补助费只能用于种苗、造林和封育管护等支出，不得挪作他用。

（3）退耕还林必须坚持生态优先。退耕地还林营造的生态林面积以县为单位核算，不得低于退耕地还林面积的80%。对超过规定比例多种的经济林只给种苗造林补助费，不补助粮食和生活费。

（4）国家保护退耕还林者享有退耕地上的林木（草）所有权。退耕还林后，由县级以上人民政府依照《森林法》《草原法》的有关规定发放林（草）权属证书，确认所有权和使用权，并依法办理土地用途变更手续。

（5）退耕地还林后的承包经营权期限可以延长到70年。承包

---

① 原粮亦称"自然粮"，是未经加工的粮食的统称，如稻谷、小麦、玉米、大豆、高粱、谷子、蚕豆、豌豆等。原粮一般都具有完整的外壳或保护组织，在防虫、防霉以及耐储性能方面都比成品粮高。这里主要是指在退耕还林政策补助中的粮食，主要包括谷子、玉米、小麦等。

经营权到期后，土地承包经营权人可以依照有关法律、法规的规定继续承包。退耕还林地和荒山荒地造林后的承包经营权可以依法继承、转让。

（6）生活费和粮食补助期满后，在不破坏整体生态功能的前提下，经有关主管部门批准，退耕还林者可以依法对其所有的林木进行采伐。

（7）退耕还林前期工作和科技支撑等所需费用，国家按照退耕还林基本建设投资的一定比例给予补助，由相关部门根据工程情况在年度计划中安排。退耕还林地方所需检查验收、兑付等费用，由地方财政承担。中央有关部门所需核查等费用，由中央财政承担。

（8）国家对退耕还林实行省（自治区、直辖市）人民政府负责制。省（自治区、直辖市）人民政府应当组织有关部门采取措施，保证按期完成国家下达的退耕还林任务，并逐级落实目标责任，签订责任书，实现退耕还林目标。

概述退耕还林工程在具体实施过程中的激励和约束措施，有助于总体上理解和把握退耕还林工程的操作规则，为后文政策实施过程阐述的展开奠定基础。

（二）退耕还林政策的委托－代理过程

退耕还林工程是一项由政府主导的自上而下执行落实的生态建设工程，在对委托－代理理论的相关要素以及公共政策执行过程的适应性进行分析的基础上，围绕委托－代理理论框架，对退耕还林政策基层执行过程展开讨论。本书以东溪村为例，通过对退耕还林政策自中央政府到地方政府的层层委托－代理过程进行梳理，进一步明确基层执行主体（乡镇政府、村委会以及村民）的位置与作用，为探究政策执行过程特征和影响因素提供宏观背景和研究基础。

在政策执行过程中，中央政府与地方政府是一种事实上的委托－代理关系。中央政府作为政策的制定者同时也是政策执行的委托人，各级地方政府则以政策执行中代理人的身份出现。为全面把握退耕还林政策委托－代理过程，本书将从宏观层面呈现我国退耕还林政策自上而下的传递过程（见图4－1），同时从微观层面以典型案例为基础，重点呈现县级以下的基层政府执行政策的全过程（见图4－3）。

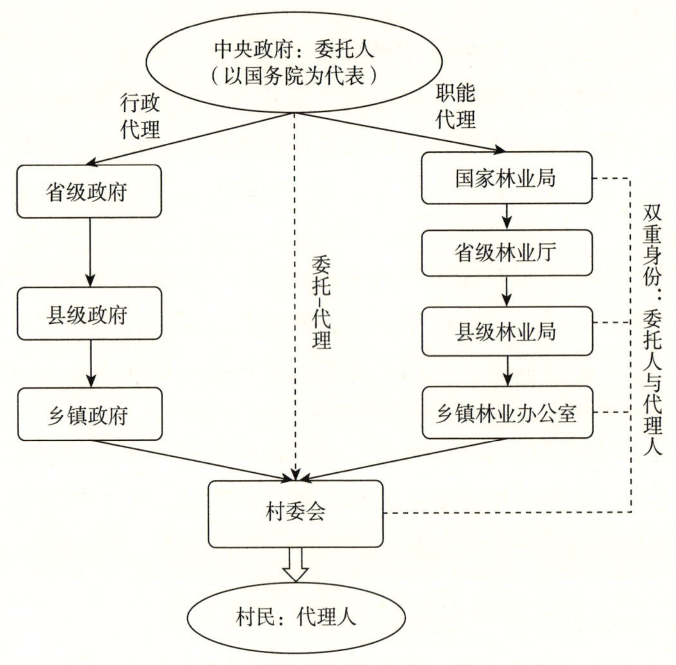

图4－1　退耕还林政策的委托－代理过程模型

资料来源：根据柯水发，2007，《农户参与退耕还林行为理论与实证研究》，中国农业出版社，第65页相关内容进行调整与完善。

图4－1从宏观层面反映了环境政策实践的委托－代理层级以及相关部门之间的关系。退耕还林作为一项全国性的环境政策，在自上而下的执行过程中通过行政部门和职能部门两条路径传递实施。由于中国行政管理体制上的条块分割，在公共政策运作过程中，政策制定与执行、实施与评估分离，退耕还林工程的实施需要中央政府通过不同层级部门进行委托－代理实现。从图4－1

可以看出，退耕还林政策通过中央政府委托各级地方政府和职能部门代理工程监督与管理得以实现，从中央到退耕农户共涉及八个不同层级的委托－代理。其中行政代理部门的层级主要包括中央政府、省（市、自治区）、县（市、区）以及乡镇政府。由于退耕还林政策是一项生态建设工程，具有专项性，因此主要由国家林业局牵头，委托省（市、自治区）级林业厅、县（市、区）林业局以及乡镇林业办公室进行专业协调和执行。所有行政代理和职能代理的最底层政策解读和承接执行主体是村委会，村委会在乡镇林业干部、县林业局派出的专业技术人员共同指导和组织协调下将政策落实到每个农户，并由村民最终执行落实。其中，乡镇政府（及其职能部门乡镇林业办公室）、村委会和村民是本书中重点关注的基层政策执行主体。

需要进一步指出的是，在图4－1中仅仅显示了政策自上而下各个层次的委托－代理关系，除了中央政府和村民两级外，其他各级地方政府与职能部门既是代理人又是委托人且都具有多重委托人，另外每个代理人都要应付若干委托人，这些委托人又试图影响代理人的决定，所以政策越是到了基层政府，除规范性政策预期目标外，所需完成的各级政府附带要求的任务就越多，最终政策主体不能完成代理任务的可能性越大。因此，政策实施的效果取决于多层次多任务的委托－代理关系的组合。如图4－2所示，退耕还林政策代理过程中，乡镇林业办公室作为所有上级行政和职能部门权力延伸的末端，是县林业局的直接代理人，同时还需要应付乡镇人民政府、农业服务中心等主体的目标任务。

图4－2试图以委托－代理理论分析模型为基础，呈现退耕还林政策实施过程中所涉及的复杂部门和机构。如乡镇林业办公室作为乡镇人民政府的部门之一，主要负责对接县林业局的具体工作，退耕还林政策实施过程不仅要按照县林业局的政策规定进行落实，更要符合当地经济发展水平和阶段的需求，基于乡镇政府的整体发展目标和规划对县相关政策进行适当修正后再执行。乡

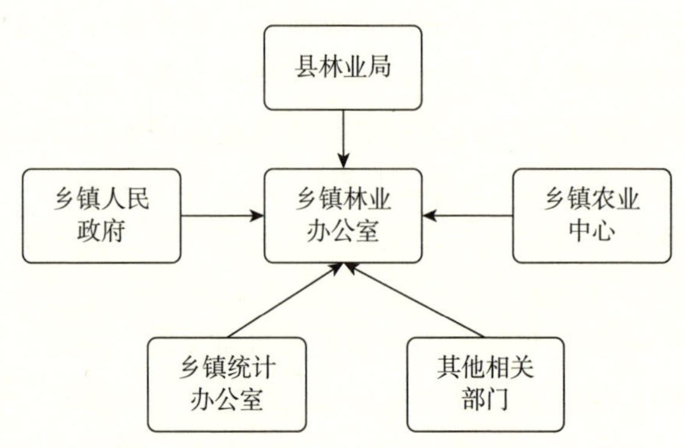

图 4－2 “乡镇林业办公室”多重委托人模型

资料来源：根据田野调研相关资料整理而得。

镇林业办公室与农业部门关系密切，以耕地面积变化为核心的相关政策的实施，可能导致耦合性冲突。负责乡镇人口、经济、耕地与林地面积等相关数据的统计部门与林业办公室存在相关业务代理关系。因此，当政策真正同执行主体及与之相关的组织机构发生关系时，政策的委托－代理关系就变得更加纷繁复杂。图4－1 仅从宏观层面显示政策经由各层级行政与职能机构传递，最终落实到村民的一般性过程，为进一步呈现县级及以下政策执行过程中多元化参与主体和相关部门的互动关系，本书通过田野调研资料构建东溪村所在的 W 县退耕还林政策实施组织结构图进行说明（见图 4－3）。

图 4－3 表明，退耕还林政策自中央政府层层委托－代理到县人民政府后，经过各个部门之间的委托－代理最终由村民代理实践的过程。如图 4－3 所示，W 县的退耕还林领导小组办公室（简称“退耕办”）是整个政策实施的核心机构，是 2002 年专门为实施退耕还林工程成立的临时机构，现设在林业局。由县人民政府主导成立，专门为实施退耕还林项目的“退耕还林领导小组”是退耕办的直接行政指导机构，该小组由县人民政府分管农业的副县长担任组长（退耕还林政策在地方政府实行“一把手”负责制），由林业局抽调相关人员（2～3 人）组

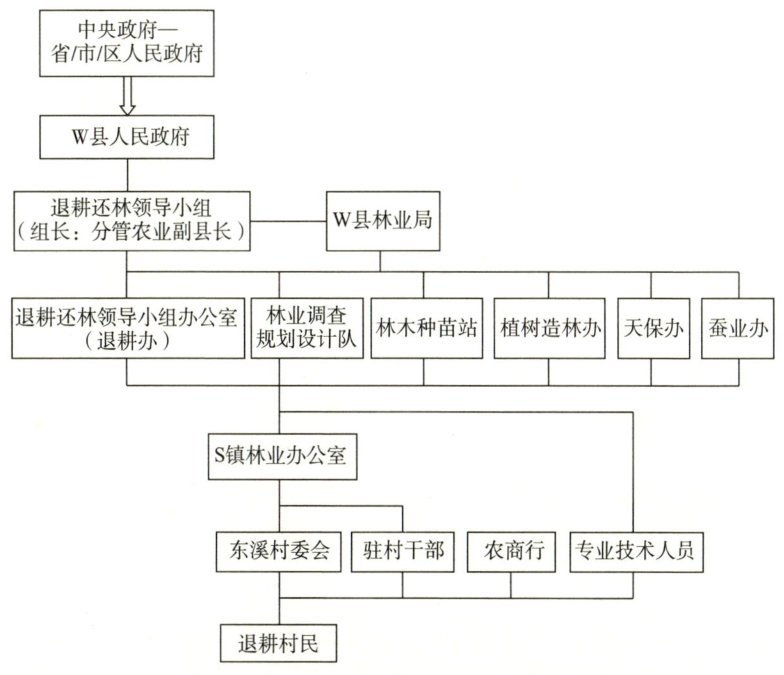

图 4－3　W 县退耕还林政策实施组织结构

资料来源：据 W 县林业局相关工作人员介绍整理而得。

成小组业务人员。县林业局是退耕办直接的业务指导部门，其下设的林业调查规划设计队、林木种苗站、植树造林办、天然林保护工程办公室（以下简称“天保办”）以及蚕业管理办公室（以下简称“蚕业办”）等属于“退耕还林领导小组”的成员。在整个退耕还林政策实施过程中，退耕办作为牵头部门，林业局其他各相关业务部门配合参与。如在工程进行规划设计阶段，由林业局调查规划设计队、植树造林办抽调相关人员开展规划和调运树苗等工作；在 2003 年完成大规模造林目标任务阶段，动员林业局全局人员“包干到乡”，负责对各乡镇进行小班设计、分户落实、表册资料完善、造林指导等一系列现场指导和落实工作。

如图 4－3 所示，天保办以及蚕业办与退耕还林工程实施密切相关，天保工程与退耕还林工程都属于我国六大林业重点工程，目的都是造林。二者在后期的工程任务中共同协作促进生态建设，相应的系列政策具有一定耦合性，如天保工程第二期中规定，对森林进行分类经营的公益林管护纳入退耕还林面积；二者在实施过程与时间上具有一致性，因此，将天保办相关内容纳入其中讨论。另外，蚕业办也与退耕还林工程有着十分密切的关系，可以说退耕还林工程实施对该县蚕桑业发展的兴衰有着决定性的作用，这将在第六章中有所讨论，所以也将蚕业办纳入工程实施流程中进行分析。在乡镇层面，与W县退耕办直接对接业务工作的是S镇的林业办公室，由该办公室牵头将工程任务指标落实到辖区内各村与社区（10个村2个社区），由村委会、乡镇政府派出的驻村干部以及林业局派出的专业技术人员协同落实退耕还林任务指标和规划，并由村委会组织召开村民会议按村组进行分户落实，最后由村民负责完成退耕还林工程任务。与退耕村民直接关联的除专业技术人员、村委会以及乡镇派出的驻村干部外，还有一个重要的机构是负责为农户兑现政策补助的农村商业银行，该机构负责保证退耕的补助最终落实到农民头上。

图4-1至图4-3呈现了退耕还林政策从中央、省（市、自治区）、区县，再到乡镇、村委会，最后到村民主体的完整政策实施过程。上述图反映了在政策传递过程中，主体具有层级性和多元性，然而处于不同层级的委托-代理主体都是独立的利益主体，基于自身利益而采取策略性的行动。有关政策执行过程的研究发现，政策执行主体不断地解释、运用和创造规则，尤其在社会转型背景下，中国特殊的行政管理体制以及环境问题的复杂性，决定了环境政策的制定与执行过程存在很大的模糊空间，从而为地方政府再界定和修正规则，对政策灵活执行提供契机。然而，在各级地方政府中以与村民有直接关系的基层政府，即乡镇政府（周飞舟，2006）为关键，为了对政策执行过程，尤其是对政策有实际影响的基层执行过程进行深入探究，本书将重点围绕基层政

府（乡镇政府）、村委会以及村民在退耕还林政策执行中的互动实践展开讨论。在乡镇政府政策执行过程中，不仅涉及镇人民政府，还包括直接对接县林业局的乡镇林业办公室[①]、协助和指导村社政策落实的驻村干部以及相关部门人员。以下将以文本案例为基础，从政策原则性规定与基层实践两个层面对乡镇政府政策执行过程进行分析。

二　乡镇政府退耕还林政策的执行过程

自 1949 年《保护与发展林业暂行条例（草案）》发布到 2003 年《退耕还林条例》出台，退耕还林政策逐步走向规范化和制度化。为了保障政策顺利实施，在工程实施过程中，国家对政策目标、工程建设、组织管理、造林管护、检查验收、政策兑现、粮食和现金补助等方面做出了规定，集中反映在《国务院关于进一步做好退耕还林还草试点工作的若干意见》、《退耕还林条例》以及《国务院关于进一步完善退耕还林政策措施的若干意见》3 个综合性文件中。虽然中央政府自上而下建立了一套完备的政策实施体系，并通常以“上传下达，令行禁止”预估基层政府工作的理想状态，但对于政策在基层的实际执行情况如何，缺乏丰富的经验资料。笔者将从政策的原则性规定与基层执行实践成效两个层面对乡镇政府政策执行的过程进行分析。为了进一步明确退耕还林工程各阶段的任务、内容和程序以及可能涉及机构的实践，笔者以 W 县为例梳理退耕还林工程实施的过程（见图 4－4）。

① 乡镇林业办公室作为行政层级的最底层，在贯彻中央退耕还林政策时也是通过委托村委会和村干部来实施，形成底层行政机构延伸链条上事实上的委托－代理关系，而乡镇林业办公室更多地作为业务部门对县林业局政策进行传递，因此将村社视为行政权力在乡村中的延伸进行分析。

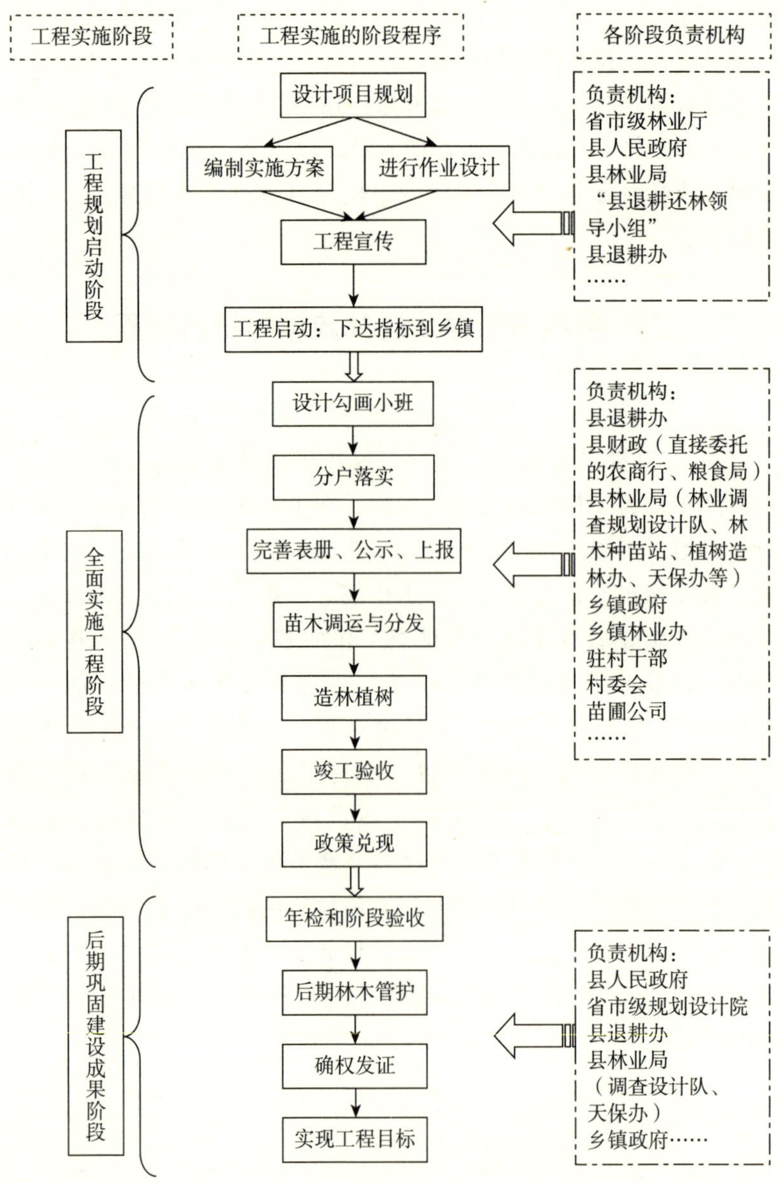

图 4－4　W 县退耕还林工程实施程序

资料来源：根据实地调研资料整理而得。

图 4－4 反映了 W 县及以下层级的整个退耕还林工程实施过

程，通过深入调研将符合退耕标准的县（市、区）地区纳入工程实施范围，并按国家林业局给各省（市、自治区）下达的年度指标任务按相关要求分配各县（市、区）退耕还林政策指标任务。整个过程大体可以分为三个阶段：第一阶段是工程规划启动阶段，该阶段由省级部门下达指标，县乡主导宣传动员和规划，主要程序包括设计项目规划、编制实施方案、进行作业设计、工程宣传与工程启动，正式将指标下达到各乡镇。该阶段主要涉及的部门包括：省市级林业部门、县人民政府、县林业局以及由县人民政府直接给予行政指导的“县退耕还林领导小组”，其下设的“退耕还林办公室（简称退耕办）”业务隶属于林业局、乡镇政府等。第二阶段是全面实施工程阶段，该阶段由县林业局指导、乡镇牵头、村社配合、村民具体落实，这是一个全方位，各层次共同参与的过程。主要程序包括设计勾画小班，分户落户，完善表册、公示及上报指标信息，苗木调运与分发，造林植树，竣工验收及政策兑现等内容，主要涉及部门包括退耕办牵头的林业局及相关专项机构、乡镇林业办公室、驻村干部、村委会以及负责林木供应的苗圃公司等。第三阶段是工程的后期巩固建设成果阶段，该阶段由县牵头，乡镇配合落实，主要程序包括年检与第一轮周期到期后的阶段验收、后期林木管护、确权发证以及最终实现工程目标。主要涉及的负责机构包括，林业局相关部门、委托的第三方机构（如委托市级林科院或设计院，或国家级的西北规划设计院进行验收）等。

图 4 - 4 显示了退耕还林政策在“县政府—乡镇政府—村委会—村民”基层执行的规范性过程。从各个阶段负责的机构可以看出，乡镇政府的行动贯穿于整个过程，即在规划启动阶段的宣传落实，再到工程全面落实阶段各环节扮演核心主导者角色以及在工程后期巩固阶段执行监督和管理的任务。从退耕还林政策自上而下的委托 - 代理传递过程可发现，乡镇政府位于“上下之间”的特殊位置，一方面作为县政府代理人对政策进行地方性的解释与传递；另一方面又作为具体执行者村委会以及村民的委托人，

根据地方发展需要对政策进行创造性运用。因此，关注乡镇政府政策执行的过程对政策实施效果的评估具有重要的意义。

由于政策在各个层级都具有系统的过程性，尤其在乡镇、村委会以及村民共同参与下的实践过程具有更加丰富的内容，为了避免对不同主体的政策实施过程进行全景式重复讨论（政策实施规范性过程见图 4－4），本书主要以乡镇政府为基础完整呈现政策执行过程，而对村委会以及村民的政策执行过程则有选择性地重点呈现特殊阶段的相关内容。本章围绕乡镇政府在退耕还林政策全面实施工程阶段的核心环节，即宣传与动员、规划设计、造林植树、验收和年检、政策兑现五个方面，从政策规范性文本与乡镇政府地方实践两个向度展开讨论，并重点根据《国务院关于进一步做好退耕还林还草试点工作的若干意见》（国发〔2000〕24号），以下简称《试点工作意见 2000》）、《国务院关于进一步完善退耕还林政策措施的若干意见》（国发〔2002〕10 号，以下简称《完善措施意见 2002》）与《退耕还林条例》（第 367 号国务院令正式公布，以下简称《条例》）三个综合性文件以及与此相应的地方政府配套政策文本展开分析。在进入政策实施过程分析之前，首先对乡镇政府对政策目标原则的态度进行解读，为下文政策的阶段性实施过程阐述奠定基础。

（一）目标原则的理解

政策规定构成人们行动的一个背景，甚至是一种资源，执行者作为能动的主体不断地形成和改进政策规则系统（伯恩斯，1986，1987）。然而，执行者不断解释、运用和创造规则系统的前提是对规则系统的理解和认识。基于我国特殊的行政管理体制，处于委托－代理末端的乡镇政府具有多重角色，其根据不同需求对政策的目标、原则及相关规定有不同的理解。

国家与省级的各类“意见”与“条例”中明确规定退耕还林政策的核心原则是：生态效益优先，将易造成水土流失的坡耕地（一般要求是 25 度以上）有计划和有步骤地停止耕种；兼顾农民生计问题，尊重农民意愿与自然规律，科学选种、因地制宜、适地适树。W 县以“为了三峡库区安全，防止长江流域水土流失”为指导思想，具体的实践过程是：

> 当退耕还林项目指标下发到 W 县之后，林业局征求县政府、发改委、财政局以及相关责任部门意见，采取“分流域（主要是大宁河沿线 9 个乡镇）、分区域（主要是奉巫公路沿线）、乡镇整体全面推进”原则，并依据生态脆弱区的“先易后难”整乡推进。过程中，林业局首先以符合退耕条件为基础，由村社干部征求农户意见，哪些愿意退，哪些不愿意退，愿意退的又符合退耕条件的，我们就派技术人员，按操作规程，对现场进行设计规划，划分并明确实施边界，然后汇总各个村社与乡镇的设计面积，设计完后按指标面积下发实施面积，依次再推进下一个乡镇的设计和规划。所以在整个指标规划过程中不是先下达指标再实施，而是根据具体乡镇实际需要退耕的面积来核定指标面积。（20130822—WWS[①]）

以上表明，W 县退耕指标区域规划以“符合退耕区域以及农民意愿”为基础，遵守“尊重农民意愿”原则。在地方实践中，S 镇是如何解读“尊重村民意愿”与“25 度以上坡耕地停止耕种”原则呢？随着项目不断推进，各个乡镇开始争先恐后地申请任务指标，有些乡镇因为没有获得指标而产生冲突。

> 合乡并镇之前，我们还属于 P 乡，S 乡这边 2002 年就实施了，看着周边挨着的曾家乡、S 乡都搞了退耕还林，如果我们 P 乡不搞，工作很难开展。2003 年合乡并镇后，我们 P 乡领导班子成员大都是从其他乡镇调过来的，所以刚开始工作开展相当艰难，当时为了要这个项目，我们确实到县里面跑

① 在文中，所有访谈资料的编码由访谈时间 + 访谈人员姓名首字母组成，在文中以此形式直接呈现的内容都是访谈记录资料，在下文中将不再以“访谈记录或资料”作为提示。

了很多趟，最后才把这个项目要到了。”（20130820—HDB）

不存在由各乡镇进行申请，我们都是直接由林业局分配指标后，专门由调查规划设计队进行规划，将规划的小班面积由乡镇落实到各村，再由各村落实到农户。（20130821—YHL）

同样的一块地，沟这边就退了，隔条沟就没有指标了，所以没有退的人不乐意。好多人打官司闹，“要退，要国家直补”。还有人告状，但上面的说法是，“我们都是有政策线，你在范围内就退，不在范围内就没有指标，退不了，只有这么一坨规划面积，我到哪里去跟你弄诺？”现在 W 县还有好几个区没有退，没有退到的地方有蛮大的意见。（20130810—LLL）

由于在政策实施初期对政策的宣传不到位，不同乡镇对政策理解产生差异，乡镇政府为了获得指标而采取不同的行动，有的积极争取，有的等待县林业局直接分配。从国家规定以及县林业局实践发现，基本按照“尊重农民意愿”原则行事，但到乡镇政府之后为了“集中连片”，“好开展”工作而忽视村民意愿，同时忽视《条例》规定的“原则上将易造成水土流失的坡耕地（一般要求是 25 度以上）有计划和有步骤地停止耕种”。因此，政策在乡镇落实中出现了“全部耕地种树”，“不该退耕的地退耕了”等问题。

当时我们这个地方不应该搞退耕还林项目的，但乡政府领导把这个项目争取到了，有指标那就只有退呢，上面来的政策必须落实，没有人反对得垮了，但这么好的水平梯田退耕了，不划算。上面来规划的人也说：“这节哪里能退耕啊？”当时村里面没有考虑村民的意愿，直接让林业局的人进行设计，并且给林业局说：“我们这个 N 村山高坡陡，凡是田都设计完。”（20130818 - CCX；20130820 - TYX）

我们这里 2003 年开始搞，为了三峡库区水土，防止水土流失，增加森林覆盖率，讲求生态平衡；原本要求的是25度以上的全部搞，有的面积达不到的把梯田都栽了树；当时存在的问题是，由于规划面积与实际面积有差异，有些地方是面积不够，就把梯田也栽了树。(20130820—YZH)

刚开始说是留菜园子（自留地）地不种树，后来连菜园子都栽了树，嗯，是一点都没有留。那时候乡里面来开会说，要留口粮田，但落了（后来）我们社的社长说，“干脆连菜园子地也不留，把年（全部）都栽起，说这是重庆市下来的政策，不留，你们留的话，只要你们不怕去坐牢啊”。(20130815—XZY)

乡镇为了争取指标以及保证后期的任务落实，不仅忽视以征求“农民意愿”为前提，而且将不符合退耕（坡度低于25度）的良田也纳入退耕区域。不仅如此，由于政策宣传不到位，在村民最初对政策缺乏了解的情况下实施退耕还林，严重影响了对当地具有较大经济贡献的支柱产业——蚕桑业的发展。

桑树必须要种，要管理，如果不管理，2～3年就会被荒死。当时退耕还林政策不包括“退耕还桑树”，并有不成文的规定——不允许林粮间种，最初还是有农民悄悄种的，但被乡镇专门派人去将人家作物给铲了，落了（后来）村民就不种了。但这样两三年后桑树自然就看不见，当时全县至少有2万亩桑树都被“消化”（荒死）了。后来上面慢慢又允许在树林下种粮，但已经荒死的桑树该挖的挖，连树根根都毁了，后来也没有补植桑树了。(20130822—WSJ)

在政策实施过程中不仅忽视“农民的意愿”，而且在传统产业与政策实施产生冲突时，忽视农民的自主选择，从而出现了“不该退的退了，该还的没有还”的现象，同时由于还林树种的严格规定，传统支柱产业在政策实施中逐渐式微。从以上退耕还林政策的实践可见，所谓“生态优先”目标的实现在一些地方是建立在“良田退耕”与打破传统产业的基础上，因此退耕政策效果的可持续性有待进一步考量。

（二）宣传动员

政策宣传是政策执行落实的前提条件。退耕还林政策作为一项提供公共物品的环境政策，国家以改善日益衰退的生态环境为导向，但政策最终执行主体——村民更多关注政策带来的实惠和福利。对于中国现行的行政体制，一项政策的实践需要通过自上而下层层委托－代理得以实现。地方政府结合本地区情况发展出一条“县—乡镇—村—村民”的宣传路径，最终将政策落实到村民的行动中。由于各个层级的参与主体对政策有不同的理解，宣传者进行策略性宣传。这里重点关注乡镇政府在特定区域中对政策的解读和宣传，从而洞悉乡镇政府对环境政策的理解以及环境的认知。

由于水土流失造成的巨大危害，国家坚定了实施退耕还林工程的决心，明确规定：“从保护和改善生态环境出发，将易造成水土流失的坡耕地（一般要求是25度以上）有计划、有步骤地停止耕种，并按照适地适树的原则，因地制宜植树造林。”W县以“防止水土流失，保护三峡电站”为宗旨，按照“分流域区域，先易后难、整乡推进”原则，通过一系列的宣传标语、横幅进行大规模的宣传。

> 往常还在大力搞的时候宣传力度比较大，到乡镇去一路上都能看到很多关于退耕还林的宣传标语，比如“退耕还林惠民政策”等，这两年少了。上面有要求，必须家喻户晓，让老百姓都晓得这是一个给予老百姓优惠的政策，是国家补助的政策。(20130401—YHL)
>
> 为了进一步扩大宣传，乡镇采取各种方式，一个乡的党委书记回忆道：“当时我负责的是东溪村，亲自下村开了多次群众会，开会后大多数群众都晓得退耕还林政策是

一项惠农政策，刚开始搞的时候群众的积极性比较高。”(20130820——HDB)

政策到乡镇后，很多乡镇领导尽可能以各种优惠和利益鼓励村民退耕。一位村民回忆：

> 当时乡里面为了让我们退耕，书记在我们村开群众大会说，大部分的人出去打工，在家的人就把退耕还林保管起，把苗木经管好，把苗木补齐，囊个（怎么）要不得啊，给你补点生活费，又不是要给你好多钱，还有半亩地种点蔬菜应该够吃撒。(20130815—ZSX)

一位乡镇林业工作人员说道：

> 村民通常对上面的政策有自己的理解，常常抱着观望的态度。但我们的宣传力度大，很多外出务工的人都回来搞退耕还林，也有的不理解，不相信这个政策，以为是国家在欺骗老百姓，历来年年都是农民上税缴粮，哪有一年不种地还给几百斤粮食的，但慢慢地农民看到这个政策有实惠，极力想争取指标，但现在不搞了，没有指标了。我们还有几个地方，林业局一再地做工作说：“你把这个退了，坡度这么陡，你退了我们在规划的时候好连成片，好退些”。但他坚决不搞，打死他也不退，现在他又想退，但没有指标了。到现在他还找到我说，“以后如果你们这里有指标了，争取把我们那里退了”。我就跟他说：“现在要退，当时搞莫尼（什么）去了呢！”(20130822—WWS)

从以上乡镇政府解读自上而下的政策宣传可发现，虽然国家以及县政府大力宣传以“生态优先，防止水土流失，保护三峡电站”为主导，而乡镇政府基于特定时空背景，采用了一种农民更易于接受和理解的方式进行宣传，如以“退耕还林政策是国家给农民的一项优惠政策，是国家的补助政策”等鼓励农民积极退耕，并进一步引导农民在退耕后外出务工以获得“一举两得”的更多收益。这样一方面，在得到农民支持下，使乡镇政府顺利完成“一刀切”的指标任务，并更好地“开展工作”，从而获得政绩收益；另一方面，更好地发展了地方经济，引导当地农民逐渐改变传统生产生活方式观念，创造多元化的收入渠道。

（三）指标获得与分配

1. 乡镇政府指标获得

根据《条例》规定，国家将退耕还林总体规划下达到省（市、自治区），再由省（市、自治区）根据水土流失和沙化地的情况下达指标到各县，由县级制订工程实施方案并指导乡镇做好作业设计，最后通过分户落实将工程任务落实到农户的山头地块。由此可见，县林业局在制订工程实施方案中按相应的标准严格分配乡镇退耕还林指标。

W 县获得重庆市下达的退耕还林任务指标后，县林业局会同县政府、发改委、财政局以及其他相关部门共同讨论决定，按照“分流域、分区域，先易后难，整乡逐步推进”原则分配任务指标。该县自 2002 年全面启动退耕还林工程，到 2006 年停止新增任务指标，2007 年工程全面停止并进入后期巩固阶段，在 6 年内全县共完成退耕还林总指标 22.5 万亩，涉及 19 个乡镇和 2 个街道。W 县依据“优先考虑大江大河沿线生态脆弱的流域和区域，并在经验不足的情况下通过示范效应逐步整乡铺开”的原则，在具体分配指标中，以“符合退耕地块标准”以及“获得村民同意”为前提。

由于宣传工作不到位以及对政策缺乏理解，加上示范效应的刺激，乡镇在自下而上面对一项全国性的退耕还林工程项目时采取了不同的行动。中国自 2002 年开始全面铺开退耕还林工程，2005 年全国对乡镇进行大规模的建制调整，S 乡与 P 乡合并为 S 镇。截至 2007 年，S 镇全镇完成退耕还林 3.49 万亩。由于 P 乡晚于 S 乡一年实施退耕还林工程，P 乡书记说道：

当时看到周边挨着的DJ镇、S乡都搞了退耕还林，如果我们P乡不搞工作很难开展，为了争取这个项目，2002年我们到县里跑了很多趟，经过多次争取，最后才把这个项目要到。(20130820—HDB)

同样的问题："当时镇（乡）里面是如何争取到退耕还林工程项目指标的?"在S乡林业办公室业务人员那里得到了不同的答案：

退耕的项目指标不存在申请，直接由林业局进行规划，乡镇主要负责将规划的小班面积落实到各村；非规划范围内的不准栽树，也没有补助；当时规定菜地不能退；只能退林业局按规定（海拔和坡度的要求）的耕地；并规定每户的自留地（菜园子）是不能退的，不可能每户将耕地全部退完。(20130821—YHL)

而在村民那里却了解到：

政府规定25度以上的坡度才搞退耕还林，那时候我们乡里的领导CLC跟县里面有关系，原来我们这里都是种的农作物。结果CLC为了搞一刀切呢，就把我们开的水平梯田（起了坎坎的，都是水平梯田，这些都是1970年农业学大寨的时候搞的）一律栽上了树，好管理些啊。你看再里面点，YL啊、GZ、WL都没有弄到，他们的坡度比我们更陡。(20130809—CXF)

由此可见，乡镇将县林业局根据"生态现状原则与村民意愿互动"为基础分配的乡镇规划指标直接解读为两种指标获得方式：一是县按照政策规定，根据轻重缓急"分流域、分区域，先易后难，整乡逐步推进"原则编制规划，按先后顺序在各个乡镇陆续推进；二是基于乡镇政府（尤其是贫困县乡）的发展焦虑，通过关系网络积极申请工程项目指标，由此激发各乡镇进行锦标赛式的竞争从而获得计划外的指标资源，并且在实践过程中后者占主导地位。虽然在政策实施之初乡镇对政策缺乏了解，但随着示范效应的积累，在指标资源有限的情况下，乡镇之间形成了争夺指标的激烈竞争。自2007年退耕还林工程指标全面停止以来，W县仍有36万亩25度以上的坡耕地亟待退耕，更不用说在指标下达年份，很多乡镇为了争取指标而积极跑路，在锦标赛式的竞争中为本乡镇争取资源，从而使退耕还林政策指标分配出现了“不该退的退了，该还的没有还”的偏差现象。

2. 指标分配到村社

县林业局负责将退耕还林政策指标分配到乡镇后，主要由乡镇牵头在林业局专业人员的指导下到现场进行作业设计（即小班勾画），并负责指导村社分户落实、完善表册以及对争议进行处理等工作。《重庆市人民政府关于切实做好退耕还林成果巩固工作的通知》（渝府发〔2004〕86号），对作业设计相关内容的“八个严禁”有明确规定，严禁闭门造车，即严禁规划设计和检查验收不到场，以作业设计代替检查验收。在相应规定下，S镇是如何将县分配的指标落实到村，如何指导村委会开展分户落实以及完善表册等一系列工作的？

> 规范设计小班的时候，要求设计人员必须到现场。当时林业局下来几个专业技术人员，拿着图纸，我们就领着他们到村里面进行作业设计。我们当时对政策也不是很了解，记得就在东溪村GDM房顶上去勾画的，一起在场的还有村里面的书记、主任和会计。规定勾画小班“不能跨社”，所以需要村委干部协助技术人员指明村与村、社与社之间的界线，尽量避免小班在村社之间交叉，是哪个社的就是哪个社的，以便按户分摊的时候减少争议和矛盾。但我们也看不懂那个图纸，就看他们在上面勾勾画画的，只需要我们确认村与村、社与社之间的界线就可以了。（20130820—HDB）

2001年中国在农村进行“合村并社（组）”的行政建制改革，对村社领导干部班子进行重组，导致新上任的村干部在小班勾画中，对村社之间的界限不清，再加上“在房顶上”而非到现场的勾画，没有真正“脚踏实地”对整个村社应退耕区域范围进行核实与规划，存在很大的弊端，因此在后来村社层面的小班分户落实过程中产生了很多争议和矛盾。

> 东溪村1社与6社为一坨面积争得不可开交，当时1社和6社有100多户村民都来乡里面闹。主要焦点是，6社的一坨面积被划分到1社，但1社不承认。最后我们就把林业局的技术人员、2个村社的干部、乡里面相关人员（包括乡长等人）都（找）去现场指认，究竟2个社的界线是从哪里到哪里，最后发现确实是勾画小班的时候村干部把界线搞错了，把6社的一坨面积划到了1社。这样上面6社的面积就会少一坨，当然不服气，后来跟他们重新确认了界线和面积后，这件事情才算解决了。这个界线必须要到现场才能指清楚，当时指小班的时候没有脚踏实地到现场。最后出了问题才到现场，规划的人还是到了现场，只怪指的人指错了。（20130820—YZH）
>
> 乡里面工作繁杂任务重，都是“胡子眉毛一把抓”，好几项重点工作一起搞。当年的重点工作是退耕还林，阶段工作就比较多。当时为了解决规划设计中出现的争议和矛盾，全乡专门成立矛盾纠纷协调小组，由副乡长任协调小组组长，小组成员包括驻村干部、村里知名人士、村干部以及乡里面的干部。一般都是村里面调解不下来，才需要乡里出面调解。我当时只负责退耕还林工程的业务工作，如乡镇指标分配、对村社完善表册人员进行培训、核实表册相关信息等工作，不负责处理矛盾争议，如果我还去搞这些，那这项工作搞不出来了。（20130821—YHL）

从乡长自相矛盾的话中可以看出，一方面由于村社机制调整而形成的新的村支两委干部由于业务不熟悉而导致勾画小班界线模糊，从而产生一系列矛盾冲突；另一方面是没有脚踏实地到现场进行规划而导致了划分中的差错。从乡镇协助专业人员将指标任务划分到各村的过程可发现，乡镇作为任务指标的代理人以及委托分配者，可能面临分配的复杂矛盾，为此专门组织矛盾纠纷小组进行协调，但当乡镇将具体工作委托给村社后，矛盾与冲突也随之转移，因此在后期以村委会为主导的分户落实过程中同样可能面临一系列困境和矛盾。乡镇主要负责将指标任务分配到各村，而每个村社具体如何将小班分配落实到户、如何完善表册进行公示等具体内容，是以村社为主导，在乡镇派驻村干部协助下共同完成。涉及村社具体分户落实等内容将在第五章“村委会”的政策执行过程中作为特殊环节详细展开。

（四）造林植树

退耕还林指标任务在县林业局专业人员协助乡镇政府设计规划后，接下来由县林业局林业调查规划设计队、林木种苗站以及植树造林办等部门协同，根据县林业局编制的退耕还林年度实施方案以及当地的土质、海拔和气候等因素确定区域还林种类比例、树种以及树苗供应方式。

《条例》第二十三条规定：“退耕土地还林营造的生态林面积，以县为单位核算，不得低于退耕土地还林面积的80%”。S镇林业办公室工作人员说道：

> 当时是县林业局直接将我们这里规划为补助年限最长、补助标准最高的一种，全部还生态林，S镇大部分是果树和生态林混合，也称为生态林。这些都由县里面负责，乡镇都不参与讨论决策，只负责下达任务指标。

《条例》第二十六条规定：“退耕还林所用种苗应当就地培育、就近调剂，优先选用乡土树种和抗逆性强树种的良种壮苗。”第二十五条规定：“种苗可以自主和集体采购，若集中采购的，应当征求退耕还林者的意见，并采用公开竞价方式，签订书面合同。”W县采取统一采购树苗的方式，其对此的说法是：

> 2002～2003 年统一组织调研后，刚开始两年牵涉的苗木比较多，农民分散自己去买，弄不到，有些买点点吧，人家不卖给你。我们进行集中公开采购，根据设计的苗木数量、质量、种类进行采购，主要按“县内优先，就近原则”。先就县内采购，如果不够就在近的区县，之后再到重庆市附近进行采购。县内的苗木成活率要高些，本土苗木的抗逆性要强些，所以尽量在县内采购；如果要在市外调运必须要经过重庆市苗木委员会批准才行。(20130822—WWS)

从当地村民了解到，在技术人员规划小班后，林业局直接就把树苗调运到乡镇，之后分发到村里，让每户领树苗造林，每个村都派有一个专业技术人员指导造林。S 镇林业办公室工作人员说：

> 我们镇里面只负责上报树苗的数量，树苗由县林业局采购运起来后，由我们镇里面负责按各村社数量分发下去，至于苗木种类以及苗木采购工作都是由县林业相关部门负责的，我们没有这个权限，不负责购买树苗什么的，再说了我们也不懂哪里该栽什么树。(20130820—XJD)

而对于县林业局专业部门决定的树种是否真正符合当地的土质和气候，在实践中的农民最具有发言权。

> 只是会上说囊个栽法，但都是农村人，哪个都晓得树子囊个栽法，按季节栽就是。我们这里根据海拔和土质规划为还生态林，上面发的树种主要包括松树、杜仲（丝绵树）、柏树(70%成活率)、椿树、枞树等。2003 年运来的松树遭窝（耽误）了，成活率很低，大概只有 0.5%。所以前三年基本都在栽树，但还是不见树，第三年还在补杜仲树，丝绵树比其他树要晚栽 2 年，所以现在比椿树和枞树要小得多。现在年年都喊要补种，搞个扯啊，没有几个人要搞。(20130320—CCX)

> 我们这里不适合种枞树和日本落叶松树，第一年栽的全部没有成气，第二年又补种椿树和丝绵树。好像树苗不要钱一样，有一年运来的树苗多了，要不完，后来拿回来没有栽的当柴烧了。(20130816—GDZ)

县林业局全权负责林种划定、苗木种类以及采购等各个环节，乡镇仅仅作为中介与纽带协助县政府对政策进行传达和落实，而最具有发言权的村民在各个环节处于被动执行地位，从而出现了“不能适地适树，年年种树不见树”的现象。缺乏乡镇与村民参与的政策实施后期面临较大的风险：一方面，由于环境政策收益回报的长期性以及政策实施的阶段性，生态林补助到期后，村民的可持续生计机制以及生态补偿机制还未建立起来，退耕还林后期巩固与建设面临风险；另一方面由于村民缺乏决策参与，其对林木管护缺乏关注与积极性，这也为地方政府利用苗木购买等环节为自身获益创造空间。

（五）验收年检

检查验收是退耕还林工程实施成效评估的关键环节，竣工验收主要是对政策落实情况进行核实，也是考量政策是否兑现的标准，年检有利于工程建设成果巩固与监督。在中国现行体制下，政策的制定与执行在一定程度上是分离的，退耕还林政策在自上而下的执行与验收过程中，实际上中央政府只是原则上的参与主体而地方政府却是政策执行与验收的真正主体，这样一来既作为“裁判员”又作为“运动员”的地方政府在政策实践过程中为自身创造更大的活动空间便有了机会。

W县林业局对工程进行验收主要包括竣工验收、年检和阶段验收两种类型：一是由县林业调查规划设计队牵头抽调林业局相关技术人员，对各个乡镇各个小班政策落实情况进行竣工验收，主要针对树种（以海拔和土质为准）、规格（株行距）、苗木（质量）、成活率（85%以上）等指标进行验收，合格后兑现政策补助。二是年检和阶段验收主要包括县层面的每年验收以及国家层面的周期验收，每年验收分两次进行，秋冬季节（12月左右）进行第一次验收，对不合格的面积下发整改通知书，乡镇督导农户整改，次年4～5月针对不合格面积进行第二次验收，合格后才兑现政策补助；阶段验收主要是第一轮周期到期后，由县林业局委托西北林学规划设计院按“省级全查，县级抽半”原则进行验收，合格后进入第二轮周期。

《条例》第三十四条规定：“省、自治区、直辖市人民政府应当对县级退耕还林检查验收结果进行复查，国务院林业行政主管部门应当对省级复查结果进行核查，并将核查结果上报国务院。”这表明检查验收是一种自下而上的层层汇报制度。同时，《重庆市人民政府关于切实做好退耕还林成果巩固工作的通知》（渝府发〔2004〕86号）规定，禁止闭门造车、检查验收不到场、以作业设计代替检查验收以及用计税面积代替实测面积。当政策层层下达到县级层面和乡镇层面，基层政府是如何操作与落实的？

> 林业局不经常来检查，一年一次，都是下半年，我们都晓得什么时候来，一般11月左右，每次他们来事先通知乡镇政府，由我们先搞一次自查摸个底，之后由相关人员带起找到大队，之后我给他们带路，就把他们带到可以检查的地方到处看，他们蛮认真，都穿着球鞋，又不怕晒太阳，到处转到处看，不打懒主意，蛮正经的；他们主要就看是否符合规格。(20130811—WYC)
>
> 检查都是跟（沿）着路边检查，我们的田都是咔咔角角（犄角旮旯）的，检查不到。(20130815—XZY)
>
> 检查还是来检查，上面来检查的时候就拿起“镜子”照（做好表面功夫），表面上看着还有树效果不错，但没有逗硬（犄角旮旯）的检查，从来没有看到上面的人到哪个村哪家农户去检查过。“镜子”里面看到的树，都是像我们这样听

话的，栽的树做面子的。哪晓得里面好多地方早就被砍完了，全是种起作物的。头两年检查，那边5队的就有几十亩不合格，被取消了补助，之后才补种起来的。（20130813—XYZ）

一年来搞几道，检查都是走过场，来了村里面、乡里面就好生招待一顿，把它扎起（捧起），“你这个要得，要得”。（20130809—CXF）

乡镇政府利用对本地区实际情况熟悉的优势，运用各种策略应对自上而下的验收检查，这些非正式的策略，如把握检查时间周期事先摸底准备、借助“镜子”、好招待等，为其在特定条件中创造有利于自身行动的空间。

（六）政策兑现

退耕还林项目自从1999年试点，2002年全面铺开，2004年结构性调整，2007年任务指标基本全面停止，至今已经进入第二轮周期。整个过程中，退耕还林项目在多方面发生了重大变化：一是补助方式从粮食补助到现金补助的演变；二是补助额度标准的变化，第二周期在第一周期基础上减半；三是补助款项的提法从第一周期的“生活补助”（20元/亩/年）演变为第二周期中与管护任务和成效挂钩的“管护费”，此项费用从一开始就以现金的形式给予村民（最初由县财政分配到乡镇财政所统一下发），后期补助由粮食变为现金后，合并打款到村民直补卡上。由于村社在2006年税费取消前存在各种税费遗留问题，该笔经费也给乡镇村社灵活运作提供了空间。

2003年实施退耕还林政策，当时村里面很多村民的税费无法到位，村里面将退耕还林的每亩生活补助费20元扣留以抵消各种费用支出。（20130316—TGB）

退耕还林政策补助方式和标准发生了一系列的变化：从粮食

补助转变为现金补助，现金补助又在不同周期发生演变。《完善措施意见2002》中规定：“长江流域及南方地区每亩退耕地每年补助粮食（原粮）150kg；黄河流域及北方地区每亩退耕地每年补助粮食（原粮）100kg，每亩现金补助20元/年/亩。”该《意见》中明确规定：“对退耕农户只能供应粮食实物，不得以任何形式将补助粮食折算成现金或者代金券发放。”但《国务院办公厅关于完善退耕还林粮食补助办法的通知》（国办发〔2004〕34号）又规定，从2004年起，原则上将向退耕户补助的粮食改为现金补助。中央按每千克粮食（原粮）1.40元计算，包干给各省（自治区、直辖市），补助标准和兑现办法，由省级人民政府根据当地实际情况确定。《国务院关于完善退耕还林政策的通知》（国发〔2007〕25号）（简称《完善政策通知2007》）规定了项目延续第二周期补助标准，补助粮食金额在第一周期的基础上减半，其他的生活费、造林补助以及补助周期均保持不变，并将原有的生活补助费和管护成效与任务挂钩。

在东溪村，从粮食补助到现金补助，经历了复杂的过程。2003～2004年，在国家严格要求必须采取粮食补助方式的情况下，东溪村大部分村民具有粮食和现金补助的选择权，到2005年底全部采取现金补助。2006年农民办理直补卡后由农村商业银行（原农村合作社）直接向农户兑现政策补助。

退耕还林工程于2002年在W县开始全面铺开，S镇东溪村在2003年才开始实施，名义上的粮食补助2年后直接补助现金。2003年粮食补助的品种主要包括：谷子（或大米）、玉米、麦子等，可以自行选择。关于粮食补助质量和品种，在《完善措施意见2002》与《条例》第三十九条中都有明确规定：“省、自治区、直辖市人民政府应当根据当地口粮消费习惯和农作物种植习惯以及当地粮食库存实际情况合理确定补助粮食的品种。补助粮食必须达到国家规定的质量标准。不符合国家质量标准的，不得供应给退耕还林者。”与此同时，重庆市传达《完善措施意见2002》的配套内容规定：“只能供应粮食，首先供应区县国有粮食购销企业

2001年末库存的商品周转粮（不含陈化粮[1]），区县粮源不足由省市粮食局统一调剂。粮食品种原则上稻谷比例不低于70%，其余供应小麦和玉米。”但据村民反映：

> 头年是给的谷子，我记得当时我是去P乡粮站拉的谷子，那个谷子有恶臭，不晓得是放了好多年的陈谷子，打出的米都是黄的，不好吃。煮稀饭清水，还没有米气气，后来米狠起长虫，晒了又更不好吃。后来粮站想办法都给我们折成现钱了。(20130813—XYZ)
>
> 有很多农民思想转不过来，还有高山的农民没有谷子吃还是宁愿要谷子，生怕没有吃的。XYN书记屋头估计现在还有当年的陈谷子，这还不稀奇，他家里分田人口多，给的谷子多。有的吃不完的，都拿来喂猪了，有的舍不得喂猪的现在屋里还有。我还说：“你留起干么子呢，拿来长虫啊?”那个谷子就是奇了怪，都十几年了还不长虫。(20130815—ZSX)

从村民的直观感受可发现，补助粮食的颜色、气味和味道等方面的特征与村民日常生活经验中的“陈谷子”是一致的，这与国家所规定的“陈化粮”是否有区别，当地粮站或乡镇没有说法，但在村民反映粮食有质量问题后，可以通过转手交易，把指标卖给粮站换得现钱。

> 2003年给的谷子，很多人都反映到，从粮站背回来的谷子（或大米）都是陈谷子，“有臭气，不好吃”，所以大部分

① 据粮食部门介绍，大米一般分为新粮、陈粮和陈化粮三种。当年的大米属于新粮；第一次储存期限超过一年的是陈粮；储存后变质的粮食是陈化粮。陈化粮主要有三项检测指标：脂肪酸值、黏度、品尝评分值。这三项中有一项指标达到“陈化”规定的，即认定为陈化粮。根据相关规定，“陈化粮”是指长期(3年以上）储藏，其黄曲霉菌（目前发现的最强致癌物质，280℃高温下仍可存活，试验表明，其致癌所需时间最短为24周）超标，已不能直接作为口粮的粮食。国家规定，只能通过拍卖的方式向特定的饲料加工和酿造企业定向销售。

村民都选择卖指标换现钱。其实头一两年的谷子就是转个手续，我们好多人仍然是卖给粮站，粮站又拿钱来收，一亩地的谷子就能换200多块钱。(20130809—CXF)

然而，S镇政府为什么在国家中明令规定“对退耕农户只能供应粮食实物，不得以任何形式补助粮食折算成现金或代金券发放”以及《条例》第四十一条明确规定“兑付的补助粮食，不得折算成现金或者代金券。供应补助粮食的企业不得回购退耕还林补助粮食”的情况下，仍能让东溪村村民将补助所得的劣质粮食折合成现金形式，又将指标卖给粮站？据当时S镇林业办公室一个工作人员透露：

当时补助的粮食质量不行，老百姓反映谷子不很实（不好），就把谷子卖了，粮站还专门有人收，主要是附近湖北省来买指标，那时候湖北也在搞退耕还林，上面规定必须补助粮食，但国家直接将现金拨付给那里的莫尼（什么）发展银行，要求支付给粮站让其自己组织购买粮食指标，而当时他们那里的粮站存量不够，所以就到我们这边来买粮食指标，由于跟我们就隔一座山，比较近，晓得我们这边的情况。我们就把领粮的本本给买指标的人，我们粮站就根据指标量把谷子再卖给湖北那边。(20130821—LRH)

政策规定：“补助粮食（原粮）的价款和现金由中央财政承担，但落实粮食补助包干给各省、自治区、直辖市负责，具体兑现办法和标准根据地方实际情况而定。”因此，P乡粮站才能将村民反映的质量不好的粮食折合成现金，又将指标卖给附近有需求的市场。从S镇政策兑现来看，由于粮食质量存在问题，粮食在村民转手后，通过当地粮站变成现金，这样既符合政策规定“必须补助粮食”，同时也解决邻近的省缺乏粮食指标的情况。由此看来，东溪村大部分村民从一开始就享有现金补助，对之后2004年的粮食到现金补助的过渡变化反应不强烈。

三　乡镇政府执行退耕还林政策的特点

以乡镇政府为核心梳理退耕还林基层执行过程的重要环节，即目标原则的理解、宣传动员、小班规划与分户落户、造林植树、验收年检与政策兑现等。规范性政策文本以及乡镇政府地方实践之间的互动博弈，使政策基层执行凸显了一系列的特点，即对政策文本的再界定，地方灵活的原则性实践，政绩考核指挥棒引导下的“运动式”政治锦标赛以及非生态因素下的结构性调整等。

（一）政策文本的再界定

我国在公共政策领域存在一定程度的“两权分离”现象，即政策的制定权和执行权在大多数情况下都是分离的。退耕还林政策的制定权在中央政府，而地方政府则主要负责政策执行，即使是在地方政府内部也存在政策的制定者与执行者分离现象，由此在退耕还林政策实施过程中存在事实上的委托-代理关系，这为基层政府创造利于自身的更大活动空间并不断解释、运用和创造规则提供机会。基层政府在政策实施过程中，为了自身利益和地区发展的需要，对中央政策规定进行灵活解读与实践。有学者将基层政府应对规范性政策而采取的各种手段称为“变通”，当然该词并不含有贬义，在很大程度上，它与“政策再界定”与“政策适应性实践”的意义相吻合（林梅，2001）。本书将此现象理解为一种“偏差”或“变通”。这里的“偏差”并非政策执行效果不好，而是指地方在实践过程中对政策的灵活处理导致政策执行效果与预期目标存在一定差距。在我国的行政框架下，从中央到乡镇涉及五级垂直管理层级及其他延伸的机构，而不同层级主体具有多重角色和任务，形成多环节的委托-代理链条，从而为政策执行主体对政策再界定创造条件。

基层政府处于自上而下正式权力的委托-代理体系末端。作为所有上级行政部门和职能部门的代理人，由于科层命令服从逻辑的惯性延伸到的乡村，乡镇政府也成为村委会以及村民的委托人。在政策实施过程中，镇政府基于自身处于“承上启下”的特殊位置而具有信息优势，对地方的社会经济发展水平、村民的需求、资源环境条件等有更加清晰的认识，由此他们在特定时空中根据地方和自身利益需求对政策规定进行自利性解读与策略性行动。然而，政策执行的变通，或偏差，或再界定，在特定的条件下具有一定的合法性。在政策实施过程中，可能出现的意外成效或许能得到上级认可并不断修正政策，这有利于塑造政策的地方实践性格。

S镇在退耕还林工程的宣传动员中，根据当地村民的需要，将“生态优先，改善生态，防止水土流失”等原则以一种当地农民更容易理解和接受的方式解读为“国家的一项惠农政策，国家给予农民补助的政策”，从而使农民以惠农政策解读该项生态恢复工程，由此农民对“退耕”与“还林”的真实内涵缺乏充分的认识，如在政策实施后期，村民不认同“还林”后严禁“林下种植”的规定，同时也不接受土地的性质从原有的耕地变为林地的事实，为了生存，他们在坚持传统耕种习惯与遵守国家政策规定之间不断博弈。相关规定是“将易造成水土流失的坡耕地（一般要求是25度以上）有计划与步骤地停止耕种”，但在乡镇指标任务争取与落实中却以“由于山高坡陡，要求全部退完（包括菜园子）”原则实施全退。基层政府在政策执行过程中存在“非法生存”现象，是追求“科学”政策执行而付出的代价，虽然是对中央规范性政策的一种背离，属于“非法”的范畴，但在一定条件下具有某种的合理性（安亮，2009）。

（二）灵活的原则性

在中国特殊的行政管理体制下，决策机构的组织决策的统一性，受到地区分布、社会经济发展水平和文化多元化等因素影响，这为执行过程的灵活性提供空间。当政策权力以及资源向决策机构集中时，自上而下的决策和随之而来的资源分配就更需要依赖多层次长链条的不同主体“灵活执行”，这为政策执行变通和偏差行为提供了组织基础和制度环境（周雪光，2008）。也就是说，基层政府政策执行的灵活原则取决于中央决策过程与政策实施的层级结构。在退耕还林政策实施过程中，虽然中央政府自上而下针对工程目标与宗旨、政策兑现、造林植树、林种苗木选择、验收年检等多方面内容确立了一系列的原则，但基层在执行政策过程中仍会根据特定条件与主体需求进行政策的灵活性解读与策略性实践。

国家与省级政府出台的各类《意见》与《条例》中明确规定退耕还林政策的核心宗旨是“生态效益优先”。由于W县属于三峡库区重要县以及生态涵养发展区，因此地方政府将“为了三峡库区安全，防止长江流域水土流失”作为该项工程的指导思想。为了顺利推进政策实施，S镇在宣传过程中忽略“保护三峡电站，防止水土流失和促进生态改善”的宗旨，而将政策目标解释为“退耕还林政策是国家给农民的一项优惠政策，是国家的补助政策”等，以便于农民接受和理解。林业局要求“将易造成水土流失的坡耕地（一般要求是25度以上）有计划与步骤地停止耕种，尊重农民意愿与自然规律，科学选种，因地制宜，适地适树”，但基层政府基于多重代理任务和自身发展考虑，在基层政府之间掀起了争取有限指标的“锦标赛”，S镇政府为了争取更多的项目指标，忽视农民参与意愿搞“一刀切”的面子工程，随意扩大退耕面积；同时乡镇政府在无视农民发言权的情况下，直接决定退耕林种和还林苗木，最终出现了“良田退耕，陡坡种地”“年年种树不见树”“地块不能适地适树”等不符实施原则的现象。

虽然在2004年退耕还林政策进行结构性调整之前，《完善措施意见2002》明确规定“对退耕农户只能供应粮食实物，不得以任何形式将补助粮食折算成现金或代金券发放”，但是S镇的政策补助方式却具有特殊性，可以说S镇自政策补助开始就采取现金补助方式。随着中央与地方的分权制度改革，地方政府自主性逐渐增强，基层政府根据地方发展需求以及自身利益，对上层央策机构的决策规定掌握着较大的操作空间。基于S镇村民对补助粮食质量的强烈反应以及邻近区县对粮食指标的需求，S镇将粮食补助通过粮站转手折合为现金发放给村民，这在某种意义上执行了“必须以粮食补助的方式”这一规定。在竣工验收和年检中，由于退耕还林过程缺乏有效的监督机制，基层政府在掌握信息优势的情况下，对自上而下的政策规定具有很大的操作空间，《条例》明确规定严格“禁止林粮间种”，但在年检中乡镇政府为了获得政绩，一方面精心设计迎接验收检查的策略；另一方面又给村民开政策的口子，对村民林下种植“睁一只眼闭一只眼”，从而使村民获得粮食收成和政策补助的双赢，以提高村民执行政策的积极性。

（三）“运动式”的政治锦标赛

美国学者诺斯以“运动式”（compaign style）形容中国环境政策执行（Lester Ross，1984：509）。退耕还林政策作为直接的环境政策，具有“运动式”政策执行的典型特征：为了改善日益恶化的生态环境，经过1998年的洪灾后1999年政策酝酿试点并于2002年全面铺开，虽然该项工程的探索最早可以追溯到1949年晋西北行政公署发布的《保护与发展林木业暂行条例（草案）》，但真正从理论到实践是从1999年开始的试点工程。中央推动了有史以来涉及面广、投资额大、政策性强、与农民关系密切、反弹的可能性大的一项生态建设工程。整个工程缺乏长期的规划，目前仅限于两个周期（8年/周期，为生态林的最长补偿周期）共16年实施计划。虽然在短时间内该项工程能获得国家政策性的财政拨款补助，但由于生态补偿机制以及村民长期的生计机制仍未建立起来，项目工程未来的巩固具有不确定性并很难保持政策的可持续性。在当前中国科层压力型体制下，与未来不确定、不稳定的环境效益相比，基层政府更热衷于与自身荣辱、升迁、政绩“挂钩”的各项眼前的、可见的短期利益。基层政府为了应对中央推行的“运动式”政策，展开了“锦标赛”式的绩效竞争，从而使基层政府的行为呈现“短期性”特征，为了尽可能获得更多的中央项目资金，极力争取任务指标并扩张退耕面积，项目实施面临不可持续的风险。

S镇政府为了获得政治收益，积极参与“政治锦标赛”，不断“跑路”争取退耕还林项目指标，同时“为了好开展工作”忽视“尊重村民自愿原则”而搞“一刀切”的面子工程，最终从表面上完成了指标任务却出现“不该退的退了，该还的没有还，还林不能适地适树，工程指标大范围萎缩”等工程缺乏持续性的现象。然而，这种“短期化”的“运动式”锦标赛在基层政府不断上演，其关键原因是地方政绩考核指标的引导与监督机制缺乏。由于存在较高的监督成本，政策制定者不可能对地方政府的行为进行全程监督，并且地方政府在自下而上的汇报体系中，为了利益灵活执行政策。在东溪村的验收和年检过程中，虽然有省市委托第三方的林业规划设计院进行“以省市为单位抽查，到省县级实施全查”的阶段验收和检查，但通过层层下达与对接，具有信息优势的乡镇政府，通过事先摸底做好积极应对上面检查的精心准备，设计检查路线、指定可检查区域等。村民们常常说：“检查往往都是走过场，即使检查到不合格的，通过乡镇村社好生招待一顿，把这场戏扎起。”在信息不对称的情况下，基层政府通过各种非正式手段创造工程验收中的行动空间，从而获得竞赛指标，成为中央政府考核基层政府政绩的重要内容。

（四）非生态因素下的结构性调整

政策稳定性是指政策在其有效期内处于一种相对稳定的状态，非因特殊原因政府不得对其做出重大调整或废弃，即便是政府有必要对政策进行调整或者废弃，也应当考虑对利益受到损害的相关群体进行适当的补偿，并且在必要的政策变迁过程中，新政策和旧政策之间保持着一定的连续性和继承性（雷青，2007）。政策稳定性是具有特殊性的环境政策得以有效执行的前提条件，因为政策是否稳定在很大程度上关系到政策执行主体对政策的认同和接受程度。目前农民对国家主导的一系列自上而下的项目普遍缺乏积极性和信任，大部分是由于国家主导的项目落实到地方后受到各种因素影响而缺乏地方适应性和稳定性。退耕还林工程作为我国一项投资大、范围广、涉及群众多的生态建设项目，在实施过程中凸显了非生态因素下的不稳定性，主要体现在以下三个方面。

一是退耕指标任务的结构性大调整。W 县退耕还林政策指标发展历程可反映全国退耕还林政策的实施历程：经历了 2002 ~ 2003 年的“大扩张”和 2004 ~ 2005 年的“大收缩”，在 2005 年后进入“调整延续期”。W 县 2002 年的指标是 8.5 万亩，到 2003 年达到峰值的 10 万亩，但在 2004 年的结构性调整后当年指标仅有 2 万亩，之后在 2005 年继续收缩仅安排指标 1.6 万亩。全国的数据显示，2003 年全国退耕面积达到 5050 万亩的峰值，而在 2004 年中央政府突然决定退耕指标紧缩为 1000 万亩，只相当于 2003 年的约 1/5，2002 年的约 1/4，2005 年实际降至 700 余万亩。这是全国大规模林业发展项目在经过大扩张后的一次前所未有的收缩，在调整导致措手不及的情况下，地方政府在向中央争取追加指标的同时，组织农户对未栽种的田地进行复耕，以减少损失（楼夷，2004）。国家林业局周生贤对此做出的解释是：“这是对退耕还林作出的结构性调整、适应性调整，是党中央和国务院审时度势，根据新形势需要作出的正确决策。”然而从自下而上视角探究政策执行过程可发现，地方政府将中央生态目标变成“政绩工程”和“面子工程”，出现了非生态因素影响下的“该还的未还，不该退的退了”的偏差，同时地方政府随意扩大面积而缺乏雄厚的资金支持，这一系列的因素都成为政策调整的潜在原因。

二是退耕还林政策补助方式的大调整。《完善措施意见 2002》中明确规定了“对退耕农户只能供应粮食实物，不得以任何形式将补助粮食折算成现金或代金券发放”。《条例》第四十一条也明确规定：“兑付的补助粮食，不得折算成现金或者代金券。供应补助粮食的企业不得回购退耕还林补助粮食。”但在2004年退耕还林政策进行结构性调整的过程中，《国务院办公厅关于完善退耕还林粮食补助办法的通知》（国办发〔2004〕34号）规定：“国家无偿向退耕户提供粮食补助的标准不变，从2004年起，原则上将向退耕户补助的粮食改为现金补助。中央按每公斤粮食（原粮）1.40元计算，包干给各省、自治区、直辖市。”S镇根据村民需要与市场需求，灵活运用政策规定，在政策兑现之初，S镇政府为村民创造了在劣质粮食与折合现金中选择的机会，所以在2004年的政策结构性调整后国家正式将粮食补助折合为现金，而村民对政策变迁的理解与反应已成为一种理所当然。

三是退耕还林政策周期的不确定性。关于周期性政策的实施，最大的困境就是政策执行主体对政策不确定性风险的担忧，政策推进中产生大量的观望群体，尤其是对具有外部性和不确定性的环境政策而言，其可持续性面临很大的挑战。环境政策具有收益回报的长期性以及收益主体不确定的特征，这使阶段性的政策很难保证长期的生态效益。退耕还林工程实质上是国家委托村民代理实现的一种生态公共物品供给，所以公共物品的应然提供者——国家必须给予公共物品生产者——农民一定的补偿。国家的补偿具有一定的周期（两个周期共16年），且第二轮周期的补助在第一轮周期基础上减半，然而退耕还林的效益很难在短期内显现，同时生态补偿机制与村民长期的可持续生计机制仍未建立起来，这使村民对政策未来的不确定性表示担忧。尤其是对在贫困地区的村民来说，生计为本的压力使他们在“要生活”还是“要生态”之间做出选择，从而使工程的后期建设成效与巩固面临一系列困境。

四　乡镇政府环境政策变通执行过程的影响因素

从规范性计划与基层乡镇政府地方实践两个维度分析退耕还林工程实施的主要环节——目标原则的理解、宣传动员、指标获得与分配、植树造林、政策兑现以及验收与年检等内容发现：政策的各个环节在基层执行过程中与政策目标之间存在一定的偏差，"尊重村民自愿"原则演变为乡镇为争取指标的"政治锦标赛"，进而开展工作搞"一刀切"的形象工程；在宣传环节中央政府以生态改善为单一目标，而到地方被解读为一项"惠农优惠福利政策"以动员激励村民积极参与；在村民和乡镇缺位情况下的"科学选种、适地适树"，导致传统产业衰败与"年年种树不见树"的现象；原则上要求在符合退耕区域脚踏实地与透明公开地进行小班规划，而在地方实践中却是闭门造车，导致"该还的没有还"；补助方式在供需市场背景下实现了名义上的粮食补助到现金生活补助的转变；层层传递及汇报的验收机制在走过场、默认共识中为政策变通执行提供空间；等等。在社会转型的特定条件下，基层政府根据当地实际情况对政策进行灵活的执行，我们不能以对错进行简单的评价，因为在政策主体策略性行动过程中，既包括非正常的、不合理的政策变通，也包括合理的正常的灵活处理。转型背景下，笔者从基层政府与村委会、村民角色和作用的变化以及三者之间关系的演变，环境意识、政策完备性、利益结构以及环境政策特殊性决定的地区发展与生态改善之间的价值冲突等方面，对乡镇政府退耕还林执行中出现偏离的影响因素进行探析。

（一）转型期乡镇政府与村委会、村民之间在政策执行中的互动关系

委托-代理理论源于西方企业管理活动，在中国的特殊社会、经济以及地域多元化背景下，运用该理论视角分析环境政策的实施过程，需要特别关注中国社会自改革开放以来，在体制转型与经济转轨背景下，政策执行主体行为和角色变化对政策委托-代理执行过程的影响。退耕还林工程通过中央到地方多层次多任务的委托-代理得以实现，不同主体基于特定社会经济背景对政策进行不断的解释、运用和创造，最终形成退耕还林政策地方实践的特殊形态。从典型案例的分析可发现，基

层政府对退耕还林政策执行效果与政策预期目标之间存在一定的差距，由此将政策实施纳入特定社会经济背景中展开讨论具有必要性，即基于转型背景探究基层政府角色和作用的演变以及乡镇政府与村委会、村民之间的互动演变对政策地方代理实践的影响。

改革开放以来，中央与地方政府的角色和地位发生了重大的变化。改革开放初期，行政性分权与经济性分权结合的“放权让利”式改革给予处于多级委托－代理链条末端的乡镇政府更大的自由裁量权和运作空间，逐渐将自身演变为逐利性的经济组织，由此中央与地方的关系从命令－服从关系演变为讨价还价的委托－代理关系。但地方政府较具有绝对权威的上级政府无疑是“弱者”，在 1994 年分税制改革后基层政府事权与财权严重不对等，自上需要完成各种压力型指标和任务，自下面对广大村民对各种公共服务的需求，但由于资源的匮乏，地方政府成为名副其实的“夹缝中的弱者”，在财政压力下乡镇变成一个具有“谋利”意图的主体。自 2006 年全面取消农业税以来，乡镇政府再次转化或“回归”为国家委托－代理链条中最末端的代理人，从过去的“上下兼顾”转变为“两眼向上”，乡镇政府权力和职能不断弱化，并通过向上跑钱、举债、争取讨要等获得财政收入，这严重影响了乡村公共服务的投入和质量。虽然从理论上讲，中国的科层制只是延伸至乡镇一级，但巨大的运作惯性使其与村社为基础的基层社区的传统非正式运作逻辑进行对抗，因此，本书中的基层政府包括乡镇与村委会两部分，具有委托人与代理人的双重角色。由于基层政府处于“上下之间”的特殊位置上，在政策执行过程中其基于自身与地区需求采用正式与非正式手段对政策进行灵活处理。中国社会转型是一个非常复杂的过程，不同政策执行主体之间的关系也随之经历复杂的演变。在退耕还林政策基层执行过程中，本部分主要以乡镇政府为中心，讨论乡镇政府与村委会以及乡镇政府与村民之间的关系演变。

一是乡镇政府与村委会之间的关系由计划经济时期的命令－

服从关系演变为委托－代理关系。在计划经济体制下，中央是中央－地方关系调整中的唯一变量，地方政府无博弈权，两者之间是一种单向度的命令－服从关系；随着1978年改革开放以来的经济转轨和体制转型，地方政府具有更大的自主权和运作空间，并在2006年农业税收改革之后，基层政府角色回归，成为国家政权的末端代理人。基层政府作为独立的利益主体，其具有理性经济人的特质，往往会从本地区经济利益出发，追求自身利益最大化。由此中央与地方的关系逐渐由命令－服从的行政隶属关系转变为独具特色的讨价还价的委托－代理关系。目前中国宏观行政管理体制是韦伯意义上的科层化以及宋敬本（1998）论述的压力型体制的综合，通过“理想的”自上而下层层分配权、责、利以及层层下达的各类任务指标与个人政绩、荣辱和升迁挂钩。压力型体制以“目标责任制”为手段，利用科层制的组织结构推行其所设定的“目标任务”，从而给科层组织制造“行政压力”，因此将二者结合运作的行政体制称为“压力型科层体制”[①]。由于中国政府管理体制的多层级多环节链条，从中央到省、地（市）、县、乡，愈往下指标愈多，压力愈大（徐勇，2003：10；欧阳静，2009）。乡镇处于科层压力型体制的最底层，是各个层级压力与多重任务的汇集点，同时乡镇还要直面千差万别的村民个体的服务需求。在计划经济时期，中央将各种计划指标作为行政命令下达到地方，国家将乡村全部纳入政府管理体系，国家与农民之间是一种全面管理的关系，代表国家的公社与农民之间是一种命令－服从关系，

---

① 压力型科层制由欧阳静（2009）提出，是对荣敬本的压力型体制和韦伯意义上的科层制的综合。压力型体制由宋敬本（1998）提出，指一级政治组织（县、乡）为了实现经济赶超，完成上级下达的各项指标，而采取数量化任务分解的管理方式和物质化的评价体系。为完成指标，将政治任务分解为层层量化的指标，并要求在规定的时间内完成，完成效果与奖惩升迁挂钩，评价方式采取“一票否决制”，所以各级组织实际上是在评价体系的压力下运行的。而压力型体制以“目标责任制”为手段，利用科层制的组织结构推行其所设定的“目标任务”，从而给科层组织制造“行政压力”，欧阳静将二者结合称之为“压力型科层制”。

国家与基层民众之间缺乏中间的衔接纽带。改革开放以来，中国恢复乡镇政府以及1998年修订通过的《村民委员会组织法》规定组织成立村民自治组织，虽然名义上是一种群众性自治组织，但基于中国科层命令服从逻辑的巨大惯性，村民自治组织（村委会）成为正式权力在乡村中的延伸，其作为连接乡镇政府与村民的纽带，完成乡镇的上层机构指派的相关任务指标，所以乡镇与村委会之间形成了一种事实上的委托－代理关系。在转型时期中，随着中央与地方关系的演变，乡镇与村社事实上也逐渐形成了一种信息不对称的讨价还价式契约关系。

二是乡镇政府与村民之间的关系由直接的命令－服从演变为间接的委托与变通适应关系。改革开放以前，代表国家的乡镇政府（公社）对乡村进行了全面控制，从生产、生活到思想上实行一种类似于军事化的管理体制，行政关系取代血缘、地缘关系，“礼治”转变为依靠国家强制力支撑的社会理想的“理治”（徐勇，2003：204）。党的十一届三中全会以来，中国农村改革在一定意义上重新塑造了农村的微观经济活动主体，农民拥有基本生存资料和土地使用权，以及在市场经济中的经营自主择业权和收入权等，家庭成为农业经营主体。在退耕还林政策实施过程中，村民基于自身生存逻辑对政策进行策略性选择。普通农民与代表国家的基层政府之间已经不存在改革前的那种纵向的庇护关系，因为他们与国家打交道的机会越来越少，依赖国家获得生活保障和更高经济社会地位的基础不复存在。有学者指出，农民与政府之间的关系具有多元化的层级特点，不能简化为国家与农民二元关系分析模式，在现实中，当前农民与政府的关系的层级差异主要表现在，农民对中央政府评价最高，地方政府和中层政府关系也偏于良性关系，对基层政府的满意度最低（陆益龙，2013）。这一事实表明农民与政府的关系随着政府的层级和职能发生改变，并不是单一性的。一般情况下，农民主要通过乡镇政府与上级政府打交道，在农民眼中基层政府就是“国家”的代表，它们的行为直接关乎国家权威及其合法性基础。针对退耕还林政策实施过程中出现的很多争议和矛盾，农民采取越级上访的方式希望得到解决，其主要原因在于农民对基层政府“向上看”的行为缺乏信任且满意度低，并普遍认同“上面的经是好的，被下面的歪嘴和尚给念歪了”的观点。

在社会转型背景下，乡镇政府与村委会以及乡镇政府与村民之间关系的演变，为乡镇政府基于地方发展需要与自身需求对政策进行解释、运用和创造提供了契机。S镇政府与粮食机构在《条例》规定的“必须以粮食”补助与村民需求的矛盾中的行动选择是，通过村民意愿将粮食指标卖给邻省，实现名义上的粮食补助。另外，环境政策在我国压力型的科层体制的实施具有特殊性。由于体制约束了改革开放以来中国地方政府及其治理行为的行动空间，地方治理具有“选择性政策执行”（O'Brien；Li，1999）的特征。环境政策作为一项软指标，不易被“数字化”，因此被有意无意忽视或弱化，而最易“数字化”的GDP及其增长率指标则成为地方政府官员政绩追求的核心内容。S镇政府对退耕还林政策要求的“针对符合退耕区域；尊重农民意愿以及进行适地适树”原则做出符合自身利益的解释和策略行动，即为争取指标搞“政治锦标赛”式的“一刀切”形象工程，忽视农民意愿与选择，这使东溪村退耕还林出现“不该退的退了，该还的没有还”的现象以及传统蚕桑业败落。缺乏村民参与而采购的苗种不适合当地的土质和海拔，导致“年年栽树不见树，还林不见林”的困境。

（二）缺乏环境意识

委托－代理关系实质上是一种不同主体之间基于信息不对称而建立起来的利益行动，利益差异是委托－代理关系形成的一个前提。该视角通常还用于企业管理活动中，不管是委托人还是代理人都是“经济人”主体，追求利益最大化的共识不言而喻。由于我国特殊的行政体制，退耕还工程可以视为政府委托农户提供生态公共物品的供给，由国家向村民支付生态补偿以激励村民实践。然而基于委托－代理的视角分析，以改善环境为宗旨的退耕还林工程与企业管理中的利益分配有很大的差异，最大的不同在于退耕还林工程是一项由国家委托村民提供公共物品为主的环境政策实践，并且环境公共物品具有正外部性与受益主体不确定等特征。在当前中国的国情下，中央政府、基层政府以及村民各个主体之间在环境认知上具有极大的差异，甚至缺乏基本的共识。一项理想的政策设计偏向于“理性社会人[①]”假设，即假定人们并不仅仅追求个人效用的最大化，同时关注宏观的社会与生态效用，所以中央政府希望基层政府成为理性社会人，在执行政策的过程中，除了注重物质效益外，还要注重社会效益和环境效益，而地方政府在一定程度上又是追求自我利益的理性经济人，在以 GDP 为基础的政绩考核压力下，不可避免地会采取追求短期经济利益的“运动式”政策执行方式。为此，退耕还林工程的委托－代理关系的建立基于政策制定与执行的分离而非一般关系中的利益基础，而缺乏环境共识可能是退耕还林工程实践产生偏差的关键性因素。

这里的“环境意识”主要是指一种环境态度，是指“人们意识到并支持解决涉及环境的问题的程度或者个人为解决这类问题而做出贡献的意愿”（Dunlap & Jones，2002），其并非一定指向环境行为。在本书中将此概念扩展到一项政策实践过程中的环境意识与行为的关系进行讨论，其意识不仅仅限于独立的个体或群体，而是扩展到一系列参与政策实践的不同群体（如中央政府、地方基层政府以及村民等），从动态视角分析一项环境政策在制定、传递到最终落实的复杂过程，解读不同主体对政策的解读与实践行

① 在社会科学研究中，存在三种有关人性的假设：“经济人”、“社会人”与“理性社会人”。经济人是经济学中的核心概念，人的活动是追求自身效用最大化；而社会人是指人们除了从事利己的经济行为，还会从事源于责任感、虚荣心、光荣感、怜悯仁慈之心、对亲族之爱或单纯由于习俗的行为。基于经济人和社会人提出理性社会人。一项社会政策的设计偏向于“理性社会人”假设，即假定人们不仅追求个人效用的最大化，即追求经济利益，还追求物质利益以外的东西，如尊重、满足和政治支持等。

为。中央政府基于生态持续恶化以及1998年特大洪灾，在全国实施了一项旨在改善生态的退耕还林工程，其具有单一性的目标——改善生态。这是一次“以粮食换生态”的伟大创举，是从毁林开荒到退耕还林，从以粮为纲到以粮食换森林的转变。对于具有多重角色和任务的基层政府来说，它们可能为了谋求自身利益最大化而对政策进行策略性解读并变通执行，力求争取眼前的、看得见的短期经济利益，而忽视未来的、不确定的、长远的利益。在政策实施过程中缺乏环境意识，忽视可持续性的“生态目标”以及村民意愿，名义上为了地方经济发展搞“一刀切”的形象工程，对于自己来说可以将此作为升迁、荣耀和政绩的资本，对于地区发展来说可能导致政策的不可持续以及村民对地方政府行为缺乏信任和合法性认同等。正如本杰明·卢伊（Benjamin Van Rooij）所言，地方政府对环境政策宽松的执行可以归根于环境政策在地方层面缺乏认同和共识。正因为不同政策执行主体缺乏基本的环境认知，中央政府以一项大力投入的全国性生态恢复工程来实践的环境政策在层层委托-代理过程中因为科层压力体制的约束无法在地方政府中形成环境认知，基层政府最终以逐权与逐利为目标对政策进行灵活执行。在将GDP作为主要考核指标的背景下，地方政府自然将生态建设项目作为软指标而忽略。因此，环境政策基层委托-代理中的偏差现象是环境认知与经济利益博弈的结果。

（三）政策的不完备性

在中国现行科层行政管理体制下，政策制定权与执行权存在一定程度的分离，导致我国政策制定的不完备性，这为地方政策执行提供了适应性解读与灵活执行的空间。一项政策的出台通常更多关注原则性和方向性问题，中央政府作为政策和制度的制定者，存在有限理性和信息不完全等问题，因此在制定政策或下达操作性指令时，常常是粗线条的，只对政策实施的相关部分做出原则性规定，存在高度的不完全性和难于具体操作性，这为基层政府根据当地实际情况对政策进行具体的操作创造了空间，他们根据自身拥有的信息优势对政策进行再界定，制订出更具体的、明确的执行措施，从而对政策进行不断的调整和重组。正如安德森所说，行政管理机构常常在内容广泛但含糊不清的法令下进行活动，这就为它们在“应该做什么”和“不应该做什么”之间留下了很大的余地（安德森，1990：116）。中国政府通过中央到地方自上而下层层运作执行制度，通常文件只规定目标和“精神”，而不规定具体手段；即使规定了手段也主要是强调应该做什么，而较少规定不能做什么。这样就使制度安排在“应该如何”和“不能如何”之前存有很大的空间（孙立平，2002）。正如《条例》中规定：“兑付的补助粮食，不得折算成现金或者代金券”，“国家按照核定的退耕还林实际面积，向土地承包经营权人提供补助粮食、种苗造林补助费和生活补助费”。但地方以村民和市场需求为契机将粮食先派发给农民，之后经过农民卖给有需求者，过程中仍实现了国家规定的粮食补助形式，农民获得了现金补助则是对政策的灵活执行。政策规定绝大多数情况下是一个不完全命题，一般以“允许……必须……”的原则表述为主，而没有说明“……是禁止的”，这为政策执行者的操作留下了很大的空间。

政策的不完备性为“代理危机”创造了可乘之机，基层政府因拥有信息优势而具有“再决策权”和政策具体落实方面的自主权。分税制后的地方政府为获取资源“一切向上看”，根据当地实际情况以及自身利益解释和重组政策，将自身以及本地区的利益维护融入政策解读与执行过程，在为自身创造更大活动空间与利益的同时却使委托人利益受损。但对于基层政府来说，根据实际情况对政策解释是一种适应性的选择，不能一概而论。从退耕还林政策基层执行过程的分析发现，地方政府对政策的灵活处理，既包括合理的、正常的政策变通，也包括不合理的、非正常的变通。《条例》第二十五条规定：“种苗可以自主和集体采购，若集中采购的，应当征求退耕还林者的意见，并采用公开竞价方式，签订书面合同。”S镇对种苗采购实行单方面独立行动，缺乏群众的参与与建议。但从具体情况分析来看，我国体制最大的特点之一是强有力的集体动员，效率高，在W县林业局任务重时间紧的特殊时期，对“应当征求”的政策规定进行灵活的解释并采取策略性行动具有一定的合理性与有效性。一位林业办公室人员这样解释：“2002～2003年统一组织调研后，刚开始两年牵涉的苗木比较大，农民分散自己去买，弄不到，有些买点吧点，人家不买给你；我们就根据设计的苗木数量、质量、种类进行集中公开采购。”《意见》和《条例》中规定“将易造成水土流失的坡耕地（一般要求是25度以上）有计划与步骤地停止耕种”，但镇政府一方面为了顺利完成积极争取到的任务指标而获得政绩收益，另一方面为村民争取更多的惠农收益，将水平梯田和良田也纳入退耕区域。他们对此有合理的解释：“我们镇属于山大坡陡的地形，大多数耕地不适于耕种，水土流失严重，同时属于长江一级支流大宁河上游，有多少退多少。”

（四）利益结构复杂化

退耕还林政策作为一项公共政策设计，理想上以“理性社会人假设”为基础，原则上要求政策执行主体更多地关注物质利益之外的社会效益或环境效益等。实际上政策执行主体又是理性经济人，不同层级政府的利益诉求不同，中央政府和地方政府之间的目标也不尽相同，某些政策偏离行为实际上是政府内部不同层次、不同部门之间相互博弈的结果。基层政府一方面是中央到地方层层委托权力机构的一级，另一方面则谋求自身利益最大化。在地方“事权下移”与“财权上收”的改革背景下，不断增强地方政府对资源的配置能力，提升政府财政收入水平，才能获得地方村民的支持。因此，在执行政策的过程中，地方政府利用中央政府的委托尽可能避开监督而谋求本地区或一些个人利益的最大化。环境政策具有复杂性、长期性、主体不确定性等特征，虽然中央政府以一系列的法规与政策将退耕还林工程实践规范化与法制化，强调以改善生态为导向，但基层政府作为理性经济人以地方利益为根本的行为准则，更加关注和追求经济发展目标，同时为了提升政绩积极参与政治锦标赛，争取指标搞生态效益的形象工程。

（五）地方经济发展与生态改善之间的目标冲突

退耕还林是中国实施的一项巨大的、旨在改善生态环境的林业生态建设工程，以国务院为代表的中央政府部门，通过自上而下层层代理，最终由农民实现生态公共产品的供给。作为多重链条的委托－代理末端，乡镇政府在政策的执行过程中面临地区经济发展与生态改善的冲突，其实质是局部经济利益与整体生态利益之间的矛盾。在政策基层执行过程中，乡镇政府处于“多头终端”的特殊位置上，作为中央政府代理人努力实现“国家要生态”的目标，同时又作为独立的利益主体承担“地方政府要发展”的重任，还要面对本地区“村民要生活”的诉求，因此乡镇政府面临多重需求与目标，能动地解释、运用和重构政策规定，从而使政策执行成效与政策预期目标之间存在一定的差距。为此笔者从环境政策的特殊性以及基层政府的角色和作用两方面对相互冲突的目标对政策执行效果的影响展开分析。

退耕还林政策是我国在生态环境衰退、水土流失严重而导致1998年特大洪灾的背景下出台的一项全国性的生态建设工程，其根本目的是为了改善生态，可以说其目标基本上是单一的生态目标。退耕还林政策在层层委托－代理过程中，根据特定时空背景以及多元主体自利性解读与策略性行动被变通执行。退耕还林政策是一项国家通过一定的生态补偿，委托村民提供环境公共物品的政策，环境公共物品典型的非排他性决定了退耕还林政策实施区域与享有公共物品区域之间形成了“贫困地区付费治理环境，富裕地区无偿享有收益”的不均衡模式；同时由于环境政策收益的长期性、受益群体的不确定性等特征，具有“理性经济人”特征的地方政府与“有限理性”的村民，不愿意对看不见的、不可预期的回报进行长期投入，他们通过对政策进行策略性行动追求自身利益最大化。

在我国垂直的行政管理体系中，地方政府在地位和角色上都具有双重或多重作用。地方政府位于自上而下压力型体制的末端，同时自下而上直接面对广大村民对公共服务的需求，正是这种“上下之间”的独特性，决定了地方政府既要遵循科层压力体制下的运作逻辑，又要熟知乡村社会中的地方性知识以及村民所特有的行为逻辑。处于中央政府与村民之间的中间环节的行为目标具有多重性：既要使中央政府和农户满意，又要尽可能实现地方政府利益最大化。在税费改革后，面临压力型任务指标与资源匮乏困境的乡镇政府不得不通过向上跑、讨、要的方式获得资源，形成了一切“向上看”的行动逻辑。基于当前的政治环境和资源现状，基层政府将自上而下的各种任务和指标分为“软指标”和“硬指标”，重点关注与“一票否决制”相关的硬指标，而软指标仅仅作为一种政治口号，如出现“纸上重视，实际工作不重视；中央重视，地方不重视；会上重视，会下不重视”等现象（洪大用，2008）。退耕还林政策作为环境政策，与“收税”、“计划生育”、“招商引资”等硬指标不同，作为一种软指标，地方政府根据地区经济发展和自身利益对政策进行策略性行动，而并不以单一性的“生态改善”为目标，其需要更多关注地方经济发展和个人的利益诉求。S镇政府在政策实施过程中，基于地方“好开展工作”的经济发展考虑，积极投入乡镇之间为争夺退耕指标的“政治锦标赛”。在指标落实过程中，为了“统一成片”而忽视村民意愿搞“一刀切”的面子工程，出现了“不该退的退了，该退的没有退”的现象。

五　乡镇政府环境政策基层实践逻辑：以任务为中心的压力实践

在转型背景下，环境持续恶化，中央政府自1999年以来试点铺开的退耕还林政策，是一项全国性的以生态补偿机制为手段，以“经济优先权”换取村民“生态优先权”的生态恢复工程。基于中国现行科层体制的多环节委托－代理链条以及压力型体制，在政策执行主体缺乏环境共识以及信息不对称的前提下，乡镇政府为了逐利逐权，采用正式与非正式的多元化手段对规范性政策进行自利性灵活处理。

乡镇政府处于“上下”之间的特殊位置，这为其赋予了多重任务与目标。作为科层体制层层委托－代理的“终端”，其以实现“生态恢复与建设”为目标；同时它也作为地方经济发展的主导力量，承担“地方政府要发展”的重任；它还作为中央政府与村民连接的纽带，要满足本地区“村民要生活”的诉求。因此，乡镇政府面临多重任务与目标，能动地解读、运用和重构规范性政策，从而使规范性政策在变通执行中形成政策的地方实践形态。退耕还林政策基层执行过程中，规范性政策文本与地方性知识主导的博弈分析表明，以乡镇政府为中心的政策基层执行逻辑，本质是以任务为中心的压力实践。由于社会转型与体制转轨，在科层压力型体制下，中央政府通过委托－代理实施一项由村民作为代理人提供生态公共物品的全国性生态恢复工程。政策制定权与执行权的分离以及政策制定的不完备，加上多层次的委托－代理任务指标压力，拥有信息优势的基层政府对政策进行策略性的解读与选择性执行。同时，中央与地方“放权让利”改革使地方政府成为具有“讨价还价”能力的“理性经济人”，他们积极参与“锦标赛”式的竞争以谋求地方经济发展，以此作为提升个人绩效、升迁的资本；他们关注以提升地区生产总值为核心的“硬指标”而忽视作为“软指标”的生态公共物品提供，以及可持续性的环境工程建设与成效巩固。以乡镇政府为中心的退耕还林政策基层变通执行实践逻辑见图4－5。

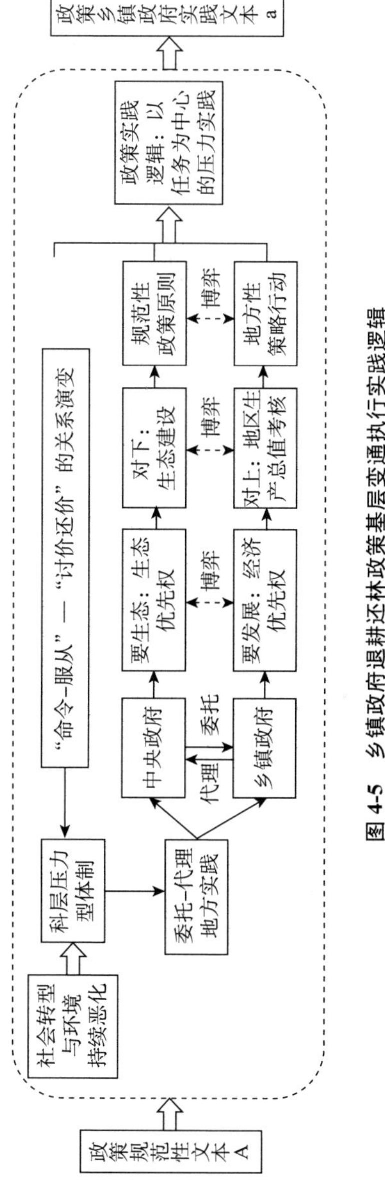

图 4-5　乡镇政府退耕还林政策基层变通执行实践逻辑

六　本章小结

首先，本章以乡镇政府为中心梳理退耕还林政策基层执行过程的五大环节，即政策目标原则的理解、宣传动员、小班规划与分户落户、造林植树、验收年检与政策兑现，随后通过规范性政策文本以及基础执行主体实践之间的博弈关系展开分析。其次，中央与地方的关系从计划经济时期的“命令－服从”关系演变为“讨价还价”的委托－代理关系，以委托－代理理论视角为基础分析作为委托－代理“终端”的乡镇政府为了实现多重任务指标和需求，对政策进行策略性解读与实践，从而揭示规范性政策文本在地方的变通执行中凸显的一系列特点：对政策文本的再界定，地方灵活的政策实践，政绩考核指挥棒引导下的“运动式”政治锦标赛以及非生态因素下的结构性调整等。再次，基于转型背景下基层政府与村委会、村民自身角色和作用的变化以及三者之间关系互动的演变，从环境共识缺乏、政策的不完备性、信息不对称、多元化利益结构冲突，以及环境政策特殊性决定的地区经济发展与生态改善之间的博弈冲突等方面，对乡镇政府退耕还林执行中出现偏离的影响因素进行探析。最后，围绕政策解读、基层实践过程、特点与影响因素，总结以乡镇政府为中心的退耕还林政策基层变通执行的实践逻辑，即以任务为中心的压力实践逻辑。

第五章　村委会的退耕还林政策执行过程与实践逻辑

改革开放以来，中国农村政治和社会管理体制由人民公社时期“政社合一”的全能型管理模式转变为村民自治体制，从村民个体直接面对国家变为村民通过组织化的村委会与国家进行互动。《中华人民共和国村民委员会组织法》（简称《村委会组织法》）规定村委会作为村民的自治组织，属于民间组织，不属于我国政府架构中的一部分，但由于中国目前特殊的科层行政管理体制，自上而下的命令－服从逻辑具有巨大的运作惯性，使其与乡村中的传统运作逻辑进行对抗，从而使村委会实际上具有类似行政主体的地位，具备作为基层政权延伸的代理人条件。同时，村委会作为中国农村社会中位于国家与村民之间的一种新的社会结构，居于“官民”之间，既作为基层政府正式权力的延伸，又作为村民利益的代表，为本地区村民谋福利。在社会转型时期，村委会作为一个独立的利益主体，它如何解读自上而下的一项全国性环境政策？如何对政策进行组织宣传、分户落实？政策执行过程中面临哪些困境？如何解决？本章以村委会为中心，基于社会转型背景，探究村委会角色与作用的演变，以及村委会与村民、乡镇政府之间的复杂关系对基层政策执行效果的影响。本章主要从规范性政策文本与地方实践两个向度呈现村委会对退耕还林政策的执行过程，重点集中于宣传动员、小班勾画、分户落实、完善表册与公示等环节，以及规划落实中面临的两大困境。

一　村委会对退耕还林政策的解读与宣传

村委会作为村民直接利益的代表，对退耕还林政策的理解程度直接决定了政策宣传落实的效果。基于村委会对村社所掌握的信息优势，他们通常会根据对村民的熟知程度以及传统思维逻辑，对政策规定与原则进行“解释”和“创造”，以易于村民理解和接受。因为东溪村退耕还林政策的实施是在周边乡镇实施的示范效应基础上推进，所以村委会的宣传工作关键不在于对村民积极性的激发，而在于对“如何退耕，怎么还林”等政策内容的解读，并进一步引导村民探索在退耕还林工程实施后寻求多元化生计。

> S镇那边先搞，我们这边后搞一年，可以借鉴他们的经验，不需要摸着石头过河了，群众看到人家拿现成的（补助），我们这里不需要宣传，上面一号召要搞退耕还林，群众巴不得搞，反对的人不多，心想可以干得国家的一坨（从国家那里获利）。(20130809—CXF)
>
> 开会要求家家户户都到场，把国务院出台的退耕还林三十六条规定给群众公布，说得很清晰，多次开会，时时刻刻在警告，不栽起的要停发补助。(20130810—GDH)
>
> 当时宣传的时候还是比较顺耳，比较实际。第一是自然保护、环境保护，我们离三峡电站近，为了保护电站；第二是绿化荒山，减少水土流失，不滥冲滥垮；第三是风景好。农民还是得到实惠，得了粮食和现金，后来政策放宽，只要你不把树苗毁了，又可以在树苗田里种点，得了国家的钱还有庄稼收成一坨。相当于国家无偿地给你一坨钱，哪个不愿意，哪个不欢喜呢？(20130810—LLL)

当然，对于自古以来靠种田为生的农民来说，仍有少数人不愿意退耕，对于退耕还林政策的实施他们有自己的逻辑。

我坚决不搞，田都栽些树，我吃啥子呢？一亩地才补245元，不划算。像我们这个地方本来种田都不够吃，退耕后肯定不够吃，还是种田实在。

针对申请不退耕的村民，村委会为了完成上面的指标任务，多次给村民做思想工作。

你是憨啊，干捞起（得到）现成的钱不得，你又不要成本，不要人工，还要申请不退耕？

为了减少村民对退耕后生活的担忧，村干部进一步引导村民改变传统的以耕种为主的生计方式，转向第二、三产业。

大部分的人出去打工，在家的人把退耕还林的保管起，把苗木经管好，把苗木补齐，（怎么）要不得啊，给你补点生活费，又不是要给你好多钱，还有半亩地种点蔬菜应该够吃撒。（20130815—ZSX）

虽然退耕还林工程得到东溪村大多数村民的支持，但在“退什么耕，还什么林”的问题上，村委会的宣传与国家的政策规定有不一致的地方，对此不同村社的村民态度截然不同。

邻村的N村支部书记说：“退耕还林是大政方针，人均留2分地，剩下的要退完，全部栽满树。”但实际上根据W县林业局最初的规划标准，按1981年人均分田面积，人均留半亩口粮田，菜园子不能退。为什么N村书记在宣传动员中，要求村民人均只留2分地？通过该村TYX主任得知：“因为我们这个地方山高坡陡，本来人均耕地就不多，如果留半亩，基本就没有退耕的面积了，所以就要求留2分地了，当时村民同意，没有反对的。”

与N村不同，东溪村的村民对政策宣传与落实中的前后矛盾，有比较强烈的反应。

刚开始村里面开会说菜园子留起不种树，落了（后来）

> 我们社社长又说，我们上面都是大坡，耕种也没有收成，干脆我们这个社全部退了，连菜园子都不留，把年（全部）都栽树，不栽的话就没有补助，结果我们怕得不到补助，连菜园子都栽满了树，一点都没有留。后来才晓得人家三社留了很多，而我们一点没有留，我们找到社长闹："他们说的是要留半亩的，你说这是重庆市下来的政策，不留，你们留的话，只要你们不怕去坐牢啊。"（20130816—HZL）

从村委会对退耕还林政策的理解可以看出，村委会干部为了得到村民的支持将"生态改善，防止水土流失"的政策目标解读为"干捞钱，是国家无偿给予农民的实惠，并且还可以得到粮食和补助双收"，同时也可以选择外出务工获得多元化的收入。针对"退什么，如何退"的问题，村社基于实际情况对规范性政策的规定进行灵活处理导致出现了"全退、半退"等现象，最终政策在差异化实践过程中得到了村民的不同回应。

二　村委会对退耕还林政策的执行过程

村民自治组织打破了原有计划经济时期"政社合一"的全能型乡村治理体制，从而在农村中形成了国家与村民之间一个特殊的社会结构。村委会处于"上下"之间衔接纽带的特殊位置，与最低层级的基层政府相比，它在村民层面具有更大的信息优势，同时也拥有村民不具备的由正式权力延伸的权力，因此在实施一项全国性的环境政策时，村委会在连接国家规范性政策文本与村民地方实践中具有不可替代的作用。从基层政府对退耕还林政策的执行过程可发现，虽然乡镇政府是委托－代理的末端，但对政策的解释和实践仍然具有原则性规定特征，没有对小班规划、分户落实等内容规定具体的手段，所以需要村社根据实际情况对政策做具体灵活的处理，如与村民讨论协商分户落实的操作方案，应对分户落实中不同面积之间的复杂关系，对劳动力流动带来的分户落实中的问题等情况进行变通处理。退耕还林政策自上而下传递到村委会层级后，在基层政府派出的驻村干部、县林业局专业人员的指导下，以村委会为主导共同参与政策的解读、宣传动员、小班勾画、分户落实、造林植树、竣工验收、政策兑现以及后期的年检和确权发证等一系列过程。有关村委会与基层政府互动共同参与行动的环节，如造林植树、验收年检、政策兑现等内容在第四章中已有系统性的讨论，此处不再赘述。本部分以田野调研的文本案例为基础，重点呈现以村委会为中心的政策执行过程里的两个特殊环节，即小班勾画与分户落实，并对分户落实中所面临的一系列困境展开深入分析。

（一）遮遮掩掩的小班规划

县林业局按照国家《退耕还林条例》和相应的《意见》规定提出了“分流域、分区域，先易后难，整乡推进”的原则进行退耕指标规划，在生态比较脆弱的大江大河流域沿岸，交通便利的省道沿线区域优先实施退耕还林。政策规划指标在林业局专业人员指导下，由S镇参与协调分配落实到各个村社，最终却出现公路沿线良田、水平梯田退耕，即“不该退的退了，该还的没有还”的现象。针对政策地方实践与预期目标偏差的现象，有必要对政策执行主体的行动展开深入分析，为此我们将进一步探究S镇政府的直接代理人东溪村村委会是如何解读政策并落实指标的。这里从东溪村村主任WJS对当时参与退耕还林政策小班规划、分户落实等过程的回忆展开。

> 当时林业局两个技术人员带着图纸来勾画小班，村里面的GDH书记、LHP会计和我（当时的东溪村主任WJS，原T村支部书记，2003年后退下）就在书记GDH（东溪村支部书记）兄弟的楼顶上支了一个桌儿，就这样看的，有的看得到有的看不到，所以我们上面有一块就勾画脱（掉）了。因为退耕还林政策是一个新生事物，那时候我找不到这个是什么，

也没有重视，但 LHP 会计把 GDH 书记拉到后面跟他说，“我们来搞几百亩”，当时我就说，“搞不得，人不知足，以为为黑（人心不足蛇吞象）”。由于我们上面面积大，下面水田面积不能退，所以面积没有好点，GDH 没有把我们上面当回事，再加上他对我们上面的情况也不清楚，勾画的时候就把看得到的勾画了，看不到就算了。但我晓得林业局规划的时候是按人均留半亩面积外的全部面积都纳入退耕规划；原则上合村不能搞平调，即搞“牛赶牛”的平均主义，小班勾画的时候也不能跨社。在 1981 年土地下户后土地按村所属，虽然 2001 年我们 T 村和东溪村合为一个村，但两个村合并后面积大、地形复杂，搞勾画应该脚踏实地地到上面看了再勾画。但刚开始以为图纸上都有，就以图纸为准划分小班的区域，明确各社的界线就可以了，哪个晓得是这样子呢。再加上合村弊病很大，表面上合为一村，实际上两个村好像水火不相容，领导又搞不拢（有矛盾），原东溪村干部吃强（有优势），仗着合村后村干部主要是他们东溪村的人，下面面积少，所以这也想搞点，那也想占点，我个人拗起不搞也蛮恼火，上面的班子也都解散了，这样搞得他们对我一个人不满。他们还给我说：“你就为你们上面说话，二天囊个（怎么）搞群众工作?”所以最后补勾画的时候，他们都没有通知我，补的面积与总面积我都不清楚。但最初勾画的 49 个小班号我是有底的（如图 5－1），这个东西当场没有公布，后来也有群众要求公布全村的小班号，但自始至终在村里面都是没有得到公布。具体到某个社的社长也只知道他自己这个社的面积，对于其他社以及村的总面积都是不知道的，全村的小班号也不知道。当时林业局勾画完了之后镇里面还引（带）我们去馆子吃饭，吃完回来我就看到 GDH 书记有点名堂，自己在抄小班号管起，也没有喊我抄小班号，意思是不想让我抄。所以我就赶紧去村农技员 ZXY 那里买本子和笔，当时我眼睛不好，让驻村干部 WMJ 给我抄了一份，这样我才留下了林业局第一次到东溪村规划的小班面积情况。后来由于各社对于第一次划分班号面积不满意的有补充的面积，没有告诉我，也把我排开了，认为我是一个祸害，那时候我还是村里面的主任，他们都夹持（孤立）我，开会也不喊我，不要我去，都是他们自己搞，我就知道最初一次规划就有49个小班号，后来补充的不知道，最终落实到东溪的小班号我不清楚。(20130815—WJS)

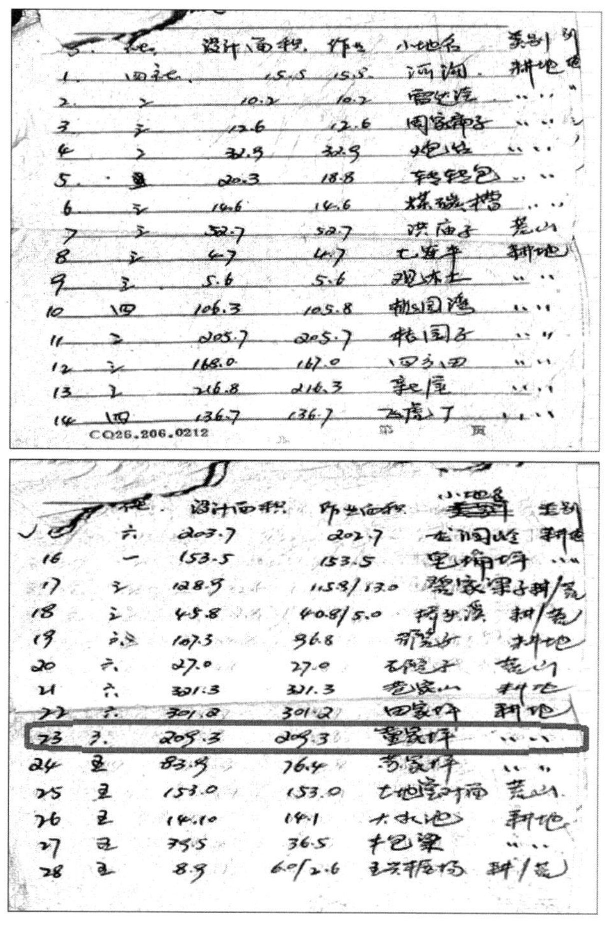

号	社	设计面积	作业	小地名	类别
1	四社	15.5	15.5	河沟	耕地
2	二	10.2	10.2	[illegible]	……
3	三	12.6	12.6	[illegible]	……
4	二	32.9	32.9	[illegible]	……
5	五	20.3	18.8	[illegible]	……
6	三	14.6	14.6	[illegible]	……
7	三	52.7	52.7	洪庙子	荒山
8	三	4.7	4.7	[illegible]	耕地
9	三	5.6	5.6	[illegible]	……
10	四	106.3	105.8	[illegible]	……
11	二	205.7	205.7	桃园子	……
12	三	168.0	167.0	[illegible]	……
13	三	216.8	216.3	[illegible]	……
14	四	136.7	136.7	[illegible]	……

CQ26.206.0212　第　页

号	社	设计面积	作业面积	小地名	类别
15	六	203.7	202.7	[illegible]	耕地
16	一	153.5	153.5	[illegible]	……
17	三	128.9	115.8/13.0	[illegible]	耕/荒
18	三	45.8	40.8/5.0	[illegible]	耕/荒
19	六	107.3	96.8	[illegible]	耕地
20	六	27.0	27.0	[illegible]	荒山
21	六	321.3	321.3	[illegible]	耕地
22	六	301.2	301.2	田家坪	耕地
23	[illegible]	209.3	209.3	[illegible]	……
24	五	83.9	76.4	[illegible]	……
25	五	153.0	153.0	[illegible]	荒山
26	五	14.10	14.1	大水池	耕地
27	五	75.5	36.5	[illegible]	……
28	五	8.9	6.0/2.6	[illegible]	耕/荒

图 5－1　东溪村退耕还林小班规划面积

资料来源：据访谈的图像资料整理而得。该份资料当事人已经保存了10年，虽然有些破损，但主要信息都在。

就按最初规划小班的面积来看，其中也存在一个很大的弊病，我们上面退耕面积与实际面积的误差有200多亩，就是第23个名叫“董家坪”的小班，规划到我们6社的面积是209.3亩（如图5-1所示，矩形虚线框突出部分），这个小班名字归在我们6社，但实际面积是不存在的，当时我也负责上面6社的落实到户。2001年合村并社后，2003年下半年我又开始撑（牵）头修到我们上面的路，那时候我是几头的事情扯起，一直以为这个董家坪的小班是他们东溪村5社的，是规划的时候写错了，应该是苏家坪，但后来发现也有苏家坪这个小班（第24个小班，83.9亩），但当时没有重视，就没有管它，最后这个写的是6社的小班面积就没有落实到6社农户的头上，我也不知道到哪里去了，当时我真是没有意识到这是一个问题。我只知道有49个小班号，后来增加的小班号面积，他们就把我撇开了，我就不知道了，但后来补充勾画小班是事实。我听人说补充了黑洞子、水洞子等小班，6社社长去找到GDH书记说：“那个水洞子，最后也没有划分到农户，你不要个人整了（贪了），还是给我给点啊。”最后不知道GDH给他没有。

由于小班勾画中没有“脚踏实地”，合村并社后存在一系列弊端；再加上村委干部对新生事物的认识不到位、没有重视等复杂因素，后期小班落实过程中也产生矛盾。部分对面积划分不满意的村社为了争取自己的权利，闹到乡里要求重新划分。正如WJS主任所说，有些社在后来重新规划调整时增加了面积，但这也是在WJS主任不知情的情况下发生的。东溪村5社社长回忆：

当时规划我们5社的是GDH书记，技术人员YLQ负责在搞，没有通知我（5社社长）参加，他们就根据图纸坐到书记兄弟楼上看哈（一下）就规划了小班，也没有到我们那个社脚踏实地看，搞了一个望天书，因为在那个楼上坐起看不到5社的全部面积，技术人员也不知道具体界线，所以就按书记的意思给我们五社估计了一个数字，没有把边界搞清楚，实际上勾画面积还不到整个社的一半面积。后来我们不服气，找到村里面和乡里面，他们就让村书记带着技术人员 YLQ 和我们一起到河对面打对山望重新规划，结果他就在图纸上的各个班号上勾点边边卡卡，我们也搞不懂那个什么图纸，结果还是没有给我们社增加班号，看到我们不服气只是加了 58 亩，结果还把人得罪了。现在啊，想来，上面想给你说是多少就是多少，我们也懒得去争了。我们社长也只知道本社规划面积，全村的面积搞不清楚。(20130817—HGQ)

调查中发现，东溪村小班规划在遮遮掩掩中进行，夹杂了各种复杂的利益关系和矛盾冲突。一个主要原因是合村并组（社）体制改革迫使村社利益和权力格局得以调整，各个利益集团在小班规划中通过各种手段实现自身利益最大化。W 县 2001 年开始实施“合村并社”搞乡村行政建制改革，由 P 乡政府（2005 年“合乡并镇”后才有了本书所提及的 S 镇，其由 P 乡、S 乡和 T 乡三个乡合并而成）直接宣布东溪村与 T 村合并为东溪村，共 7 个社，并重新组成东溪村村两委，村主任由原 T 村支部书记 WJS 担任，原东溪村 HKT 村支部书记与 GDH 会计保留，这样原 T 村村委成员除了原支部书记 WJS 留任做东溪村主任外，其他成员全部退出。2001 年底，新的村委会成员还没有经过充分的磨合，2003 年就开始承担实施工程量巨大、涉及众多村民利益的退耕还林项目。

在中国传统农村，靠种地为生的农民世代居住在一个地方，形成了村落共同体，地缘构成了村民认同的基础，生活在熟人社会中的村民，有熟悉的生活空间，按自己的习惯生活。村民之间的亲疏关系以及对村落社区的归属感，很难在短时间内被自上而下的结构性的行政力量打破，这种差序格局下的村落秩序具有很强的属地性。东溪村退耕还林的规划和落实表明，虽然东溪村与 T 村已从行政建制上合并为一个村，但现任东溪村村委成员在开展退耕还林项目工作中“你我”观念仍很明确，都为自己原所在村社村民争取利益，由此在形式上是一个村的内部产生了争夺利益的两个阵营。WJS 主任所说："他们出于私心考虑，都想为自己的村多搞点，还想把上面的面积尽量纳入下面的村社。"由于原东溪村在村委中占有优势，所以原 T 村因地处高山而在退耕还林小班规划面积中本应该具有的明显优势被消解了。

小班规划中一系列的矛盾与冲突的原因：一是合村并社行政化力量打破了传统上基于地缘与血缘关系的共同体利益空间；二是在贫困与生态破坏严重地区，乡村干部对退耕还林政策缺乏了解而没有给予重视；三是政策实施过程没有"脚踏实地"、信息不公开、缺乏群众参与等。

（二）分户落实中的盖章风波

由林业局专业人员到场，乡镇政府主持，村委会主要班子成员参与进行小班勾画，明确各村社符合退耕还林区域面积。在乡镇派出的驻村工作人员协助下，由村社干部主导召集村民开会讨论分户落实方案，将退耕还林指标任务落实到户。退耕还林小班面积的分户落实过程是一个极其复杂的过程，不同村社实际情况不同，具有不同的分户策略。

> 为了分户落实方案的确定，村里面召开了多次大会小会，要求每家农户必须到场。经过各村讨论后，东溪村最后形成了"一村两制"的落实标准：一是原东溪村（包括 1、2、3、4、5 社）按 1981 年分田人口平摊小班面积，如 3 社 1981 年土地下户时候的承包人口有 200 人，退耕规划面积为 400 亩，所以人均退耕 2 亩 * 该户分田人口数 = 该户退耕面积；二是原 T 村（包括 6、7 社）按 1981 年的完税面积平摊，如完税面积是 1000 亩，退耕面积是 2000 亩（系数为 2），所以各户完税面积亩数 * 2（系数） = 该户退耕面积。（20130810—GDH）

在"合村并组"背景下，东溪村形成了以原有村社地域属性为基础的"一村两制"的双重分户策略：一种是以 1981 年的分田人口为标准；另一种是以 1981 年土地承包经营后的完税面积为标准。为什么在同一个村形成不同的分户策略？从 S 镇了解到，虽然不同村社分户策略五花八门，但以 1981 年分田人口为标准的占 80% 以上，而针对东溪村的例外情况，即其“按完税面积”分户方案，不同村委成员有不同的说法。

原 T 村村支部书记 WJS 说：

> 当时我们按 1981 年的耕地面积折算的，因为按人口计算有很大弊端，有的家庭人口有半个、零点几个的，就不好算，所以我们就如此计算：用总的退耕面积/按承包人口的面积 = 人均承包人口的退耕面积，然后根据各家当时的承包面积 * 人均承包人口的退耕面积 = 该户退耕还林的面积。(20130815—WJS)

但东溪村书记 GDH 对 T 村的分户策略有不同的理解：

> 当时东溪村刚合并，领导班子由乡里面直接任命，前任书记和会计跟上面领导不和被撤下来后心里不服气，村里面的一套账目和数据都没有移交。那时候退耕还林分户需要 1981 年的分田人口数据，我多次去找 T 村会计要这套数据。但他说：“我已经退了，我不搞，什么数据，我没有什么数据，我对这个村熟悉得很，我脑壳里面就是账。”当时由于分户落实的时间紧、任务重、难度大，没办法我就拿了 200 块钱从他手里买过来我们原东溪村的数据，他们 T 村上面的数据就没有管呢。所以当时 T 村上面的退耕还林分户由于没有明确的 1981 年分田人口数据，我们就只能以 2002 年的完税面积进行折算。(20130810—GDH)

由此可见，东溪村分户落实方案受到历史因素影响，包括“合村并社”、村社 1981 年分田人口以及土地承包到户的完税面积等。根据不同分户策略，在具体的落实过程中，村委会通过村民上报退耕区域范围与面积做表册，经村民签字确认及村法人代表签章后上报并公示。然而，在东溪村小班落实到户的表册完善及公示等环节中发生了一系列有趣的事件，WJS 主任回忆：

> 东溪村小班在林业局、乡镇林业人员以及驻村村干部共同参与作业设计之后，由乡里召集村社开会，并落实各个社的小班面积。每个社分户落实后必须要由村主任（作为村的法人代表）签字盖章才能生效和认可。这个中间我窝囊就是这个事情，那时候东溪村属于 P 乡，当时我们村的驻村干部 YZH 是 P 乡的财政所所长，名副其实的公务员，借“为我好”的花言巧语让我对他相信过度，把我的私章借给他盖退耕还林的章，所以落实到农户头上的退耕面积表格我没有参与盖章，也不知道具体情况是什么。当时我确实身体多病，眼睛又痛，吃了很多药都没有好，家又住在 T 村上面，他们都在东溪村下面开展工作，来回叫我也不方便，所以村里面几个挖空心思把我排开，出个扯像换得我的信任，结果我就出了这么一档子的事。如果真是我去盖章，估计就按他们的意愿落实不下去。
>
> 当时是这个情况，我在 XCG 屋里开会，YZH 就跟我说，“你确实病拖起，赖不活（走不动）也懒得走，眼睛痛也是个问题，那章的话就这么搞，你把私章给我，我就帮你盖了它，你放心嘛，我不得拿起私章去贷款嘛”。我当时就说：“那啊，我不怕你贷的，我又没有贷款。”当时我没有意识到这是个问题，后来才知道这里面有名堂。心想，格老子你作为干部，应该这个觉悟有撒。于是就把我的私章给他搞了两次，头回（2003 年 7 月 1 日至 15 日）他拿去把小班落实的表格盖了，后来找人拿回来还给我。第二回（11 月 18 日至 12 月 19 日）一早八点多，他又来找我说：“头回那个盖章的不合格，小班号要更改，需要打转来盖二道，又把我的私章拿去盖。”后来我越想越不对劲，这是一个什么经，有蛮大个问题，他在搞么子名堂，要说我这是变相的失职，这个事情应该是我亲自

动手盖章，我也执迷不悟，又相信了他。当时我的娃娃回来就和我说："老汉，你这个事情搞得撇（不奸），考虑太简单了，他有好高水平呢，不晓得贪啊？"但我一心还想着他是几十年的脱产干部工龄，不至于这点觉悟都没有撒。

后来我就想了一招，不忙着，必须要让他给我出个条子在我手里，以防今后出现什么纰漏我好有个抓头。之后他传信让我后人（儿子）去取我的私章，我就给我的后人说："你去拿，但必须要 YZH 给我出证据，要他说明他 YZH 在我 WJS 手里头拿了私章盖了两次，具体某月某日拿去盖了退耕还林落实到户的表格，如果他不出证据，你就不拿私章，我去找他。"后来他用一张记账凭证背面写了一张字据。现在证据我都保管好的，就防止意外出事，是你盖的，你搞的名堂，万一出了事情就要找到你 YZH。我的私章一共在他那里存放了 45 天，但具体盖章是谁盖的不清楚，也有可能是他拿了私章后给村里面的人盖的也说不准，说不定 YZH 在里面也有牵连。反正退耕还林在 T 村与东溪村他们搞得有鬼，有名堂，有问题。最后落到户的表格公示了的，但各社社长只知道他自己社的面积，其他村以及总面积都不知道。据说他们还编得有名字，我们上面有一户村民在 1981 年就搬到湖北那边去了，把户口也撤走了，上次退耕还林补助表上还有他的名字，关键问题在于我的失职，没有去盖章就问题大了，估计他们还和信用社是相通的，我们从来看不到他们几个干部去领过退耕还林的钱呢，他们把这台戏都是扎起的。

我后来在想啊，他们把我排开，是不是当时在 GDH 楼上他们说起要搞，我没有同意这股经。我猜想他们是搞得有，但由于我不晓得分户落实情况，最终落实到户的退耕还林总面积也找不到，所以我也无法掌握具体数字，现在很多村民要求把全村的所有退耕还林的小班号向群众公布出来，但从始至终都没有公布。（20130815—WJS）

“证明”中YZH将向WJS主任借私章的缘由、时间以及用途写得很明确，但值得注意的是其中提到借私章的缘由是“签林权印章”，这有很大的解释空间，并且其中只字未提“退耕还林”相关事项，实际上退耕还林的规划阶段和分户落实阶段与“林权”相关工作有本质差别，后者是在退耕还林项目完成之后开展的确权登记工作。

从村主任WJS的回忆文本中可发现，当时东溪村小班规划以及具体分户落实存在一系列令人困惑的问题，为什么勾画小班没有到现场？为什么在勾画过程中对各社边界清楚且具有发言权的社长不在场？为什么东溪村退耕还林小班勾画结果自始至终都没有向群众公开？为什么整个过程中东溪村书记与驻村干部试图排斥村主任的参与？是什么原因导致东溪村村主任在分户落实表册签章中的失职？……当然仅仅从村主任个人的话语中分析以上存在的问题，可能存在当时参与整个退耕还林规划与落实的关键人物“失语”的问题，基于此的解释和分析也有可能存在较大的偏差。所以对村委会与驻村干部在退耕还林规划小班和分户落实的工作以及WJS主任进行深入探究很有必要：一来可以验证WJS村主任的文本的可信度；二来可以证明WJS主任的猜想的可能性，从而进一步佐证文本资料的可靠性。

相对于邻村因退耕还林工程实施发生的事情（邻村全村的村干部因为贪污退耕补助款入狱）来看，东溪村的退耕还林政策实施还是算比较透明和规范严格的。但与东溪村现任村主任HKT（他于2001年合村并社后任东溪村支部书记，2003年因为与P乡书记产生冲突主动辞职外出务工，后由GDH担任东溪村书记，在2005年换届选举中，他重新担任村主任至今，2003年至2005年上半年实施退耕还林项目时他不在场，他在后期的工作中发现东溪村有关退耕还林的一些问题）交流中了解到，他无意中向我透露了该村有关退耕还林政策实施中鲜为人知的情况，更具巧合的是这正是WSJ主任规划落实缺位期间发生的事件，这证明了WJS主任的相关猜想的真实性。

我们这里乱搞一点村民都盯到起的，但还是有点问题，但是少数人。一般的群众也晓不得。他们主要通过搞空头名册，个人屋头的其他人做个户头，公示都是假的，很多时候公示有的人看也不看，几股风一吹就跑了，有的人还不识字，还不是叫公示的。即使都是东溪村的，但很多人也搞不清楚东溪究竟有哪些户头户主，哪些亲哪戚的，跟他塞个包，写个名字立个账号就给几亩，一般人是不可能发现的，只有像我这样在村里搞了 20 多年（村干部工作），对村里面有多少个户头，每户应该有好多面积都清楚，但我还是没有捅破。总共就在我们村搞了十几亩，只分到 2～3 家头上，主要是搞高山上面的，他们面积大，一个人 4～5 亩，5 个人就 20 亩左右了，所以我们这里主要少了二十几亩。当时搞退耕还林的时候我没有搞，后来我接手后就发现这个问题了。但他始终就把我瞒到瞒到的，有关村里面关于退耕还林的表每年都必须由村社法人代表核实签字，但他就背到我直接给我签了，还找个借口说什么表要盖章，就把我的私章借去盖了，我都晓得这个事情，但我就假装不晓得，就让他去搞，看他要瞒我到什么时候。

2005 年合乡并镇后，村干部的工资全部由国家财政拨付，支部书记、主任、会计工资按上面规定，有一定的差距（书记和主任是 12000 元/年，会计是 9000 多元/年）。但他（村会计 GDH）提出要平均分我们三个职务的工资。

我就说，这都是国家财政明确规定了的，你凭么子要给我们平均分呢？那县书记、县长、乡镇书记、镇长工资，他们也没有说要平分呢？这样他就跟我闹起来了。他非要平分。这过程中 LHP 书记一直不参言，但也不同意平均分。工资不平等（不一样）很正常，因为做的事情也不一样。那乡里面的几千几百的也要平均分吗？

GDH 说：“村里和乡里不一样。”

“那你把那一坨拿出来，我们也平均分。”

GDH：“哪一坨？”

“退耕还林！”

GDH：“在哪里？”

东溪村退耕还林面积3664多亩，农户头上共有多少亩，剩下的面积哪里去了？我就把假立户头的几户和面积一字不差地说出来，哪户哪户又是多少亩也说出来，虽然他从来没有把退耕还林面积表格给我看过，但我对每个社的面积都很清楚，东溪村各个社的承包人口我脑壳里面都有，我就按这个一算。上面T村的按完税面积分户落实的，但他们的户头和面积都是清楚的，我也不说落到哪些户头上，我就说了哪些面积加起来就是剩下没有对到合的面积，他没有法，什么都不说了，工资他也不分了。但对于这个事情（共约20亩地）我一直都不吭声（即揭发他）。

我就搞这个事情的，我怎么会连基本情况都不清楚。这个退耕啊村里面还是有些弊病的，但不多，我一直保护到他的，从来不说。一旦我要害你的话，我都可以说出来。但做人啊，都是住在一块的老乡熟人的，如果我把你供起出来，自己也没有什么好处，又把人得罪狠了。但这个事情，你这么做了，我这样做了，你就看我这个人仁不仁义。(20130819—HKT)

《重庆市人民政府关于切实做好退耕还林成果巩固工作的通知》（渝府发〔2004〕86号）（简称《巩固工作通知2004》）特别强调：作业设计和检查验收是工程实施的最基础和最关键环节，严禁闭门造车，即严禁规划设计和检查验收不到场，以作业设计代替检查验收；严禁暗箱操作，必须坚持乡镇、村社公示制，将退耕面积及退耕农户应享受的政策等向群众公示。但从调查可知，退耕还林小班规划没有“脚踏实地”，最后小班规划情况也没有公示，或者只是进行形式上的公示，另外东溪村大部分村民不识字，即使是公示，对大多数不识字的村民来说也是无意义的，这也为村委以各种形式为自身获取利益创造空间。

乡镇与村委会共同参与执行退耕还林政策小班规划与分户落实，二者成为“上下”之间政策执行的空间与信息加工中心。其通过各种方式为政策重组和资源获得创造空间，如在规划设计中规避社长在场为村委会操作留有余地；排斥村主任参与小班规划为获取个人利益创造条件，村社干部通过合谋将非法利益合法化；始终没有公示小班规划情况，为村委会操作退耕还林面积创造空间。可以说村委会成为整个退耕还林政策实施成败的关键节点，村委会是自上而下政策层层传递的最终主体，自下直接面对并代表每个村民的利益，能够全面把握村民信息，经过乡镇和村委会解释与创造的政策是否能委托至村民并最终得以实现，关键在于村委会与村民的互动关系。由于村委会所处的特殊位置以及村民作为政策最终执行主体，虽然二者在互动过程中面临各种困境，但也为解释和运用规则提供契机，如在分户落实中需要应对各种土地面积之间的复杂关系，劳动力流动为村委会策略性应对政策创造空间。

（三）分户落实困境之一：多种面积之间的复杂关系

退耕还林政策规划指标通过基层政府、村委会以及村民共同参与讨论决定，形成不同标准的多种分户策略：如村社 1981 年的分田人口数据、1981 年以来的完税面积、不同地类标准下的耕地面积、退耕还林政策作业设计面积、村民实际耕地面积等数据。不同数据标准之间的复杂关联导致分户落方案的困境。《条例》三十五条明确规定，“国家按照核定的退耕还林实际面积，向土地承包经营权人提供补助粮食、种苗造林补助费和生活补助费”。《巩固工作通知 2004》中明确规定严禁在作业设计、检查验收和政策兑现时用计税面积代替实测面积。那么在退耕还林具体的分户落实中，如何应对多种面积以及复杂数据之间复杂关系的困境呢？县林业局提供了可供参考的“理想型”的解决方案。

县林业局退耕办负责人明确说道：

乡镇对小班面积进行分户落实过程存在一个问题，即林

> 业局勾画小班的时候是按水平面积，其与实际面积存在差距，而当时农户土地是按计税面积划分的，计税面积与实际面积有很大出入。因为在1981年土地下户的时候按地类收税，一类（如水田）1亩算1亩；二类2~3亩算1亩；三类估算、指认一个区域（如一个坡，实测面积可达二三十亩）却算1亩，三类土地主要是坡度比较陡、土质撇（差）的土地。在偏远山区农村还存在这种特殊情况，当时分田的时候，如果在村里头有点权势关系的，就分得好的地类，而那些贫困的，无着落的人分得的土就很撇，但越差的地类其实际面积与计税面积的误差就更大。因为退耕面积按实测面积计算，所以地类越差的土地在退耕面积分户中应该具有很大优势。分户方案通过全体村民开会讨论决定，如果有异议就进行土地丈量，如以丈量亩数为标准，其与小班面积的差数再通过评差法计算，按基数进行评差；基数与尾数都同涨同落。(20130822—WWS)

由此可见，在分户落实中，勾画设计水平面积与实际面积有误差，且一般情况下设计面积大于实际面积；与此同时实际面积中又存在一个地类问题，将1981年分田到户所划分的地类作为衡量实际耕地面积与完税面积的标准，所以若按完税面积落实退耕指标会存在很大的误差，这明显有失公平。

> 我们属于高山，有3个分田人口，承包耕地面积约3.9亩，但在1981年土地下户的时候，我们高山上土质撇，大多土地按3亩算1亩，所以我们总的退耕面积就有十几亩，规划退耕的时候把土质撇的“二荒坡”[①] 面积也算进去了。并且在

① 土地刚承包到户时，村民耕种积极性很高，通过扩大种植面积增加收成；后来随着城市化发展，越来越多的村民外出务工获得较耕种更多的收益，村民逐渐减少耕种面积，放弃对土质贫瘠、收成不好的坡耕地的耕种，由此形成了荒地，但这与自然荒地不同，所以村民形象地称其为“二荒坡”。

规划设计的时候，通过卫星航拍还有缺陷，把沟渠、行道等都纳入小班面积，所以勾画面积比我们实际土地面积还要大，相当于我们捡了点便宜。(20130811—WYC)

对村民具体的分户落实过程进行研究时发现，各种面积数据存在以下几种关系：规划小班面积大于实际耕地面积；实际耕地面积大于完税面积。由于实际耕地面积与完税面积与地类密切相关，因此将1981年的分田人口作为家户分田面积标准的核心依据，具有一定合理性，如图5－2。

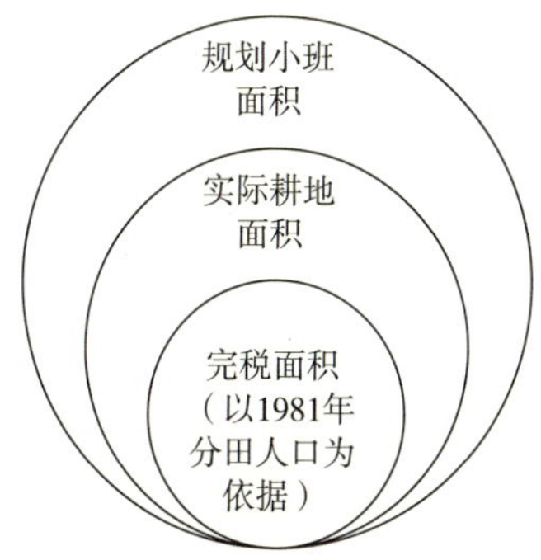

图5－2　退耕还林分户落实中各类面积的关系

资料来源：根据东溪村田野调研资料整理分析而得。

如图5－2所示，村民自1981年土地承包经营到户后的完税面积 < 实际耕地面积 < 规划小班面积，三者都是以1981年的分田人口数据作为划分到户的依据。完税面积中涉及地类差异问题，而地类又决定了实际的耕地面积。W县是典型的喀斯特地貌，山高坡陡，在1981年土地承包经营到户中，根据土质的好坏将耕地依次划分为1、2、3类耕地，并以此作为完税面积标准：1类土地（如水田），1亩算1亩；2类土地（如坡耕地），几亩算1亩；3类土地（主要是偏远的坡度较大的山坡），10多亩，甚至20多亩才算1亩。所以实际面积与完税面积之间随着地类等级增大而误差更大。由于土质的差异性，村民在不同时期根据需要进行选择性耕种而形成了实际耕地面积，其不一定包括划分到户的所有地类

（尤其是3类土地由于土质差、收成少，村民外出务工后绝大部将其抛荒了，这些被当地人称为“二荒坡”），但实际耕地面积可能大于完税面积；在小班规划面积中不仅包括所有地类面积还包括大沟、大渠和行道面积。

在中国偏远的乡村，拥有不同地类在一定程度上反映了其在乡村社会的地位。从当地村民了解到，土地承包到户初期，在村社中具有优势地位的农户可能更多地分得土质较好的1类土地；而一些地处偏远的、贫困的农民却只能分得2、3类土地。随着国家政策对“三农”问题的重视，2006年全国取消农业税，并给予农民种田一系列优惠政策，退耕还林政策是我国农业政策方向性变化的一个起点，从农业税费收取转向农业补助，《条例》中明确规定“按实际面积兑现政策补助”，因此具有较差地类的村民因为实际面积更大而应该在退耕还林政策实施中具有绝对优势，但在政策落实中，由于村社作为正式权威的代理人并且相对村民具有信息优势，他们在分配村民实际所得面积中拥有很大的自主权。

根据《条例》规定，原则上将水土流失严重、坡度大于25度的坡耕地纳入退耕还林规划区域，这大多涉及2、3类土地，村社中只有1类耕地（水田不纳入退耕区域）的村民按说不能享受退耕还林优惠政策。

> 如果严格按照退耕地和口粮田面积划分是不合理的，如退耕地面积共100亩，严格地讲必须是这100亩中所属农户才有权分配，没有田的就不分配，但这其中存在一个问题：小班面积与实际面积有差距，一般情况下小班面积大于实际面积，但也不能让村民凭口报面积大小，所以在退耕地范围按土地所有人划分就很难操作。
>
> 于是经过开会讨论，我们下面（原东溪村）就按各社的1981年土地下户时候的承包面积，将所有退耕还林面积进行平均，之后按全村所有承包人口数进行划分。但这里面可能存在一个问题：也有在口粮田里还林的（如图5-3，椭圆形

中的虚线区域即是良田还林地)，但这样的情况不多，3社(东溪村最大的社，一共500多人，160户左右)只有1户全是水田不能纳入退耕，所以就没有退耕范围，但该户仍然按方案规定享有按1981年分田人口的人均退耕面积补助。这样造成很多村民有意见，有人就说："你看他们都没有退耕，还享受补助。"为了避免这样的争议，村里面就规定像这样的农户必须在口粮田里也按人均象征性地退耕栽树(有多少亩就要栽多少)。但即使在口粮田里面退耕，退耕还林总面积还是没有多大的出入。(20130810—GDH)

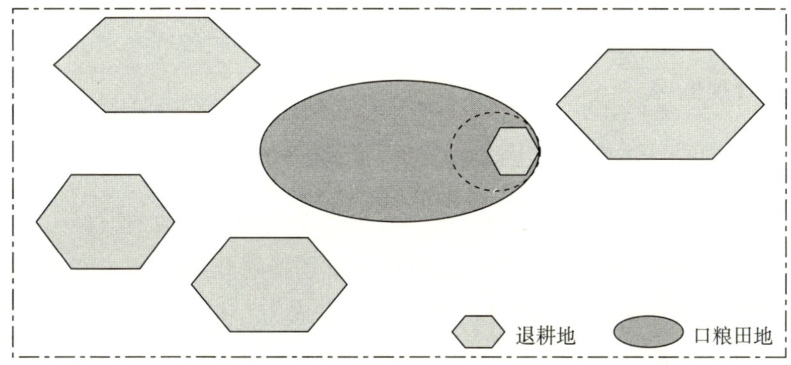

图5-3　退耕地与口粮地的规划实施

资料来源：据东溪村田野调研资料整理分析而得。

如图5-3所示，考虑到分户落实中的特殊情况，为了使仅仅拥有1类土地的村民享有退耕还林补助而实现村民眼中的公平，将不该退耕的口粮田也部分还林，这与《条例》和《巩固工作通知2004》中明确规定的"严禁把基本农田纳入退耕还林作业设计"相违背。在特定时空中村委会对政策的执行虽然不符合政策规定，但从自下而上视角对政策的地方性解读来看，得到大部分村民的认可，具有一定的合法性基础。

从基层政策执行者分户落实的各种策略中可发现，其中的一个关键因素是1981年的分田人口数据。为什么大部分村社都以1981年分田人口为根据进行分户落实？同时在研究中发现，该数据也作为退耕还林政策补助兑现的根据，甚至在2006年国家取消农业税以后，国家给予农民的一系列惠农、支农政策也以此作为根据。据笔者对W县的田野调查，1981年的分田人口决定了分田到户的土地面积（即至今农民所有的土地面积）。据了解，在W县境内，土地面积自1981年分田到户，至今没有进行调整，并于2008年办理了土地第二轮延包手续，之后确权发证，该举措也进一步明确了农户自1981年来的土地面积和界线①。所以，一方面由于自土地承包经营以来，人口不断增加，若按现有人口平均退耕面积有失公平；另一方面因为在2006年国家取消农业税以前，各户按1981年的分田人口所有的土地面积承担了20多年的各种农业税费，所以按1981年人口平均退耕面积是一种权利与义务均衡的合理体现。

（四）分户落实困境之二：劳动力流动中的操作空间

1981年土地承包到户以后，农民逐渐成为独立的农业经营主体，自主性不断增强，可以自由进入市场择业获得收入，20世纪90年代末部分农民开始外出务工并致富成为乡村经济精英，由此带动越来越多人外出。2003年开始实施退耕还林政策，要求人均仅留半亩口粮田，这进一步加剧了东溪村的人地矛盾，再一次掀起村民外出务工高潮，全村90%的青壮年（18岁以上60岁以下）

---

① 东溪村土地承包经营制度变迁历史：总体而言，1981年至今，东溪村土地承包下户后一直没有改变，1998年试图进行调整但最终以失败告终，并于2008年办理第二轮承包手续并确权发证。1998年进行调整，试图实行第二轮承包，但最终没有实现。原有土地多的家庭不愿意退出土地，因为土地在各自的种植过程中都进行了改造和投入，如坡改梯、薄改厚，有的农户以需要政府给予补偿才肯退出土地为条件，但国家对此一直没有明确政策，所以这次调整最终以失败告终。2008年，办理二轮承包完善手续，主要内容包括：一是与农户签订合同，确定农户土地面积和明晰界线（东西南北界线及界标），明确权属问题，确定经营权；二是颁布土地经营证，延续20年，有效期至2028年6月30日止。本研究以东溪村为例，但据笔者调研，全国各地乡村土地制度演变基本与该村相似。有的省市农村在1998年调整中有所微调：在原有土地不变的情况下，将农民的自留地收回，重新划分给新增人口，如山东省。

外出务工。可以说，退耕还林政策的实施在一定程度上促使农民外出务工，从而改变了当地长期以来以耕种为主的生计方式，劳务收入占村民年均收入的95%以上，随着收入不断增加，当地住房从“土墙瓦盖”时代进入“钢筋混凝土”时代，有的甚至举家外迁，大量劳动力的流动给退耕还林政策实施带来一系列的问题，如直补资金如何发放以及后期如何管护等。

《巩固工作通知2004》针对外出务工退耕现金补助工作出现的各种问题进行规定：“退耕户整家外出务工的，若退耕户明确了委托人，可将现金补助兑现给委托人；若没有委托他人并无法与其本人取得联系的，其现金补助可先由村社保管。”另外，根据后期管理和管护工作开展情况，《重庆市人民政府办公厅关于进一步巩固退耕还林成果的通知》（渝办发〔2005〕198号文件）规定：“对不履行抚育管护义务的退耕户，可由村社组织召开村民大会，确定管护标准，落实管护人员代为管护，管护经费在补助资金中抵扣。”村委会在具体的实践中对各种文件有不同的理解并进行“平均主义”的解读与操作。

> 村里面确实有困难，也承担了一些债务。有的人1981年土地下户后就放着土地出去了，一走就是30多年，走的时候没有给亲戚打招呼，也没有按相关规定将自己的土地进行处理，并交给村里面，村里面收农业税的时候“死个舅子”（即始终）都找不到人，那时候啊整得村里面没得法。现在看到有补助就回来要他的土地，拿到补助后就走人，像这种“空挂户”[①] 情况特别多。这部分人当时走的时候是为了逃避农业税，也没有想到这么多年后国家还有这么好的优惠政策，你想想啊，这些人这么多年的农业税、各种费他们什么都没有交，之后搞退耕还林、栽树、管护他们也什么没有搞，都是

① 空挂户，在本案例中主要是指为了规避农业税、村提留统筹等各种税款，户籍仍留在当地，全家人都外迁到其他地方，或者人口死亡之后未及时注销户口的。

> 由村里面负责垫付相应的税款完成的，据村里面说这部分钱是借钱搞的，那时候收税又是上面的硬任务，收不起来贷款都是有可能的。所以要说的，这笔钱还是村里面背了时（吃亏了），所以村里面也不可能全部拿出来，不愿意搞也是有原因的，就截留部分退耕面积在村里面，其他的就按承包人口搞平均主义。（东溪村邻村N村情况，20130821—LRH）

随着村民对政策规定逐渐了解，他们对村里截留部分面积后按照承包人口搞平均主义的做法不满而上访，随后W县林业局退耕办专门出台《W县退耕办关于S镇宁河村退耕还林存在问题的整改文件》，要求村民按实际面积分完分尽，不准截留，并对空挂户等相关情况进行特别说明，明确规定："各村社以小班为单位，按实际退耕面积分户落实到退耕农户，不允许冒名顶替"，"现金直补资金分户花名册必须公示7天以上"。并对特殊情况做如下处理。

> 对死绝户的承包权，重新划包。而对外迁户、外出打工的、举家外迁的分三种处理方法：一是按土地权属享受补助；二是有明确委托的人，由委托人负责；三是无明确委托人的，又无法通知到本人进行兑现的，由乡镇指定一个负责人代为统一保管全部资金，进行抚育管护（如为买苗木、栽苗等开工资等）的费用扣除后，待本人回来后再按实际余额兑现。（资料来源：访谈资料20130822—WWS以及相关媒体报道[①]）

在乡村转型背景下，由于人口流动而形成的"空挂户"给退耕还林政策补助实施带来的问题，N村的情况仅仅是全国各地在实施退耕还林政策过程中面临困境的一个缩影。可是即使在整改文件中对此情况有明确规定，多年来因为农业税收等"表面上"可能吃亏的N村村委会仍然没有按照《条例》以及整改文件（2005年）要求——"按照国家核定的退耕还林实际面积，向土地承包

---

① http://zhangxp91918.blog.163.com/edit/。

经营权人提供粮食补助、种苗造林补助费和生活补助费，并分完分尽截留面积”来做，但以下的尝试却得到老百姓的认可。

> 那时候我们给村里面建议，把村里面800亩没有划分到户的面积，全部按照整改政策规定在原有的基础上人均加1亩，剩下了大概200亩就留作村里面搞公益事业，主要用于村里面的招待应酬、坐车跑事的费用。因为那时候村里面干部的工资就几百块钱，所以当时提出这个建议后，村里面的老百姓都同意了的，通过了的。(20130820—TYX)

N村在整改后创造了退耕还林小班面积分户落实中的“四不像”方案：一不是按照常规的1981年分田人口数量，二不是按照现有人口数量，三不是按照1981年土地承包后的完税面积，四不是按照1981年土地承包实际面积，而是综合以上四种数据，但又不完全像是，所以该村村民戏称其为“四不像”的分户落实方案。如该村主任TYX说道：

> 从现有各家各户退耕还林面积表册可以看出，没有按人，没有按完税面积，2005年的调整主要还是在第一次基础上，每家每户加了1～2亩，没有具体的标准（估计是按1981年分田人口为标准）。到底整改后分完分尽没有就不知道了，当时在任的书记、主任都还在牢里面，现在退耕还林这笔账也是我最头痛的，一直都没有搞清楚过。但我也看过，现在退耕还林表册里面没有死绝户，或者不认识的、外村的名头等。(20130820—TYX)

家庭联产承包责任制实施以来，农民拥有了自主权和择业权，农民开始外出务工。在退耕还林政策实施之后，解放了更多劳动力，他们流向城市的第二、三产业，由此在乡村中的“空挂户”越来越多。这里的“空挂户”特指在改革开放后，分税制改革以来在农村严重的税负情况下，很多农民为了逃避农业税到外省去了，但户籍、土地和房屋仍保留在原村的农户，这是一个具有时代特征的代名词，在2006年国家彻底取消农业税以后，“空挂户”具有不同的含义，可能是在征地拆迁、户籍改革、农转非过程中出现的特殊现象。N村村委对外出务工农户的分户落实补助进行截留，名义上是为了偿还多年来村委会垫付的农业税贷款。随着“空挂户”逐渐回流，他们对村委会的做法不满而进行上访，造成较大的影响，最终林业局出台整改文件要求对土地权属所有者给予核实与补助，并分完分尽村社截留的退耕还林面积。但村委会对规范性政策进行了策略性解读与变通执行，创造了N村分户落实的“四不像”策略，最终也得到村民的认同。

三　村委会执行退耕还林政策的特点

村委会由于处于“官民”之间的特殊位置，拥有掌握上下之间信息的优势，在执行退耕还林政策过程中呈现一系列独有的特征。一是在小班规划与分户落实中，村委会作为基层政府正式权威的延伸和代理人拥有非正式资源并对规范性政策进行解释、运用和创造，从而导致村社的小班规划在其操作中运行。二是村委会内部复杂利益关系导致共谋与冲突交织。三是乡村进行的“合村并组”的行政建制改革难以突破以地缘或血缘为基础的乡村共同体关联，乡土人情和熟人关系仍具有优先性。四是在退耕还林政策规划指标的分户落实中村社可根据实际情况以及自身的需要对政策进行自由裁量。

（一）暗箱操作

虽然《条例》和相关文件明确规定，对退耕还林相关信息，如小班设计资金发放等信息建立公示制度；对作业设计进行严格规定，严禁闭门造车，即规划设计不到场；严禁暗箱操作，必须坚持乡镇、村社公示制度，将退耕面积及退耕农户应享受的政策等向群众公示；等等。但从田野资料的分析可发现，村委会在小班规划与分户落实过程中最大的特点是依靠自身信息优势对政策进行暗箱操作。村委会是如何实现政策在不透明中运作的呢？或许我们可以从梳理一系列困惑中得到启示：在 2001 年“合村并组”后重新组成的村委可能远远不及社长对村社边界的了解，但为什么在村委、乡镇、林业局技术人员共同参与下的小班勾画设计中没有社长参与？为什么在退耕还林实施过程中有村主任被排斥参与，但最后分户落实的表册签章工作在村主任缺位下仍得以完成？为什么村委不按《条例》的“公开透明原则”办事，始终不公开小班规划和分户落实情况，而是层层下达各社的小班规划面积？……一系列的问题表明村委会凭借自身拥有的正式与非正式资源在退耕还林政策执行过程中具有很大的自主权和操作空间。一方面正式资源主要体现在村委会作为基层政府代理人基于自身信息优势对政策规定的变通执行：在小班规划中为了尽可能避免信息公开而规避村主任参与，从而为下一步向村社分配或截留小班面积创造空间；村委会对小班勾画情况与退耕还林总面积自始至终都没有公示，这也为村社进行造名造户虚报面积提供机会。另外，虽然有村社对没有“脚踏实地”的小班规划面积不满意，要求乡镇、林业局重新规划，但只有林业局专业人员对规划图纸具有最终解释权，所以尽管最后实现了对退耕面积进行名义上的调整，实际上没有发生根本性的变化。

另一方面，由于村委会处于“官民”之间的特殊位置，直接面对无数村民，作为村民利益代表，属于村庄共同体中的一员，与村民共同享有一种村落文化并参与人情往来，此村委会可充分利用非正式资源为村民争取利益。长期以来中国农村是靠地缘关系建立起来的村庄共同体与熟人社会，村民具有共同的资源和生活习惯。虽然 2001 年的“合村并组”对乡村行政建制进行拆分，但不同村落共同体仍会维护以地缘为基础的利益，由此组成的村委会，在政策实施过程中可能会出现居于劣势地位的村干部被排挤或被架空的现象，由此为处于优势利益群体进行暗箱操作，进而获得更大的利益创造空间。原东溪村村委依靠班子成员人数与地理优势，与乡镇代表驻村干部合作以“你有病，赖不活，住在高山上来回也麻烦”等各种理由排斥和架空村主任，村社开会不通知村主任参与，退耕还林分户落实表册的签章也是由驻村工作人员出面借村主任私章代为操作完成，整个过程都是在村主任缺位的情况下完成。

（二）合谋与冲突交织

在压力型体制下，乡镇使报酬与任务挂钩，让村委会成为正式权威的代理人并赋予其一定的权力，村委会同时又作为村民福利的代表，凭借其信息优势对政策执行具有较大的操作空间和自主权。从村委会政策执行的过程可发现，自外而内村委会作为一个整体与村民以及乡镇合谋，共同应对各种任务指标和检查，同时在信息不对称的情况下为获得自身最大利益而对政策进行策略性解读与执行。有学者认为，当前制度决策与执行过程的分离以及政府的集权决策过程与激励机制强化等因素，导致共谋行为稳定存在并重复再生，所以不能简单地归结于政府官员或执行人员素质或能力的问题（周雪光，2009）。在村委会内部，由于乡村“合村并组”的行政建制改革打破了传统共同体的熟人社会，虽然从形式上进行调整与合并，但实质上长达几十年甚至几百年的以地缘为基础形成的村落共同体很难在短时间内解体与打破，在村委会内部形成了以原村委成员为中心的“派性”①，他们共同围绕

① 派性，是贺雪峰（2003）在研究农村选举关系中出现的特殊现象而提出的概念，他认为派性不是中国农村的常规景象，只存在于少数村庄。派性与选举有关，需要在选举中创造收益空间，同时与集体掌握的经济资源有关系，一般来说村集体掌握的资源越多，再分配村集体资源的机会就越多，数额越大，形成派性的可能性也越大。同时他指出派性与赵永茂（1980 年）关于台湾地区选举中的黑金政治与派系斗争中的“派系”不同，派系具有相对稳定和组织化的结构，有一个领导核心的更替机制。而派性是一种临时的斗争形式，大多时候因选举而起而终；派性斗争是村庄以一个核心人物为中心的不同圈子之间的斗争，但这些圈子没有固定的联系，他们是围绕核心人物建立起来，而且是十分个人化的，不可转换，因此派性斗争中一方核心人物的退出，往往意味着以这个核心人物为中心的圈子的解体，派性斗争便终止（贺雪峰，2003：12～13）。

以地缘为基础的村集体资源进行斗争。由此可见，村委会在政策执行过程中，面对内外压力存在既合谋又冲突交织的复杂关系，且具有一定的合法性基础。

一方面村委会在自外而内压力下，为了应对上级政府，上下之间采取合谋行为，这些行为大多是以非正式形式出现，并与规范性政策规定之间存在一定的差距（周雪光，2009）。从乡镇政府和村委会共同参与的退耕还林工程竣工验收与年检的过程发现，基层政府将自上而下的任务指标分配给村委会落实，村干部不完成任务会受到处罚同时会失去相应的报酬，但村干部作为村民的一员又要照顾村民的利益，所以村委会平时是与村民打游击，上级来检查时又与村民结成同盟，事先准备好迎接检查，并为违规者开脱和说好话，还善于把握信息优势通过“好好招待、承诺整改等”各种非正式手段完成验收，从而使村委会完成任务的同时也为村民违规实践“开政策口子”。基层政府对各村社退耕还林的违规情况应该是心知肚明，但为了顺利通过检查，乡镇往往对下面的做法采取默认的态度，有时候甚至是一种鼓励的态度。在小班规划与分户落实过程中，乡镇与村委干部合谋，通过操作小班分户落实，截留外出劳动力的退耕面积，并为自身谋求利益。

另一方面，在村委会内部之间有着复杂的“派性”冲突。退耕还林政策实施是国家有史以来投资最大的生态建设工程，工程实施与资源投入密切相关，所以这里的派性斗争主要是围绕自上而下的资源分配而展开。因为村庄合并，村庄内的资源被重组，但以地缘为基础的村庄共同体仍为了维持原有的资源优势与利益格局，在村社中形成了以不同核心干部为中心的圈子，村社干部自身对政策的理解的程度差异导致逐利群体的分离。东溪村退耕还林政策在小班勾画与分户落实过程中重复再现了乡镇村委中不同派性之间的共谋，乡镇参与村社小班规划与落实，却对村主任在签章等重要工作中的失职不以为然，并且对村社始终不公开的小班情况表示默认；村干部包庇一些干部是因为他们将共同体熟人社会中情面和仁义赋予较规范性政策规定更重要的意义，同时也维护了自己的利益。

（三）乡土人情优先原则

在社会转型背景下，中国乡村社会从传统走向现代是一个长时段的历史过程。一方面，中国传统乡村社会发展是一个缓慢的过程，靠种地为生的农民世代居住在一个地方，形成了一个以地缘或血缘为基础的村落共同体，按自己的习惯生活在一个熟人社会中，人与人之间的关系具有典型的“伦理为本，差距格局”的特征。另一方面，改革开放以来，在城市化和市场化冲击下，乡村人口大量流动到城市，同时以市场经济为主导的现代因子对传统文化不断渗透，使村庄共同体和熟人社会逐渐解体。虽然当前农村权力运作的情理基础或文化基础正在消解，但在社会转型时期村民彼此熟知的小村庄中，传统的宗族、亲情、道德以及共通的是非标准等因素还发挥着不可或缺的作用，尽管不再具有系统性（刘伟，2012）。在此情况下，自上而下的政策行动就容易遭遇到乡土社会情理逻辑的消解，使政策执行效果产生一定的偏差。

情理作为乡土社会中的一种重要的非正式逻辑，在乡村社会运作中具有重要作用。在地域传统定义的社会生活中，真正起作用的是地方生活规则，村落权力运作的实质就是村落内生势力建立生活规则，以积极适应或消极敷衍自上而下的文本规则的动态过程（韩明谟，1998）。农村是一个充满非正式逻辑的舞台，要把这场戏演好，必须要熟知这些非正式的逻辑并且遵从这些逻辑（马娟等，2011）。很多情况下，正式规则只有借助非正式规则的力量才能执行得下去，非正式规则在政策执行中扮演了一个非常重要的角色。有时候，它比正式规则更容易得到人们的认可与支持。在退耕还林政策验收年检中，一方面村委会事先通知村民做好迎检准备，及时处理退耕地中套种的作物，并设计迎接检查的路线；另一方面为了顺利推进政策实施，村委会在乡土人情原则下为村民林下套种“开政策的口子”，使村民获得政策补助和作物收成的双赢。村委会为了平衡不同地类所属村民享有退耕还林政策补助的权利，通过“良田退耕”实现了村民眼中的公平。村委会内部对工资待遇的争议揭示出东溪村退耕还林政策实施过程中的弊端。

> 我一直保护到他的，从来不说。一旦我要害你的话，我都可以说出来。但做人啊，都是住在一块的老乡熟人的，如果我把你供起出来，自己也没有什么好处，又把人得罪狠了。但这个事情，你这么做了，我这样做了，你就看我这个人仁不仁义。(20130820—HKT)

由此可见，基于对熟人社会中的乡土人情的考虑，知情者并没有揭发村干部，同时也通过这种方式维护自己的利益。乡土人情优先原则的逻辑进一步为村委会的运作提供了空间。在压力型体制下，由于基层政府处于压力型任务与资源匮乏困境中，需要借用各类非制度化的资源。由此乡村中许多工作的开展必须有村社干部的配合，乡镇领导不能像对待乡镇干部那样用科层制的行政动员手段，只能依靠乡土社会的逻辑，如在退耕还林工程迎接上面检查的时候相互给面子等，即乡镇权力的实践优先考虑乡村社会中的人情关系。

(四) 非正式权力运作中的“良田退耕”

中国农村自1981年以来实施的家庭联产承包责任制与1999年启动的退耕还林生态保护项目被认为是农村土地改革历史上的两大重要转折点：前者是改革开放初期为了解决农民温饱问题而实施的土地个体承包经营；而后者是国家为了补偿经济发展带来的环境恶化而实施的将耕地转变为林地的重大举措，是实现“从要温饱走向要环保”的理想发展路径。计划经济时期，“一杆到底”的集权体制构成村民与以“公社”为代表的国家权力之间直接的命令服从关系，而改革开放以来，国家与村民之间关系断裂，出现“治理真空”阶段，与此同时代表村民利益的村民自治组织建立起来，国家与村民之间进入间接关系阶段，随着城市化与现代化发展，外出务工潮兴起，越来越多的青壮劳动力流动到城市，乡村不断“空心化”的同时，村民与基层干部之间的关系逐渐疏远。虽然农村社会结构发生变迁，但在以地缘与血缘为基础的村社共同体中，宗族领袖、文化精英以及经济精英等在村社中具有较高的话语权。拥有话语权的村社精英与村干部合谋，共同影响权力与资源分配。退耕还林政策实践以农村土地制度变革为核心，处于“上下”之间的村委会运用乡村传统非正式权力策略性地回应上级政府的规范性文本的同时解读村民眼中的“公平”与合法性认同，以形成“良田退耕”的独特实践形态。

东溪村退耕还林政策分户落实方案最终达成“一村两制”的方案，由于“合村并组”的村社行政结构调整，原东溪村所在的1~5社以“1981年以来的土地承包的人口数”为分户标准，而新合并的6~7社以“1981年土地承包经营后的完税面积”为标准，而并非依据政策文本规定的“按实际面积”分配。村委会一方面以“没有规划到的人就没有分配权是不合理的”、“小班面积大于实际耕地面积”、“以退耕地范围以及按土地所有人划分很难操作得下去”、“即使在口粮田里面退耕，退耕还林总面积还是没有多大出入”等话语回应自上而下的政策文本；另一方面因为村干部与乡村中的权势群体具有天然的亲和性，土地承包到户时期有权势的农户分得更多土质肥沃的水田，而退耕还林实施过程中政策明确规定“良田不能退耕，25度以上的坡耕地退耕”，由此一些村民自然没有符合条件的土地，难以享有政策分配的补助优惠，村委会名义上以“规划小班面积大于实际耕地面积，按实际面积分户是搞不定的”为由，解决仅仅拥有1类土地的村民不应该享有补助的争议，其基于信息优势将政策解读为“在口粮田里也按人均象征性地停耕种树，有多少亩就要种多少”。村委会基于村社中的地方性知识，构建了一套应对“上下”的双重话语体系，这与《条例》和《巩固工作通知2004》中明确规定的“严禁把基本农田纳入退耕还林作业设计”的内容相违背，但村委会为了“照顾”政策中名义上利益受损的“权势群体”，同时实现村民眼中的所谓“公平”，最终将口粮田（即1类土地）部分还林，出现政策在规划环节中“良田退耕”的变通执行现象。在特定的时空中，村委会对政策的“地方化”实践虽然不符合规范性政策，但从自下而上视角来看，村委会以非正式权力认同的地方性知识对政策进行灵活解读和调整，得到了村民的认可和承认，具有一定的合法性。

（五）“弱者补偿”博弈中的“四不像”

对正式行政权力的结构分析表明，村民自治组织是村民利益的代表，村干部的核心身份实质上是广大村民中的一员，以追求村民（即自身）福利最大化为目标。为此，在应对自上而下布置的压力任务指标时，村委会与村民作为“有限理性经济人”，为自身利益化解结构压力与风险。斯科特对马来西亚农民日常生活中的反抗形式进行研究发现，公共的、有组织的政治行动对于下层阶级是无效与奢侈的，不过农民日常生活中有持续不断的斗争形式，如偷懒、装糊涂、开小差、假装顺从、偷盗、装傻卖呆、诽谤、纵火、怠工等，这被称为“弱者的武器”（weapons of the weak）。这些斗争形式具有共同的特点：它们几乎不需要事先的协调或计划，它们利用心照不宣的理解和非正式的网络，通常表现为一种个体的自助形式；避免直接地、象征性地对抗权威等（Scott，1985：29）。这一理论可解释为什么中国农村中农民长期以来在税收、作物分配、扶贫项目以及计划生育政策等问题上很少直接对抗权威，他们更可能采取不合作、偷懒、欺骗的方法去削弱这些治理策略的效果。在特定的社会结构中，农民基于地方性知识与日常经验智慧对自上而下的体制压力进行日常的抗争，不断地修正、重构、改变或缩小政策在实施中的选择范围。农民以一种非集体化、组织化与公开化的政治行动形式，在法律的政治压力以外，表现出经典性的政治参与感。本书中村委会在政策执行过程中采取的“弱者的补偿”策略与“弱者的武器”具有相似之处，村委会作为村民代表，面对自上而下规范性政策文本，利用心照不宣的理解和非正式网络进行自利性的解读与策略性实践。这种类比和逻辑推演有利于理解村委会为了保护自己的利益和对抗自上而下政策的规定，采取“四不像”策略对退耕还林政策进行分户落实。

基于乡村劳动力流动给政策实施带来的困境，村委会在退耕还林政策变通执行中构建“四不像”分户落实形态的发展历程表明，村委会具有对自上而下政策内容以及自下而上村社人员流动的信息优势，善于把握时机采用“合法但不合理”的信息公示策略，并以历史遗留的“税债”问题为借口构建“弱者的补偿”的策略与规范性政策讨价还价，以“截留部分退耕面积，其他的就按承包人口搞平均主义”的话语实践回应政策规定的“按实际面积分完分尽”。即使在村民不满上访后，在县政府林业局颁布实施的整改政策方案中，村委会仍然坚持整合政策利益优势策略，以仅仅承认“将截留面积在村民原有的基础上人均增加 1 亩”的实践回应整改文件规定的“严格要求按村民实际面积分完分尽，不准截留”。村委会则以“截留部分面积由村委会搞公益事业，用于补贴村里招待和坐车跑事的费用”的话语得到“村里面老百姓的同意”。从村委会最初的“平均主义”到整改方案下达后调整的“平均主义”，其实质上没有改变村委会坚持“弱者的补偿”为优先原则的行动选择，但村委会并没有直接对抗自上而下的权威，而是采取一种心照不宣的理解和非正式的网络，对规范性政策采取不合作及部分执行等策略性行动进行回应。村委会对分户落实方案采用传统习惯法的地方性知识构建双重话语，回应和解读“弱者的补偿”策略，使其截留面积的用途成为合法性认同的事实，进而塑造了政策地方实践中“平均主义下的四不像”形态。在特定时空背景下，由于地方性知识主要以不同的话语呈现，而“上下”之间不同的话语争议又体现在村委会一系列的行动策略中，因此在策略实践中，村委会构建了政策地方实践的多元化形态。

（六）“官民”系统边界中的自由裁量权

中国村民自治制度是在转型时期基层出现“治理真空”背景下，由农民主动性制度创新与国家强制性制度供给相结合而产生的（李迎宾，2000）。村委会的出现是农村基层政治的重大变迁，是一种新的社会结构创新（Robert，2001）。至此，乡村社会从计划经济时期的全能型管理转变为村民自治组织管理。中国农村改革的起点是实施家庭联产承包责任制，随着土地所有权与使用权分离，农民拥有了基本生产资料和土地使用权；农村产业结构调整，使农民拥有了择业权；改革统购制度引入市场机制，使农民拥有了收入权，由此重塑了农村多元化的微观经济活动主体。此时原有计划经济时期的“人民公社”体制逐渐丧失乡村治理功能，基层出现“治理真空”，而村民委员会（以前也称其为：村管会、议事会、治安领导小组）正好弥补了乡村治理主体的缺失（于水，2011）。1998 年公布并实施的《村民委员会组织法》从法律上确立了村民自治组织的地位。虽然《村民委员会组织法》中明确规定，村委会是群众性自治组织，不是乡镇政府的派出机构，不是一级政府，也不是国家基层政权组织。

基于我国特殊的行政管理体制，自上而下的命令 - 服从逻辑虽然从理论上讲只是延伸至乡镇一级（压力型体制的末端），并不要求贯彻于村庄之中，但由于巨大的运作惯性，其与地方传统运作逻辑进行对抗，结果取决于村民主体的政策行动选择。村委会所具有的合法性地位以及实际运作逻辑，表明村委会具备委托 - 代理关系成立的基本制度条件。因此，一方面村委会作为基层政府的代理人，具有政府体制赋予的“官”的角色；另一方面村委会是村民自发创造的产物，是一个“基层群众性组织”，作为村民中的一员，村干部直接与村民打交道，代表村民群体的利益并受群众监督，为此村委会也具有明显的“民”的角色。村委会处于“官民”之间的特殊位置决定了村委会的行动选择既要遵循压力体制的运作逻辑，又要遵循乡村社会中的地方性知识和村庄本身所特有的各种行为逻辑。

村社是乡镇在乡村中权威的延伸，遵循“上下”之间多元化的运作逻辑，是一个集合正式与非正式信息的枢纽。村社干部作为区别于国家公务员的特殊群体，游离于国家行政干部体制之外，国家行政体系的约束和激励机制对他们不起作用，但他们处于国家政策上下传递的独特位置，较乡镇干部能够更全面、准确和及时地掌握村社与政策的信息。他们通过垄断信息成为当地所谓的“消息灵通人士”，利用信息优势在政策执行中掌握很大的自主决定权以及一定程度的自由裁量权。改革开放以来，村委会逐渐演变为一个独立的逐利主体，但由于处于“官民”之间的特殊位置上，他们很难通过追求政绩而获得体制内部的职位升迁，在贫困地区的乡村中国家财政补贴缺乏，因此他们更热衷于采取策略性行动追求自身利益最大化。

四　村委会环境政策变通执行过程的影响因素

对村委会对退耕还林政策的理解与宣传、小班规划以及分户落实的过程进行分析可发现，虽然《条例》等相关政策明确规定“公开透明原则，建立公示制度”，但处于“官民”系统边界中的村委会依靠自身拥有的自由裁量权对政策进行策略性应对；长期以来以地缘为基础形成的村落共同体中的乡土人情在生活实践中具有优先性；同时村委会在面临内外压力的情况下，为了合法生存与追求利益最大化，在政策运作过程中交织着合谋与冲突。村委会执行政策的不同特点表明，村委会根据特定时空背景与自身需要对政策进行解释、运用和创造，导致政策的变通执行。为此，笔者对转型背景下村委会自身角色与作用的演变、村委会与基层政府以及村委会与村民之间的关系互动变化，处于特殊位置上的信息与资源优势以及利用地方性知识对政策的双重解读，村组行政结构调整中的利益分配冲突以及政策实施的阶段性与环境成效的长期性之间的矛盾关系等方面展开讨论。

（一）转型期村委会与乡镇政府、村民在政策执行中的互动关系

基层政府、村委会以及村民作为退耕还林政策基层执行的三大核心主体，三者之间的互动关系共同形成政策实践的背景。在社会转型背景下，重点讨论村委会的角色和作用演变、村委会与基层政府和村委会与村民之间的互动关系的变化，以及三者在退耕还林政策执行过程中互动关系对政策执行实际成效的影响。

首先，社会转型时期村委会角色与作用的演变。中国改革首先从农村开始，农村改革首先从土地经营制度开始。家庭联产承包责任制度要求有新的政治经济体制与之相适应，于是在指向经济自由的“小岗村”定型后，1980 年广西宜山农民自发建立了指向农村政治民主化的“中国第一个村委会”，以回应农民对村民自治秩序的需求。随后 1982 年宪法赋予了村民委员会以“基层群众性自治组织”的地位；1998 年修订的《村民委员会自治法》从法律上确立了村民自治组织的地位。村民自治是农村基层治理的重大变迁，从过去“政社合一”的集权体制转变为村民自治体制，有学者将此称为一种新的社会结构创新（Robert，2001）。村委会作为乡村治理的主体，打破了人民公社时期的“全能型管理模式”，在国家与农村之间出现了基于村民自治的连接组织。在中国的科层行政管理体制中，由于命令服从逻辑的强大惯性直接延伸到村委会，村委会作为基层政府的直接代理人，在现实中被赋予正式权威对村民进行管理；同时村委会作为村民福利的代表，村干部生活在村民之间，直接与村民打交道，受村民监督；但由于村民与村委会之间存在信息不对称问题，村委会基于信息优势影响和修正村民的决策，所以村民不可能完全左右村委会的选择。在税费改革后，基层政府再次回归到国家代理人角色，村委会作为委托 - 代理链条中的最后一级，逐渐演变为一个独立的理性选择主体。由此可见，村委会处于“上下”之间的特殊位置，具有“官民”或“非官非民”的特殊角色，在退耕还林政策实施过程

中，村委会既熟悉自上而下科层压力型运作逻辑，又能很好地把握村庄本身所具有的非正式行动逻辑，为其运用地方性知识构建双重话语解读和分析规范性政策文本提供了较大的空间。

其次，转型时期村委会与乡镇政府之间的关系互动在退耕还林政策执行过程中的体现。改革开放以来，村委会与乡镇之间的关系从“村社关系”转变为“乡村关系”。在人民公社制度下，村一级实行行政性质的生产大队和生产小组，生产大队和生产小组是一种“村社关系”，其实质上是“领导与被领导”的关系。20世纪80年代初，随着村民自治的实行，乡政府逐渐失去控制农村社会的经济基础。在广大农村，乡镇人民政府代替人民公社，同时村委会取代生产大队，这使“村社关系”逐渐转向“乡村关系”，乡镇政府与村委会之间形成了一种全新的“乡镇村治”的格局（许才明，2005）。《村民委员会组织法》明确规定，村民委员会是基层群众性自治组织，不是基层政府的“腿”，它们之间的关系是指导与被指导的关系，而不是领导与被领导的关系。但在当前中国体制转轨与经济转型大变革时期，基层不同层级政府之间的利益边界具有模糊性且不断变动，而政策规定往往是从原则上界定而难以进行具体操作。《村民委员会组织法》具有高度原则性，存在针对性差、难于操作等弊端，在实施过程中可能出现不同执行主体之间的侵权行为（许才明，2005）。在实际工作中，乡镇政府对村民自治组织干预过多，村民自治组织出现“附属行政化”现象，村民自治的功能很难得到充分发挥（于水等，2011）。乡镇通过报酬与任务挂钩，使村委会成为正式权威的代理人，通过一种“领导与被领导”关系，乡镇政府将任务指标层层下达到村委会，并通过考核对其进行评定，由此村委会依然扮演基层政府在乡村中“腿”的角色。村干部作为“理性经济人”，通常采取谋求自身利益最大化的策略性行动。为了自身的利益，村干部常常采取“上有政策，下有对策”的方式应对乡级政府的任务指标，而从法律角度来看，村委会作为村民利益代表，有权根据《村民委员会组织法》的相关规定来谋求他们的利益（许才明，2005）。

在退耕还林政策实施过程中，村委会作为乡镇政府的代理人，一方面需要遵循压力型科层逻辑完成各级政府的任务指标；另一方面为了追求自身利益最大化而对政策进行灵活执行，村委会以偿还多年来为“空挂户”垫付的农业税费贷款为由，截留村社外出务工农户的退耕还林政策补助，虽然遭到村民强烈反对并上访要求其整改，但在整改文件下发后仍没有从本质上改变村委会对退耕还林补助进行自利性的变通执行，反而展现了政策的“四不像”行动。

最后，社会转型时期村委会与村民关系互动对退耕还林政策执行效果的影响。在农村改革和经济发展不断推进过程中基层出现“治理真空”，由此村民自治制度适时而生，其打破了人民公社时期“政社合一”的集权体制，在乡村中形成了国家与村民之间的一种全新的社会结构。村委会处于基层政府与村民之间的特殊位置上，一方面作为基层政府的代理人，一方面作为村民利益代表。村委会在不同时期扮演着不同的角色：在去集体化后，分税制改革以来村委组织逐步转化为基层政权代理人，扮演向农民收税费和执行计划生育政策的角色，各种层出不穷的“费”使官民之间矛盾激化。2006 年税费改革后，村级组织逐渐回归国家政权代理人的角色，具有双重性：既是基层政府的代理人，同时又作为农民福利的代理人，负责从政府那里领取和配置惠农资源（陆益龙，2013）。而对于村民来说，自村民自治选举推行以后，村民既是村级组织的投票者，也是村级组织的受惠者。在后税费时代，村委会逐渐丧失基层政府赋予的制度性权威，同时也丧失了以农业税费征收为手段的谋取私利的可能。于是他们将刚性任务弹性化，不像以前那样为了完成各种指标任务而去得罪村民，甚至出现与村民合谋的行为。

为了调动村民积极性，保证任务的完成，乡镇政府在一定程度上默认村社干部在退耕还林政策实施中与村民合谋，在满足农民需求的同时顺带谋取一定的个人利益。目前村委会与村民之间的关系逐步地趋于陌生化，农民只在必需的时刻（有利益关系时）

与村干部发生关联，平时则互不联系（赵晓峰，2008）。有研究表明，在后税费时代，普通农民与地方干部之间已经不存在20世纪80年代尤其是改革前的那种纵向的庇护关系，因为他们与国家打交道的机会越来越少，伴随着人口流动，依赖国家获得生活保障和更高经济社会地位的基础不复存在（符平，2013：177）。现在乡村中仍与村委会之间保持“朋友关系”的乡村精英，更多的是为了经济利益。正如戴慕珍所说，不是为了生存，而是“为了获得在生产基础上更多的其他利益”（Oi，1989：143）。

在退耕还林政策的实施过程中，村委会与村民之间复杂的利益关系决定了二者或冲突，或合作，或对抗的互动模式。为了平衡不同地类所有者享有政策补助，尤其是针对土地承包到户时期凭借优势关系拥有优质地类（1类，如水稻田等）而当前又无法纳入退耕还林实施区域的村民，村委会对政策做出策略性解读与修正，从而导致出现了“良田退耕”的现象并实现村民眼中的公平。由于村民文化程度不高，村委会利用村民对政策理解的差异，联合村社精英对政策补助进行自利性的安排部署，在形式化公示以及信息不对称的情况下，却也得到村民的认同。

（二）信息资源不对称

在村委会对退耕还林政策执行过程中，处于纽带环节的村委会，在委托－代理链条上基于信息不对称以及不同主体所具有的资源差异对政策执行产生重要影响。

其一，信息不对称是委托－代理关系形成的起点，退耕还林政策实践中的中央与地方关系是一种信息不对称的委托－代理关系，这种关系与企业追求自身利益最大化不同，以实现公共利益为目标。在信息不对称情况下，无论权力中心如何奖惩代理人，地方政府基于效用最大化“理性人”的原则总会选择对本地区和自身利益的最大化行动（张维迎，1996）。中央政府作为退耕还林政策的制定与决策机构，其目标是实现环境公共物品有效配置以及社会福利效用最大化，而地方政府是政策的执行者，较中央政府对本地区的福利需求情况有更多的了解。一方面在中国科层体制背景下，退耕还林政策的实现是以多层次多任务指标的委托－代理链条为基础，除中央政府与村民之外的主体都具有双重角色；另一方面中国行政体制的“条块分割”导致链条越长，越到底层的作为“一根针”的基层政府承担的任务越多，信息不对称问题就越严重，不能完成政策代理任务的可能性越大，因为过长的代理链条必然使多重委托人对多重代理人的监督受到极大削弱，由于监督成本的压力，中央政府不可能时时刻刻都对地方政府进行监督，而地方上报的信息可能不那么真实。也就是说，即使是中央政府制定政策，在客观上它无法全面和彻底了解全国所有地方的政策执行情况，验收组、检查组等运动式的治理方式也无法从根本上解决信息不对称的问题。而地方为了维护本地区利益，甚至是官员的私人利益，可能违背委托人的初衷和政策目标，运用正式与非正式策略为执行政策的选择性行动创造有利空间。

其二，村委会拥有丰富的正式与非正式资源，其行动选择直接决定政策执行效果。在退耕还林政策实践中，政策制定和执行主体之间与企业主体之间有很大差异。在现代化与城市化冲击下，作为一级地方政府代理人的村委会处于当前非传统非现代[①]的乡村社会之中，直面千差万别的村民。在乡镇政府通过村委会执行退耕还林政策的过程中，村委会作为一种信息集合纽带对千差万别的村民了如指掌，可利用此对中央政策进行自利的解读和重组，从而使村委会对村社资源绝对把控。由于退耕还林工程面对“国家要生态”与“农民要生活”的矛盾，在实施过程中有来自中央政府以“经济优先权”换取“生态优先权”的政策目标，也有来自农民以生存为本追求福利最大化的地方实践。然而村社作为自上政策下达的代理人与自下村民政策落实的委托人，是一个具有

① 张静（2006b）指出，当前乡村社会真实状态：既不是一个以传统“礼”为行为模式的乡村社会，也不是一个依据现代公共规则行事的“公民社会”，所以是非传统与非现代的。

多重角色且极具弹性的准行政主体，其通过正式权威手段以及丰富的非正式资源，如乡土社会中的情理力量、乡村精英的威望等缓解地方政府与村民之间的矛盾。

（三）村组结构调整中利益分配冲突

行政村与自然村不同，是社会历史变迁的产物。改革开放以来，中国农村行政区划及其组织结构在人民公社解体以后进行了几次大规模的调整。其中，21 世纪初掀起了大规模的“合村并组”热潮，这是在新农村建设背景下乡村行政建制的一次重大改革。据民政部的统计，我国农村村委会在 1999～2011 年，由 80.1 万个减少到 59 万个，总数减少约 1/4①，其中合村并组是主要的原因（龚志伟，2013）。合并村组为新农村建设提供完善的制度结构并创造了更大的行动空间，同时在改革过渡期也为乡村治理带来了一系列的问题。2002 年中国政府开始进行农业税费改革，随着乡村干部工作量减轻，精简机构成为可能，基层组织失去存在的必要性，由此在全国范围内出现了合村并组的热潮，不少地方还取消了村民小组长。十六届三中全会以来，“三农”问题备受瞩目，中共中央出台了一系列“惠农、支农”政策，标志着国家财政对农村由税费汲取型整合向农业补贴供给整合转型。合村并组在推进城镇化建设过程中具有历史原因，如创建与税费改革相配套的乡村管理体制以节约成本，现有村庄中“官民比例”失衡，为了减少新农村统筹发展中原子化的村庄分布在农村规划建设中产生的内耗和博弈成本等。于是 2001 年以来，国家为了缩减财政支出和优化结构，“合村并组”作为农村税费改革的配套措施被提出来，虽然目前具有官方背景的实践工作者和学者的大量研究肯定了合村并组改革在应对乡村经济市场化、公共设施享有、乡村治理环境改变等方面所产生的积极意义，但笔者从田野调查发现，“合村并组”对自然形成的村庄共同体产生了破坏以及在此基础上

① 参见人民网：http：/politics. People. com. cn/GB/1027/14562599. html。

形成的一系列依靠传统乡村非正式资源维持的治理秩序逐渐消失，从而使乡村治理陷入困境，导致退耕还林政策在实施过程中产生一系列偏差。

在中国传统农村，几十年上百年的历史积淀形成了一个个稳定的自然村落共同体，村民生活在一个熟人社会中，在村组内依靠传统的各种习惯和资源展开不同层次的活动。但合村并组改革将村组看作机械因子，将具有不同传统习惯和资源的村庄合并，这样使当前村庄本来就很贫乏的本土资源遭到破坏，也会增加村组的管理成本和村民的交往困境。在目前农村复杂而严峻的经济形势下，不顾农村传统社会文化以及产权基础的乡村行政建制改革在一定程度上会带来一系列负面的影响（贺雪峰，2003）。合村并组使得行政村的规模随着自然村的拆并不断扩大，使自 1981 年家庭联产承包责任制实施以来逐渐疏远的村民关系变得更加陌生。而且新上任的村干部对调整合并形成的行政村的村务情况的了解，远远不及传统自然村，村干部与村民之间的关系疏远，这导致权威基础的缺乏，村干部在开展工作中更多作为基层政权的代理人而具有“附行政化”特征，从而忽视村民的利益与需求。同时村委会又作为“有限理性经济人”，在乡政府的压力指标下通常优先完成各项与“一票否决制”相关的硬指标，而忽视村民的公共需求。此外，由于通过行政化力量而形成的村组对“合村并组”改革存有抵触情绪，现有行政村对很多事情无能为力，有的村干部甚至直接选择对一些事情放任不管（龚志伟，2013；苏红竞，2010）。当前农村的治理困境表明，传统以地缘或血缘为基础的乡土人情关系与社区认同感逐渐消解，农户成为碎片化与原子化的农户，村民与村干部关系疏远，乡村治理处于涣散状态。

虽然合村并组离散了原有以血缘为基础的乡情网络以及靠地缘构成的集体认同感，从形式上打破了原有依靠地缘、血缘、家族关系建立村落共同体的界限，但在一定的时间内以地缘为基础形成的乡村共同体所拥有的权威与利益格局，很难因为自外而内的结构性力量的调整而被打破。在自上而下规范性政策执行过程中同样能看到因为家族、血缘关系建立起来的亲疏关系特征，这种差序格局具有顽强的生命力。有学者认为，在社会转型的复杂背景下，传统乡村中的习俗、亲情、宗族、道德以及共通的非正式资源等因素还持续发挥着重要的作用，虽然缺乏一定的系统性，但对村民行动逻辑的选择具有重要意义（刘伟，2012）。在此情况下，自上而下规范性政策规定容易遭遇来自乡土社会情理逻辑的解释、运用和创造，从而使政策地方执行的效果与政策预期目标之间存在一定差距。

合村并组之前，原T村村委干部是当时远近闻名的"文家班子"①，整个文氏家族自1981年成为T村村委班子20多年。合村并组后，"文家班子"被迫解散，仅有村支部书记留任现东溪村村主任，作为原村唯一的利益代表其在重新组成的村委班子中略显势单力薄。2001年合村后不久，处于磨合期的班子成员便代理执行2003年在全国实施的一项大规模的退耕还林工程任务。由于"合村并组"，乡村行政建制改革是在自上而下的行政命令下对村组进行拆分的，很多村组干部因此被迫退居二线，由于他们心存不满，严重影响了新任村社干部开展工作。在东溪村合并后，村委会代理实施一项全国性的新兴生态建设工程，在时间紧任务重的背景下，新任村支部书记想拿到1981年分田人口数据，以此作为分户落实方案的标准，但由于前任村干部没有将村社数据账目移交，不得不通过一些方式获得该数据，从而导致该村后来的分户落实方案出现"一村两制"现象。在小班设计过程中，作为村民利益代表的村社干部理应为村民争取利益，但东溪村领导班子背后仍然存在以地缘为基础的两个利益群体代表，在工作开展中"你村、我村"观念十分明显，而实际上在乡村行政建制改革后两村已经合并为一村。原有东溪村干部凭借现有资源和权力优势极力为"我们村（即原东溪村）"村民争取更多的小班面积，而对于

① 文家班子，即T村自1981年以来，由文氏三兄弟担任T村的村支部书记、村主任、村会计。

“他们村（即原T村）”的面积规划没有认真对待，由此导致后来村社之间因为面积边界产生了大量争议和矛盾。在退耕还林政策实施的整个过程中，由于现任村主任代表“他们村”利益，所以“我们村”干部就在驻村工作人员配合下以各种借口排斥现任村主任的参与以谋求“我们村”的利益。由此可见，“合村并组”使退耕还林政策地方执行落实面临一系列困境和矛盾，从而影响政策执行的效果。

（四）政策实施的阶段性与效益的长期性之间的矛盾

退耕还林工程是一项全国性的旨在改善环境的工程，也是公共政策的一种。但环境政策与一般的公共政策，如农村医疗、税收等政策相比，并非一种确定主体间的受益关系，而是具有收益长期性且受益群体不确定的特殊性。同时环境作为公共物品，决定了环境政策执行的正外部效应的特征。环境政策的历时性主要体现在投入大、收效缓慢，且反馈回路不明显，与环境改善所带来的利益相比，经济增长所带来的利益更直接。在转型时期背景下，受到各种复杂因素的影响，环境质量的改善是一个长期的问题，并且其效果通常是在一个较长的历史时段中逐渐显示出来（聂国卿，2003）。退耕还林政策是一项旨在改善生态环境的历时性与持续性的环境政策，至今持续实施已有10多年的历史，该项规模巨大的生态建设工程，在国内是绝无仅有的，同时在世界范围内也是史无前例的（徐晋涛等，2003）。截至2010年，国家共投入资金约3400亿元，是中国有史以来投资最大的生态建设工程，但在短期内环境效益还不明显。

从自下而上视角对退耕还林政策地方执行效果进行审视可发现，国家支付生态补偿由当地农民代理提供环境公共物品的行动已经初具成效，但收获该项工程更大社会经济效益与生态效益还待时日，仅仅在政策实施的阶段性周期内很难实现预期的目标，同时与环境政策成效历时性相适应的农民长效的生计机制没有建立起来，所以政策后期成果巩固的持续性面临很大的挑战。另外，不仅政策实施具有阶段性，在地方政府官员规定任期的阶段性背景下，作为“有限理性经济人”的村干部更加关注能够带来短期的经济利益而忽视长期的环境效益，这无疑是他们的一种理性选择。由于退耕还林工程实施与经济贫困、交通闭塞、生态恶化严重的农村地区有天然的联系，在这些地区基层财政紧张，国家财政补贴缺乏，具有逐利取向的村委会，积极争取国家的各种项目指标并通过各种短期化行为实现自我利益最大化。村委会为了完成自上而下的各种任务指标，在政策理解与宣传过程中，将政策“生态改善”的宗旨解读为“是国家无偿给予农民的实惠，干捞钱，可以获得粮食和补助双重收益”，并积极鼓励引导剩余劳动力通过外出务工获得更多的收入，以促进当地劳动力逐渐流向第二、三产业，改变传统落后的以耕种为生的生产生活方式，与此同时缓解因退耕还林政策导致的人地矛盾对工程建设与后期巩固的风险。在政策实施初期，由于村委会对政策缺乏了解，通过“获得作物收成与国家政策补助双赢”来鼓励村民积极退耕，从而使政策在后期推进中出现困境与矛盾，村民基于传统生存经验不断地与规范性政策中严格“禁止林粮间种”的规定进行博弈。虽然政策明确规定“人均留半亩口粮田以及自留地不退耕”，村委会却通过各种方式使高山村民将所有耕地包括自留地“全部退完”，以此实现“集中连片”的效果，这种为了获得政策的短期经济成效而忽视村民可持续生计的做法导致政策可持续性受到巨大的挑战。

五　村委会环境政策执行逻辑：以地方性知识为基础的双重话语实践

村委会作为退耕还林政策自上而下层层委托－代理的基层政府末端的延伸，处于政府与村民之间的特殊位置，拥有信息优势，成为“上下”之间多重话语的“中转站”与“加工厂”，其通过农村非正式权力的运作，使退耕还林政策形成地方实践形态。换言之，村委会对政策的解读与策略性实践成为项目实施成败的关键。从以地方性知识为基础的话语视角解读村委会的行动策略可发现，政策地方变通执行之所以得到各层级执行主体的认同，其根本原因在于以村委会为中心的双重话语解读的实践逻辑，这消解了地方政策实践中的冲突与矛盾：一是以规范性政策文本话语回应上级政府“以任务为中心的准政府行动逻辑”；二是以地方性知识为基础对政策进行“地方化”与策略性解读以符合村民“追求福利最大化的共同体逻辑”。

在传统视角下，对政策变通执行的探讨集中于各级执行主体的不同行动策略，本书另辟蹊径从话语分析视角揭示政策变通执行的深层次逻辑——重构“权力－利益”网络的合法性认同。即研究以不同执行主体为核心，从规范性政策文本以及地方实践两大维度对政策的动态执行过程进行呈现，通过不同主体的行动策略“摆平”政策基层变通执行中的冲突与矛盾。以村委会为主导的退耕还林政策在变通执行中凸显一系列行动策略：在应对上级政府的工程年检与验收中凸显与村民合谋策略；在规划任务指标过程中遵循以传统自然村为基础的乡土人情优先原则；在分户落实中基于多重面积、劳动力流动等复杂因素而选择暗箱操作；等等。不同的行动策略（如 M1，M2，M3）背后是以地方性知识为基础的多重话语体系（政府话语：Z1，Z2，Z3 以及村民话语：C1，C2，C3），且不同的话语又是对多元化主体复杂的“权力－网络”关系进行持续的包装与解读，从而消解政策变通执行中的冲突与矛盾。该逻辑实质上回答了政策变通执行现象普遍存在的合法性基础源于居于“上下”之间的村委会运用地方性知识对其行动策略背后交织的“权力与利益”网络的解读与策略性运作。退耕还林政策地方实践的各环节中所呈现的双重话语转换逻辑，是基于乡村社会非正式权力关系的运作，形塑了以生计为本追求福利最大化的共同体行动逻辑。村委会根据传统习惯法的“弱者补偿”原则，对规范性政策文本进行“地方性”解读，从而构建回应任务中心压力下的“准政府”行动逻辑。双重行动逻辑的交互运作，有利于村委会“摆平”政策基层变通执行中的冲突与矛盾，从而构建以“权力－利益”网络合法性认同为基础的政策地方实践形态。笔者根据田野实证研究资料与分析逻辑构建以村委会为中心的退耕还林政策基层变通执行实践逻辑的双重话语分析图谱（见图5－4），进一步详细呈现政策变通执行中的地方性知识、双重话语与村委会行动策略的互动关系（见表5－1）。

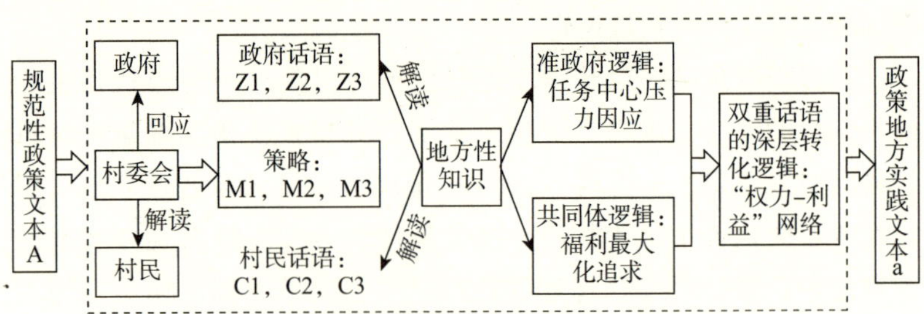

图5－4　村委会退耕还林政策基层变通执行与双重话语实践逻辑分析

表5－1　政策变通执行中的地方性知识、双重话语与村委会行动策略的互动关系

政策变通现象	村委会行动策略	双重话语（应对地方政府与村民）	地方性知识
变通1：规划环节的“良田退耕”	非正式权力运作的“公平”	Z1：“没有规划到的没有分配权不合理；小班面积大于实际耕地面积；若按土地所有人划分，很难操作。” Z2：“即使在口粮田停耕，退耕还林总面积没有多大出入。”	社会关系：非正式权力的认同
		C1：“在口粮田里也按人均象征性地停耕种树，有多少亩就要种多少。”	
变通2：实施环节的“还林不停耕”①	土地耕种为本的生存逻辑优先	Z1：“悄悄种，树子肯长些。” Z2：“以‘蔬菜’和‘矮秆作物’名义种植土豆、红薯、油菜；不存在没有人不种的，家家户户都种起的，该种什么种什么。”	生计模式：生计为中心的坚持
		C1：“退耕后出去打工，在家的人把退耕还林保管起，给你补一坨生活费囊个要不得。” C2：“只要退耕地里面是树木长得好，适当地种一些粮食也没有严格禁止。拿了国家的一坨，同样有庄稼收成。”	

续表

政策变通现象	村委会行动策略	双重话语（应对地方政府与村民）	地方性知识
变通 3：补偿环节的“平均主义下的四不像”	“弱者补偿”的博弈	Z1：“截留部分退耕面积，其他的就按承包人口搞平均主义。”“全部按照整改规定在原有的基础上人均增加 1 亩。”	传统习惯法：政策利益最大化
		C1：“各种费都是村里面负债垫起的，要说的话还是村里面背了时（吃亏了）。” C2：“截留部分面积补贴村委会搞公益事业，用于村里招待和坐车跑事的费用。”	

注：变通 2 主要涉及因村民以地方性知识与朴素生态智慧为基础的地方实践导致的政策变通现象，其主要内容将在第六章中进行详细描述。政策实施过程中涉及不同执行主体之间的互动，且过程具有动态的连续性。由于本研究以执行主体为标准进行独立篇章结构设计以及逻辑内容呈现，以某个执行主体为主展开分析与讨论的过程中，同时涉及其他主体的相关内容，因此在本书中涉及类似情况均按“以执行主体政策过程为核心，辅以相关主体”内容讨论原则进行处理，如在第四章中以乡镇政府为中心全面呈现退耕还林政策实施的过程，而在第五章与第六章中不再完整展开，主要以村委会以及村民为核心对相关内容进行分析，而所用的访谈一手资料仍然源于第四章的内容。

六　本章小结

本章主要以村委会为中心的退耕还林政策变通执行过程以及实践逻辑为主展开讨论，以案例呈现村委会在政策实施过程中的策略性行动与特点，并对影响政策变通执行的因素进行分析。转型背景下，村委会居于“上下”之间的特殊位置决定其具有双重角色：一是作为正式权力末端的乡镇政府的延伸，具有“准政府”的正式权力；二是作为村民自治组织的代表，以追求村民福利最大化为目标。村委会的双重角色与任务在政策执行中形成了不同的实践逻辑：一方面以“任务为中心”的准政府逻辑回应上级政府委托的规范性政策落实的指标；另一方面以“最大化福利追求”的村民共同体逻辑对政策进行“地方化”解读与落实。在“准政府逻辑”引导下凸显一系列政策执行策略：如在小班规划与分户落实中进行“操作”，在政策补偿落实中村委会“弱者补偿”博弈中的“四不像”，“官民”系统边界中的自由裁量；而在“村民共同体逻辑”下形成的策略主要表现：村组结构行政化调整后村社领导班子间的合谋与冲突交织，在小班规划中坚持乡土人情优先原则，在分户落实的多重复杂的土地面积中以非正式权力运作良田退耕等。田野调查发现，村委会基于双重角色以及双重行动逻辑而采取的行动策略以不同的话语体系呈现，而以地方性知识为基础构建的多重话语与行动策略使政策地方变通实践形态获得合法性认同。研究表明，政策实施过程中普遍存在的“上有政策，下有对策”的政策变通执行现象，并不能将其定义为政策失败，或政策失效，其是在一定程度上为政策变通执行的必要性提供理论与实证依据。因此，本书以双重话语分析视角对政策执行主体的实践进行分析，为公共政策变通执行逻辑提供了一种创新的分析视角。

第六章　村民的退耕还林政策执行过程与实践逻辑

本章主要讨论退耕还林政策的最终执行主体村民基于自身生存逻辑与生态智慧对政策采取变通适应的策略性行动的过程。通过田野调查发现，在退耕还林工程基层实践过程中，随着时间的推移，村民对政策的具体行动经历了三个阶段：第一阶段“禁种而种”（2003—2010 年），第二阶段“可种而不种”（2011—2018 年），第三阶段“毁林复耕”（2018 年之后）。村民对政策的变通适应行动不仅反映了政策规范在地方实践各个阶段的核心特征，同时也表明村民在政策约束下依靠自身资源而采取多元化生计策略行动，即依靠传统生存经验与规范性政策进行博弈而获得自身的行动空间，在“树进人退”的背景下选择外出务工获得更大的收益，应对国家出台一系列“惠农支农”政策以及村民长期生计模式未建立起来而采取多元化策略性选择。退耕还林政策的最终实践形态是基层政府以及村委会对政策的变通执行以及村民的适应性策略行动共同作用的结果，由此导致政策实际执行效果与政策预期目标之间存在一定的差距。

本章通过文本案例详细呈现村民对退耕还林政策的解读与态度以及应对“退耕与还林”行动选择的过程等内容。首先以村民对退耕还林政策的解读与行动选择为出发点，接着呈现村民在政策执行不同阶段的具体实践，继而从村民对政策变通适应的策略性行动中揭示村民生计策略的变迁，最后通过总结分析村民政策执行行为的特点与实践逻辑，试图从自下而上的微观视角关注地方性知识与规范性知识的互动实践，为政策有效执行提供启示。

一　村民对退耕还林政策的解读与反应

在多元话语分析中，每个人在特定情景中所及的“视界”即其话语体系下所呈现的“世界”，因为“人所有牵连的种种日常事务的总和即是人们的生活世界”（那坦森，1982：159）。当一套规范性知识通过自上而下的结构性力量进入一个特定的时空背景中，当地村民会基于自身生存逻辑以及地方性知识对政策解释、运用和创造并采取策略性行动，从而使政策执行发生一定的偏差。退耕还林政策是于1999年试点并于2002年全面铺开的一项全国性的生态建设工程，被评价为一项在投资、政策性、涉及面、群众参与度方面都很高的旨在改善生态环境的林业生态建设工程。但作为最终执行者的村民是如何理解该项系统性的生态工程并采取适应性的策略行动？从东溪村退耕还林政策的文本案例发现，基于村民特定的生活视域，对退耕还林政策的“视界”主要包括三种形态：一是积极争取型，二是消极怀疑型，三是从顽固反对到从众支持型。

一是积极争取型。由于退耕还林政策的实施在乡村是一项新兴的事物，能够把握政策动向并对政策未来不确定性敢于做出大胆尝试性决策的人，绝大部分是1981年后陆续外出务工的，定期在城乡之间迁移的，在城市能够更多地接受各种最新的信息并且思想开化，对国家的政策有一定了解的群体。他们外出务工的收入远远大于土地耕种收益，他们作为非农非工的一个特殊群体，周期性流动回到农村，对土地的感情远远不及靠种地为生的村民，土地对他们失去了亲切感和约束力。即便如此，在村民根深蒂固的传统观念中，土地是他们生活的社会保障和根的依靠，拥有土地是农民自身长期利益的根本保证。正如村民所说，现在土地仍然是他们“稳根”依靠的地方，很多人抛荒外出务工并举家外迁，但很少有人会选择放弃宅基地和承包地，因为这可能是他们未来返回农村以及年老后返乡生存的根本保障。正因为如此，很多村民即使早年因逃避沉重的农业赋税而抛荒外出，但数年后仍然会理直气壮地回到乡村找村干部要回自己退耕还林承包地应得的政策补助。

政策开放后，不要说年轻人，就是六七十年代的人都不愿意种田了，都出门打工挣钱，停耕松活得多。不是上面说的要退，好多人喊起要停耕。尤其经常在外面跑的年轻人，在外面听得蛮多，懂得也多，听到说要搞“停耕”欢喜得很，巴心不得，都说“停耕”还林好得很呐，“哎呀，这得了法，老子我最不爱种田，我还愿意退呢”。自己可以安安心心外出打工，屋里的大师傅①、婆婆妈妈的人、赖不活的老年人把留的人平半亩口粮田种起，也够吃了。尤其是高山上面积大，哪家都是上千数的钱，退耕的时候他们都争到要退，没有退到的还要打官司。我认为这个政策是活思想，一年不打不唱（不耕不种），也不去肥料农药钱，国家还倒给一坨，囊个不好啊，是一种懒汉思想嘛。说老实话即使减半后农民还是没有吃到亏，农民捡了便宜，田还是可以种，能过日子。当时种树的时候很多年轻人就说：“以后就把这个树当成庄稼种起，每年就收成国家给的补助了。”（20130818—CCX；20130810—LLL）

土地仅仅是一个稳根的地方，不够吃就出门挣钱，但家里有土地心里就踏实，根在，外面挣不了钱可以回家种田，至少有口饭吃。现在的年轻人根本看不起种田，一年在家累死累活才几千块钱收入，但出门一年就几万，所以都出门打工。现在的年轻人十几岁就出门打工了，连菜蔬都不会种一根，看着就蛮恼火。去年嘛，我叫我孙娃子给我挑粪，他说

① 大师傅，这里是对家庭妇女的称呼。目前在当地计算家庭劳动力的时候，仍分为正劳力和半劳力，正劳力主要是指男性劳动力，半劳力是女性劳动力（也称为大师傅或婆婆妈妈的人）。据当地人介绍，在集体食堂解散后，家家户户开始重新开火吃饭，家庭妇女由于要负责各自家庭的做饭、喂猪、带孩子等家庭事务，所以在集体生产中被称为大师傅或半劳力。

> “不会”，把我呕遭了，一个20岁的小伙子，粪都挑不来。现在小娃娃六七岁进学堂，初中毕业没有考起，赖得活有能力打工的话，就出门打工了，哪里还会种田啰。现在种田的大部分是五六十岁的，甚至还有七八十岁呢，年轻人都不种田。但田绝对要种起，到时候外面不好挣钱，回来张口要吃饭就要种田，如果没有地，那就得打“凉善锣鼓”（一无钱，二无粮，日子难过）。(20130809—CXF)

另外，重庆市户籍制度改革在全国率先“破冰”的实践为外出务工提供了良好的契机。户籍改革的主要内容被形象地描述为保障农民进城穿上“五件衣服”（就业、住房、养老、医疗、教育），自愿选择脱掉原有的“三件衣服”（宅基地、林权、承包地）。虽然改革开放以后农民作为微观经济主体拥有较强的独立性和自主选择空间，但自古以来村民的保守思想远远超过冒险精神，在成本效益不确定的情景下，他们不会轻易选择对生活无保障的冒险行为。为此绝大部（90%以上）的村民虽然选择进城务工，但不愿意冒险地脱掉原有的“三件衣服”而换取进城获得的不确定的“五件衣服”保障，因为村民根深蒂固地以为“三件衣服”是赋予农民长久而稳定的生活最根本的保障和依靠，是为其在不稳定市场背景下选择返乡解决后顾之忧的根本，同时也是降低社会的不稳定因素的基础。为此，有限理性的村民基于现有社会经济条件的限制，以确定的成本效益为标准在退耕还林、外出务工与耕种中做出最优的选择，以追求自身利益最大化。由于承包地实施退耕还林有利于解放劳动力转向第二、第三产业，创造比传统农业生产更大的产出，理性而思想开放的村民，乐于并积极支持退耕。

二是消极怀疑型。自古以来靠种田为生的农民对土地有深厚的感情，面对自上而下的一项将耕地转变为林地的生态建设工程，他们持有消极怀疑的态度。他们对古人的传统观念“农民不种田，饿死帝王君”，“农户不下地，由土地说话，饿死帝王家”根深蒂固。土地无疑是农民的命根，是“最近于人性的神”，土地是农民生活的主要依靠和心理支撑，即使一个“中原人到了最适宜放牧的草原上，依旧锄地播种，一家家划着小小的一方地，种植起来；真像是向土里一钻，看不到其它利用这片地的方法了”（费孝通，1998：6～7）。即使国家采用“拿钱买生态”的策略激励村民提供生态公共物品，以弥补他们暂时无法从退耕还林中获得的收益，但村民对政策缺乏了解并对未来不确定性收益表示怀疑，正如村民所说：“自己有地心里边踏实。”但在中国科层体制自上而下的命令服从逻辑背景下，村民对“上面的政策的态度是政策来了就跟着政策走呢”。

> 这肯定是日白的（骗人的），哪有这么好的事情，不种粮，就栽几根树子还发粮食，绝对不可能。(20130808—LRH)
>
> 那些不愿意退的，还是有，但只占百分之零点几，这种人对社会发展的趋势不懂，国家的优惠政策，惠农政策不理解；他们文化水平太差了，思想又顽固；不是政策没有宣传到位；现在这些人都只看到眼前，没有看到长远，对惠民政策无法理解。(20130818—CCX)
>
> 那时候没有人敢说“不想退耕”，只是说：“退了，我吃么子，这么好的田栽树多可惜，往常边边角角都种田，还要讨米，现在栽树囊个（哪能）过活啊?”但上面的政策没有哪个反对得垮，政策来了就跟着政策走呢。如大家都说要退，一个人拗起（坚持）也没有意思，人家退了等树成林，到处都是荒山荒坝，不退的地也没有收成了。古人有句俗语“农民不种田，饿死帝王君”，现在这个社会，国家不要我们种田，国家有粮食我们吃。(20130815—XYN；20130818—HQG)

三是从顽固反对到从众支持型。在中国农村，由于村民对新生事物缺乏了解以及系统性知识文化的匮乏，行动安全性选择导致村民的行动具有典型的从众特征。村民们在做出抉择时往往会参考别人的行动选择，事先以旁观者心态观察别人的行动和反应，这也是为什么村民通常采取“观望”心态面对新生事物。乡村中的舆论压力也是他们行动决策的重要影响因素，当绝大部分村民都采取行动后，处于旁观者或中立不行动的村民就会成为众矢之的，为了避免成为异己而被排斥的压力和困境，“少数服从多数”的从众行为由此产生。同时，自古以来人们对“法不责众”的想法具有根深蒂固的认同，只要自己作为大多数从众者的一员，他们所需承担的责任就因为相对分散而减轻了，所以有很多村民采取消极行动，或者无奈地“作为”（刘伟，2008）。在信息不对称的情景下，村民出于自身安全考虑，在有限的文化水平与理性选择下常常会做出与大多数人一致的决定和行为选择，所以在政策实施之初坚决反对的村民，随着周边村社试点效应的扩展以及利益的驱动，最后往往做出从众的退耕选择的决定。从案例文本中发现，由于乡镇政府与村委会对政策的模糊性宣传，村民基于传统生存经验对政策的理解与行动选择直至最后执行落实的整个过程经历了一个自我怀疑与否定，担忧与自欺的复杂过程。

> 2000年村里面的人来开会，也没有说这个有没有福利，问他们这个是搞莫尼（什么）的呢？他们说：“我们也搞不清楚，主要是登记各家各户耕种、课荒的面积。”那个时候还没有说是“退耕还林”，说的是“登荒”，而我们老百姓就理解为“报荒”。
>
> 当时村民不了解这个政策，以为“这个政策是日白的（骗人的），到时候恐怕还要完特产税哦[①]”。村里面一再解释和宣传，让老百姓多报，但没有哪个相信。老百姓还自己造

---

① 根据国发〔1983〕179号和国发〔1989〕28号文件的规定，为了平衡农村各种作物的税收负担，促进农业生产的全面发展，1983年11月12日，国务院发布了《关于对农林特产收入征收农业税的若干规定》，规定园艺收入、林木收入、水产收入和各地省级人民政府认为应当征收农业税的其他农林特产收入均属于农业税（简称农林特产税）的征税范围。征收范围包括：①园艺收入，包括水果、茶、桑、花卉、苗木、药材等产品的收入；②林木收入，包括竹、木、天然橡胶、柞树坡（养柞蚕）木本油料、生漆及其他林产品的收入；③水产收入，包括水生植物、淡水养殖、滩涂养殖产品的收入；④各省、自治区、直辖市人民政府认为应当征收农业税的其他农林特产收入。

谣，即报了以后要完高的特产税，都喊莫搞多了。但那时候胆子大的呢，就说，“我不怕收，我要多报，狠起报”。

就拿我老汉（父亲）屋里的来说嘛，他们屋里有8个人分田，有蛮多田都在高山上，土质撇，我弟娃呢是个强强（倔得很），又蛮小，只有十几岁，一味就不喜欢种田。那时候上面通知开会，我老汉就让他去，结果他把个人的哈（全部）报了，心想报了恐怕二回有什么福利撒，当时别个还提醒他“少报点哦，莫二黄哦”。我弟娃说，“我不怕，我要报20亩”。回来后我老汉就跟他一顿吵，“你这个二黄腔啊，囊个得了啊，二天收特产税，你个人给”。结果我老汉鼓捣（坚持）少报了5亩，最后我们拿到的退耕还林面积就只有15亩呢。后来那些当时报得少的人，看到有钱了心里就不服气，就说我们是讲人情才弄到这么多的，有些歪扯的老百姓还去告状。说句良心话，那时候全是个人凭自愿报的面积。

2002年开始就说是“退耕还林”（这一年是该村正式实施退耕还林），村里面下来开会时，也没有说有钱，就说要报栽树的面积，但这个面积基本与2000年报的“登荒”面积一样，因为老百姓还是担心要收特产税，所以面积基本没有变动。我还记得那时候我们村里的会计是ZZH，他是我表伯伯，有点亲戚关系，他让我报，我就报了7亩。

ZZH：“格老子的，你报7亩啊？那你有没有这么多哈？按照实际面积报。”还专门问了一句。

我：“囊个的啊，二天要给钱啊？”

ZZH：“那这个，我们也搞不清楚。”

后来回来后，他们一惊一乍的，还造谣就把我吓到了，我又后悔了。那时候我家的正劳力在广州打工，就我一个人在屋头拿不准，也担心二天恐怕要收么子特产税。我想给就给。第二天一早我又去问ZZH：“表伯伯，是不是我搞多了啊，他们说的要收特产税？”结果他就给我开玩笑说：“格老子的，收特产税你就给撒。”

后来我们的退耕还林面积起初只有4.2亩（当时以为这个面积就是课荒的面积，也就差不多，也就没有追问），2004年整改[①]后，又加了1亩，直到现在都是5.2亩。最开始有蛮多不报的，他就没有退耕还林面积。那时候晓得退耕还林有这么好的政策啊，不就多报点嘛，至少应该报个人的实际亩数啊。往常种田土地又撇，收成就那么点点还要给农业税，想着就伤心，现在不种田国家还倒给钱，还是蛮开心。

我对象屋里有个舅舅，蛮喜欢种田，把那些田的边边角角挖得蛮宽。那时候村书记HQY劝他："你多报点要不得啊，这么宽的田？"舅舅说："我不多报，我那些田栽树了，二天我要吃饭。"他硬是不报呢，后来看到其他人报了，他硬是只报了1亩。最后他们就按分田人口有5个，分给他5亩呢。但后来看到国家开始补钱了，他又去找村里面干部的麻烦，说他还要退。书记就说："我那个时候这么劝你，让你报，你不报，这个时候又来找我的麻烦。你说的，你不搞这个，你种田为主，要吃饭。"（20130820—TYX）

从以上访谈记录中发现，退耕还林政策从最初宣传到村民的落实经历了曲折的过程：2000年乡镇开会宣传进行"报荒"，让村民在对政策"无知"的情况下上报荒地面积；2002年又开始上报"栽树面积"（当年S镇正式实施退耕还林），但村民担心征收特产税[②]，

---

① 2004年整改，即在第四章中提及的退耕还林政策在S镇N村的整改事件，具体内容为N村村委干部对该村采取"平均主义，牛赶牛"的原则按1981年分田人口对退耕还林面积进行落实，并且截留大部分面积在村里，没有按实际面积落实外出务工村民的退耕还林面积，由此在市级林业厅的指示下W县出台《W县退耕办关于S镇N村退耕还林在存问题的整改文件》（2005年4号文件），具体内容详见第四章相关论述。

② 特产税是农业税收的一部分，是20世纪80年代以来国家开始试点并全面对从事农业特产生产经营的单位和个人征收的一项税收，1994年以来，农业特产税对于水产品、茶叶、原木、原竹、生漆、天然树脂等产品，形成了既对生产者征收，又对收购者征收的双环节征收格局。2004年，国务院决定暂停征收除烟叶以外的农业特产税。2006年2月17日，农业特产税被宣布废止。

上报面积与2000年的“报荒”面积一致；到2003年国家开始根据各户报荒面积兑现补助；2004年整改后对各户政策兑现面积进行调整。在整个过程中，有部分村民在政策不明朗的情况下因为担心征收高额的特产税进行顽固反对或因从众而进行形式上的报荒，最后又在补助兑现后后悔未报或少报面积找村里麻烦等。一方面，村社对政策的模糊性宣传，导致信息不对称以及行动的不明确性；另一方面，村民较低的文化水平以及信息闭塞限制了他们对新生事物的了解，村民基于传统经验对“税收”有根深蒂固的理解和担忧，从而对现有模糊政策的未来可能性进行自我造谣和欺骗，村民对自己的行动决策不断地怀疑、否定与担忧，而最终决策错误的村民又希望通过上访或找村委会麻烦的方式来弥补政策执行中的劣势。部分顽固的村民从最初的坚决不退到后来积极争取退耕指标的变化表明，由于信息不对称、文化知识缺乏等因素影响，村民在不确定的利益选择中总是行动决策的弱者，他们只能基于自身生存逻辑的地方性知识以及传统生态智慧等对自外而内的新生事物做出判断和行动选择，在决策失误而严重影响自身利益的情况下，村民会采取抱怨、找麻烦、上访、诉苦等弱者的武器尽量挽回和弥补自身的利益。

以上村民在不同的“视界”中对退耕还林政策的核心解读具有一致性，即将中央政策“退耕还林”直接解读为“停耕”并很少提及“还林”的内容。国家对退耕还林政策的理想目标是通过“经济优先权”换取“生态优先权”，激励村民退出耕地，使土地性质从耕地转化为林地，是长期性禁止而非暂时性“停止”耕种行为。但村民眼中的“退耕”更多的是一种“停耕”，是暂时停止耕种活动，在一定情况下村民可能随时选择继续耕种，即复耕，并且忽视还林的成效。从不同村民对退耕还林政策的理解和态度发现，不管是积极争取、消极怀疑还是从顽固反对到后来的从众支持，最终都达成了一致的结果，即同意并落实退耕还林政策。村民在退耕还林政策实践过程中的从众行为，不仅是一种为了获得主体性安全和分散责任的选择，更重要的是基于退耕还林政策实施与收益的特殊性，政策实施后将耕地变为林地，虽然政策明文规定给予村民生活补助（后期称为管护费，每亩每年20元）与管护成效和任务挂钩，但村民绝对不可能像管护庄稼一样管护林地，所以当村民选择退耕，大部分耕地变为林地后，严重影响耕种收益。因为村民深知，“即使自己一个人拗起不退不管用，除非要不退大家都不退，等树子长大了，到处都是荒林荒坝，自己的那块地也瞎到了（树大成林后影响庄稼采光），没得收成，还不如退了”。当村民对政策执行选择达成一致后，在退耕还林政策过程中采取的具体行动实际上是传统生态智慧与规范性政策规定之间的博弈过程。以下重点围绕村民在不同阶段情境下对政策的适应性策略行动的演化展开讨论。

二　村民在退耕还林政策中的实践行动

基于我国的科层行政管理体制，一项全国性的政策得以实现是一个复杂的社会过程。村民作为政策的最终执行者，以传统生态智慧为基础的自身生存逻辑与以规范性知识为基础的正式权威逻辑进行互动博弈，最终形成退耕还林政策实践的特殊形态。在政策压力与生计需求的复杂互动中，如何通过策略性行动实现“还林与耕种”的暂时性共赢，在什么情境下共赢局面被打破，最终应对政策不确定的未来村民如何在“回归生计需要”与“还林生态改善”之间做出策略性选择？

根据国家林业局的界定，退耕还林工程是国家以改善生态环境为出发点，要求将易发生水土流失的坡耕地（一般要求是25度以上）有计划、有步骤地停止耕种，并按照适地适树的原则，因地制宜植树造林，同时给予农户一定的粮食及现金补贴的一项环境保护项目（国家林业局，2001）。该定义明确规定，停止坡耕地耕种，通过植树造林将耕地按计划转变为林地，最终实现生态公共产品供给。然而政策最终执行效果是自上而下的不同部门层层传递中的变通执行以及最终执行者村民的适应性策略性行动的共同结果，由此村民在面对自上而下原则性的政策规定时面临一系列特定情境中的操作性困境，如“还什么林，退什么耕？如何处理林与耕的关系？如何还，如何退？”等。在退耕还林政策基层执行过程中，村民基于自身生存逻辑与本土性知识对规范性政策拥有较大解读空间和行动选择权。本部分主要从微观视角详细呈现村民通过策略性行动与退耕还林政策中有关“林与耕”关系规定的互动博弈过程，以便对不同阶段政策实践形态演变有清晰的认识。

（一）第一阶段：“禁种而种”博弈下的还林与耕种的暂时性共赢[①]

《退耕还林条例》（国发〔2002〕367号）（以下简称《条例》）第二十九条中明确规定，“禁止林粮间作和破坏原有林草植被的行为”，并且《国务院关于进一步完善退耕还林政策措施的若干意见》（国发〔2002〕10号）（以下简称《完善措施意见2002》）规定，“在确保地表植被完整，减少水土流失的前提下，可采取林果间作、林竹间作、林药间作、林草间作、灌草间作等多种合理模式还林，立体经营，实现生态效益与经济效益的有效结合。退耕后禁止林粮间种”。国家政策对“退耕”与“还林”的理想往往很简单：既然退耕，就不能种粮食，因为退耕后土地性质发生变化，以前是耕地，现在变成林地，林地就不能种粮食，但一些基层政策执行者却不以为然。

> 头年管理比较严格，什么都不准搞，但还是有些人悄悄种起，被检查到的就是批评不许再种了。后来却发现种了一年的地头树苗比没有种的长得快些，所以上面就不硬加限制，下面又可以种；你看现在林下面啥子都有，苞谷啊、黄豆啊、油菜啊。国家也只是说不能林下放牧，养羊；但哪里能杜绝，

① 本部分笔者已部分发表，详见《环境关心的地方实践：以大巴山区东溪村退耕还林政策实践过程为例》，《中国地质大学学报》2014年第1期。

国家只给钱，还不是换汤不换药。（20130809—CXF）

要活命啊，必须种。架始（开始）说是不能种，但你想想啊，我们上面村长让我们把菜园子全部退完了，一点没有留，把年都栽的树，不种田我们吃么子，所以当年种树子又种庄稼，根本不影响。后来政策又说，只要你不把树子给挖了，就可以在空空上种。因为种了庄稼树木还长得更好些，庄稼要施肥，土地有肥力了，树子都要长得快些……我们上面停耕后该种什么种什么。头年政策说，不能种，怕影响树苗生长，但我们还是种起的，这样我们拿了国家的一坨，还同样有庄稼收成。（20130811—WYC）

当时规定：板栗40株/亩，核桃20株/亩。树苗刚种下去就筷子那么深深，很多地方都是空起的，好可惜；再说了土地一年不种就荒了，连土边的桑树都要荒死，就是因为停耕把我们这里的桑树也“化了”（荒死了），养蚕也不强；不种的土地没得肥料，树子也不肯长。（20130309—GDM）

栽树的时候还是绷起绳子栽的，我栽的时候全是横起栽的，横起嘛，好犁田；直起的话，不好犁田。最开始宣传的一年吧，还是说不能种，但后来老百姓说，不种田活不到命，并发现“种了树子肯长些”。所以后来上面就说可以种矮秆作物，如黄豆、红薯、洋芋，但不能种高秆作物。（20130821—TYX）

自古以来靠种田为生的农民，在起初对政策不理解的情况下，也没有意识到退耕后土地性质发生变化，以为停耕就是国家给钱的福利政策，所以种粮种树并不冲突，这样在拿到国家补助的同时也能有粮食收成，如村民所言“退耕还林村民没有吃亏，干捞钱，相当于捡了国家的便宜”。从村民的叙述中发现，即使在严格的规定下，村民仍不以为然地按传统习惯悄悄种田，因为他们要生活；并且起初在树苗很小的情况下，村民认为株行距之间的空地荒芜可惜，在退耕地里耕种与树苗生长根本不矛盾；虽然在造林过程中有专业人员指导，但农民仍以传统经验技术为指导为之后种田创造便利条件。为此，村民基于传统习惯在对政策缺乏了解的情况下，创造了耕种与还林的共存状态，并且通过村民违规实践得到了“种了作物的退耕地里的树苗长得更好更快”的意外结果。可见规范性政策虽对林下种植有严格的规定与限制，但在实际耕种过程中对农民种田的决心没有产生必然的影响。让人困惑的是，在国家“严禁林粮间种”规定下为什么村民仍可以按自己意愿耕种粮食，村民是如何规避上面的检查而获得政策兑现的呢？

> 林业局又不经常来检查，一年就来一次，我们都晓得什么时候来，一般11月份，第二年四五月份又专门针对头年不合格的面积进行复查，每次他们来先跟乡镇政府打招呼，之后由相关人员带过来找到大队，之后我跟他们引路，那些边边角角长得不好的一般都检查不到。(20130815—XZY)
>
> 一味以来就是这样宣传的，栽树了就不能搞别的，但还是有人不听招呼，验收和检查一年一次，有些人很聪明，一般就上半年种点粮食，下半年看到要来验收就把庄稼该收的收了，该铲除的铲除了。乡镇在林业局每次来验收之前要自查，如果检查到明明是退耕还林地还种的有别的，那就要求农户自己去把它铲除了，如果验收不合格就拿不到补助。我们乡镇也要事先给他们打招呼，宣传下去了的，有的人还是想拿点钱，所以自己就去把该铲除的铲了。(20130821—YHL)
>
> 虽然上面要求不准种，但还是有人悄悄种，现在都有很多人种起的嘛，检查到后就给他说不许种。检查的人都是这样的啊，假如我是这个村的村干部，林业局的来验收后就说：“某某书记，主任，你这个村的张三李四里面种了粮食，你看这户这么处理?”“哎呀，不用您说，叫他不能种了，一定要停下来。”但林业局的人一走了，也不知道他到底跟张三李四说了没有，

对不对？林业局的人又不可能天天都拽在那里。一年来几道，检查都是走过场，来了村里面、乡里面好生招待一顿，把他扎起，“你这个要得，要得。”（20130820—HDB）

我们这里的干部不执行，老百姓又侯死了（贪心），那时候都生怕种少了点儿；刚开始要求不能种，但还是有的人在空空里面种，有的甚至把树挖了种田，但他们照样还领国家的钱。但村里面从来没有过说法，所以砍树的人一直在砍。有一次我听到有人砍我坝坝的树，专门跑去跟村主任说那些人正在砍，结果人家就不痛不痒地朝到起人家屋方向随便说了两句，哎，哪个听你的哦。（20130813—XYZ）

一方面，老百姓善于把握上面的政策动向，一年一次秋冬季节的检查验收刚好是农作物收割结束的季节，次年四五月份的复查专门针对第一年的不合格面积，所以为村民林下种植创造了空间；另一方面，乡镇及村委会善于利用非正式手段对自上而下的检查验收做到事先摸底，做好计划与安排，检查可以检查的、好好招待等行为在为自身工作创造良好政绩的同时也为村民违反上面的严格规定而偷偷耕种“开绿灯”。产生上述现象的原因，是村民世代积淀与传习的智慧，如认为耕种不仅与还林不矛盾，反而有利于树木生长，不易导致耕地荒芜；冒险林下耕种实践促使树苗得到了“肯长些”的意外结果；或者是村民通过与乡镇、村委成员之间的互动实践合谋，规避自上而下验收检查中的不合格行为等，笔者认为，这一系列原因，都还不足以使上面有关“严格禁止林粮间种”的政策规定发生松动。但S镇发生的因林下种植被铲除的“个别上访事件”得到有效处理，政策有了一定的变化。

刚开始国家、市层面规定比较走极端，严禁林粮间种，包括玉米、小麦、洋芋都不能种，只能种点豌豆、胡豆，蔬菜类的，凡是粮食作物一律都不能种。记得是2003年上半年为了执行该政策，有些乡镇还组织村里面的人去把农户的作物铲了，之后就被报道出来，听说S镇那边的人在上面有熟人，就给他们反映情况。结果上边给重庆市打电话了解情况，重庆市直接反映到W县林业局，县政府派相关人员进行一线调研之后，将此事汇报到国家林业局，这样整个政策发生了变动。新的精神强调（只是上传下达的精神，没有相关文本文件），“坚决不允许去铲除农民的庄稼”，用老百姓的话就是走极端。后来发现有人种，我们也只是去劝导宣传，如果你确实要林粮间种，就验收不合格，补助金就不会兑现。不像往年到农户家里拉猪拉羊那样，反正不兑现就行。你自己把它处理了我们才兑现。老百姓只顾眼前利益，认为种点庄稼是为了生存，又想把国家的政策补助拿到起。所以我们只能把握不兑现补助的主动权来对付那些想种庄稼的村民，如果多次检查都不合格就把指标给你撤了，不准你搞了。国家虽然一直规定禁止“林粮间作”，但之后加了一系列补充性的规定。(20130403—WWS)

2003年是政策执行的一个转折点，相关人员告知有内部文件规定：“‘坚决不允许铲除农民的庄稼’，退耕地不能种植影响苗木生长的高秆农作物（如玉米、小麦等），可以适当进行林蔬、林药、林草等矮秆作物间种；仍严格规定不能林粮间种。”在2007年正式下发的《国务院关于完善退耕还林政策的通知》（国发〔2007〕25号，简称《完善通知2007》）以及《重庆市人民政府关于完善退耕还林后续政策措施的意见》（渝府发〔2007〕119号，简称《完善意见2007》）都规定了相应的内容：“在不破坏植被和造成新的水土流失的前提下，允许农民在退耕还林初期适当种豆类等矮秆农作物，以耕促抚，以耕促管。”从地方与国家层面的文件可以发现，后者的规定比前者有更大的政策选择行动空间，《完善通知2007》以及《完善意见2007》都明确规定允许种矮秆作物，而没有规定不能种高秆作物。因而在“应该如何”与“禁止如何”之间留有很大余地。另外，实际上的政策松动的标志是2003年下半年的S镇个别上访事件，随后村民已经付诸实践，但在2007年才有正式的文件出台，这其中也为农民在长时段的模糊状态下实践林下种植，而非政策所提及的“初期”，甚至为大胆的农民“该种什么种什么”的实践创造了很大空间。

在中国由于地域分布多元化，在南方与北方或平原与山区等不同地区对主粮和蔬菜的所属种类定义有较大的差异，在大巴山地区主粮包括小麦、土豆、红薯和玉米等。在政策松动后规定不能种高秆作物如玉米，可以适当林蔬间种。于是农民就以“蔬菜”名义种植土豆、红薯、油菜等，利用“林蔬间种”政策的一个空档获得种植土豆和红薯的默认；后来政策又规定允许农民在退耕地种“豆类等矮秆作物”，进一步使农民种植土豆、红薯等主粮作物获得名正言顺的合法性，甚至有农民铤而走险“该种什么种什么”，所以逐渐在退耕林地中也可以看到玉米和小麦。

> 刚开始规定不准在退耕地里种庄稼，有的农民种的苞谷和麦子被强制性铲求了，但后来发现退耕地耕种树苗长得快，所以政策慢慢放宽可以种角粮（矮秆作物），可以林蔬间种，所以我们就种土豆、红苕莫尼。上面哪晓得这些作物对于我们山区的人来说都是当主粮啊。所以即使最开始要求严格，也不存在没有人不种的，家家户户都种起的，该种莫尼种莫尼呢，你去看看啰，这个季节林坝里面什么都有，洋芋、玉米、黄豆、红苕，下年还有麦子和油菜莫尼。但为了几个钱，还是没有人敢把树苗毁了。跟你说啊，还有这样的人，他自己田的树苗死了，就把人家田的树苗扯来栽在他田里。（20130816—GDZ）
>
> 起初，有人悄悄种；后来等树木逐渐成气候了，林业局又说可以种杂粮在里面，如豆类、薯类都可以，另外树长大了，种庄稼不仅不影响，还有助于树木生长所需要的肥料。（20130815—ZSX）

2008年之后，国家《完善通知2007》中决定“继续对退耕农户给予适当补助，以巩固退耕还林成果、解决退耕农户生活困难和长远生计问题”，于是我国的退耕还林政策进入第二轮周期，为解决农民生计、增加收入，鼓励退耕还林地间种模式，提倡林蔬、林药、林草间种以及林下养鸡、养羊、培植木耳等模式。“实际上，退耕还林政策在最近两年的实施和执行过程中，只要退耕地里面树木长得好，没有受到种粮影响，适当地种一些粮食也没有被严格地禁止，但国家政策仍然明确要求不能林粮间种，具体执行还是据我们当地具体情况而定。”笔者从一位林业相关人员得知他们把握政策的一个核心是，“退耕还林的关键是造林，只要不妨碍树木生长、有利于树木生长就行，其他的没有太严格”。由此可见，农民通过地方性知识和生态智慧与国家规范性政策之间的互动，为政策实践创造了很大的空间：政策规定从“严禁林粮间种”不断重组和建构形成“只要不影响树木生长即可”的形态。

在退耕还林政策有关“林粮间种”规定的实践过程中，经历了走极端的“严禁林粮间种”规定，之后以 2003 年的“个别事件”为转折点使政策发生松动，在最初“禁止林粮间种”的基础上附加“不能种高秆作物，可林蔬等间种”规定（2004 年）；之后又将附加条件更改为“允许种植豆类等矮秆作物”（2007 年）；到现在规定逐渐变化为“只要不影响树木生长，其他没有太严格要求”（2008 年）。从政策演变过程发现，老百姓基于自身生存逻辑的生态智慧与地方性知识的行动选择使国家政策一步步修正与演化，在整个过程中自上而下的规范性知识所追求的“生态优先权”让位于村民传统生计所需的“作物生长优先权”，为此村民自始至终获得坚持持续耕种的机会，自外而内的规范性政策变化仅仅作为耕种形式变化的社会背景，从而使政策执行最终形成了一种独特的“还林，仍在耕”的暂时性共赢局面（见图 6－1）。

如图 6－1 所示，不同季节有不同的“林下种植”景象，这拍摄于正值中国南方作物播种的春季 3 月以及作物旺盛生长的夏季 8 月。图组一显示春季（3 月）的“林下种植”作物种类：P1 显示在柏树、丝绵树下种的油菜；P2（拍摄角度从山坡上往下）由于是初春季节，各种杂草还未发芽，整体看上去除了一排排丝绵树

图 6－1　第一阶段："禁种而种"下的"还林，耕种"共赢实践形态

图片来源：东溪村调研时拍摄。

和柏树外，是光秃秃黄土坡，但这些土地中并不是荒芜的，我们看到右下角零星的绿色作物是豌豆（图中以椭圆形虚线标注），左下角光秃的土地中有些零星的绿色发芽的作物是土豆（图片中以矩形虚线标注）。

图组二显示夏季（8 月）的"林下种植"作物种类：P3 中显示椿树、丝绵树林下种植的红薯，该耕地坡度至少有 50 度（拍摄角度自上而下，种植区域是一个很大的斜坡）；P4 显示椿树林下有玉米与黄豆的套种；P5 显示柏树林下的水平梯田中种植的红薯与水稻。笔者于 2013 年 8 月调研此地，刚好是玉米收获期，红薯、水稻、黄豆生长季节。可见在政策实施的第一阶段，虽然政策明文规定禁止“林粮间种”，但林下仍可以看到应季的小春作物和大春作物[①]。两组图示的共同点在于：自2003年种植的柏树、丝绵树、椿树等，截至调研时已有十余年时间，仍存在林粮间种局面，由此可见还林仍未成林，图中显示各种树木也大小不一（见图6-1），从而实现了“还林与耕种”的共赢。

（二）第二阶段：“可种而不种”选择中的政策目标实现

村民通过传统生态智慧行动选择使国家“严禁林粮间种”的规定发生一系列演变，虽然这有悖于退耕还林政策规定的预期，但在特定时空下创造了政策地方实践的“还林与耕种”暂时性共赢的局面。随着“树进人退”，“还林优先权”的生态建设目标逐渐凸显，打破了前阶段暂时性共赢局面，却在一定程度上实现了退耕还林政策“还林，退耕”的预期目标实践状态。由此可见，在政策规定的“林下种植”演变与村民可能选择“种与不种”行动中形成了政策预期目标与实践状态的悖论。一方面，在违背政策规定情况下村民坚持“禁种而种”行动却实现了“还林，耕种”的共生共赢局面；另一方面，随着“树进人退，可种而不种”的选择行动打破了暂时性双赢局面反而实现了“还林，退耕”的政策预期的目标状态。为什么前期村民努力为耕种创造空间，此时却又逐渐放弃了耕种？其主要原因在于林下种植弊端逐渐凸显，村民的收入渠道逐渐多元化，具体而言包括：首先在客观层面，国家政策保障下林木生长权的优势逐渐凸显，树大成林逐渐影响林下作物收成；其次是村民面对多元化“惠农支农”的激励政策，有更大的自主选择权。首先，在退耕还林之后人地矛盾突出的情况下，越来越多的村民选择外出务工，且收入远远多于土地收益，

---

① 据当地从事农事的村民介绍，当地主要将作物分为小春、大春和秋季作物。小春作物主要包括：小麦、豌豆、胡豆、洋芋、大麦、油菜、杂粮等（图组一初春季节能看到的作物）；大春作物主要包括：中稻、再生稻、红苕、黄豆等；秋季作物主要包括：秋红苕、冬洋芋、玉米、大豆、高粱、杂粮等（在图组二中夏季可以看到的部分作物）。

甚至可以弥补2010年政策二轮周期补助在第一期补助基础上减半的不足；其次，退耕后的生产生活方式逐渐改变，科学种田取代传统粗放型耕种模式，在劳动力减少情况下实现粮食增产并能满足当前村民对粮食需求；最后，国家基于对政策补偿的结构性调整，陆续将退耕还林工程纳入森林分类经营，实行“公益林自主管护的补助”项目等，同时可以获得管护补助。

> 刚开始几年还可以在空空里面种点庄稼，现在林下种的人越来越少，甚至连口粮田很多人都不愿意种了，更不用说那些林坝地，不仅是庄稼，就连草都不长了，树林基本长成林了，都成老林坎了人都进不去，树有多高，根就有多长，庄稼始终长不赢（过）树，现在土里把年（全）都是树根，犁田都犁不过了，种起庄稼也中用。(20130811—WYC)
>
> 以前满山开荒种地，还吃不上饭；现在科技跟上了，农委支持实施科学种田，专门提供种子、农药和化肥等，谷子用了新品种和新方法后收成达到亩产1100～1200斤，比解放前的四五百斤翻了3倍；农委引进的土豆洋芋套种收成也好得很，现在啊土地少了，年轻人也不在屋里种田，还不缺吃，不需要再种那么多了。(20100308—CXF)
>
> 开始几年村里面开会说，不准林下种庄稼。但听话的就没有种，不听话的仍然种起，现在树大了，也没有人种了，种起也不中用；再加上好多人出门，收入比种田强多了，很多人外出务工挣钱后都在公路边建房子，或者干脆举家外迁了，有的土地在半山腰与住的地方来回一趟也要几个小时，就连口粮地好多都荒弃了，哪个还去树林里面种地啊，只管拿着国家的退耕还林补助。(20130813—LFC)

2010年东溪村退耕还林政策进入第二轮和周期，政策补助减半但可以通过外出务工收入增加、科学种田产量提升以及各种种田优惠政策进行弥补，所以在政策没有严格规定以及补助减少的情况下村民从“与树争地”行动中退而选择

> “弃耕”。经过政策第一轮周期的实践，村民已经逐渐形成了现有生产生活方式，虽然补助减半，但外出务工的收入远远超出土地产出和退耕补助的收益，所以他们对补助减少的反映也不强烈。一个村民对该状态的描述是：“赖不活的在家种田，粮食就够吃了，国家的优惠政策就像‘水头按葫芦，按住这头，那头就高’，虽然补助减半了但年纪大的可以拿养老保险补助还有种粮直补，可以保证基本生活；年轻人可以出门挣钱，回来也有吃的。”（20130818—CCX）

随着村民收入渠道的多元化，外出务工收入占全村总收入的95%以上，定期流动到城市的务工者也逐渐影响着当地村民的生产生活方式。2006年国家取消农业税，与此同时农民还享受2003年以来国家实施的一系列“惠农”“支农”政策，如退耕还林补贴、种粮直补、良种补贴等，并且口粮地耕种的粮食足够生活，所以村民的生活足够富足，生活质量得以改善。外出务工青壮年更是瞧不起种田，希望父母在家少种田甚至不种田。历来靠种田为生的村民基于青年一代的压力以及树大成林对庄稼收成的影响，逐渐放弃林下耕种，但在优惠政策的支持下逐渐对口粮田采取精耕细作。东溪村作为县农委油菜与水稻示范片区，农委向村民免费提供高效低毒的农药、肥料和种子以及技术指导，让农民降低种田成本的同时提高单产，通过组织“统防统治”队统一施药而节约劳力，使村里赖不活（年老）和无法外出务工的婆婆妈妈的人也能种田。于是在农委的介入下当前缺乏劳动力的东溪村仍能获得丰收，所以村民逐渐改变传统的与树争地的粗放型的耕种模式进而实施精耕细作。

此外，由于退耕还林农户的长效生计机制还没有建立起来，随着退耕还林第一轮补助周期的结束，该政策后期成果巩固及发展在可持续性上面临风险。为此国家考虑将该项目纳入2010年开始实施的天然林保护工程中（第二期）（简称“天保工程”）的森林经营分类项目，该项目旨在盘活林木资产，使农民增收；并进一步通过“公益林自主管护补偿”以弥补退耕还林二轮周期中的补助减少，但该项补助水平太低似杯水车薪，效果还不明显。然而县林业局传达中央的政策精神：“这是学习国外的经验，未来不管是企业还是国家都应该‘拿钱买生态’，这是国家生态文明建设的发展趋势，虽然目前补贴刚起步，标准比较低（国家公益林与地方公益林补贴标准均为 7.75 元/亩/年），但随着未来经济发展标准会不断增加。”（20130403—WWS）从而使林农对政策未来收益有了一个美好的期待。天保工程一期（2000～2010 年）就开始陆续对分类经营进行区划，但在第二期（2011 年）才真正落实补偿。该工程主要将森林划分为公益林（包括国家重点公益林、一般公益林）和商品林，仅对公益林每亩补助 7.75 元/年[①]，其他林种如经济林、竹林和暂未形成森林的无林地、疏林地不进行生态效益补偿。W 县在市级下达的指标范围内，将退耕还林区域纳入公益林生态效益补偿，主要原因是，退耕还林工程旨在发挥生态效益，最初规划还林比例以生态林（80% 以上）为主，所以在林类划分中应该纳入公益林区域（20130822—TGH）。地方各自根据规划总体指标对荒山荒地、林地以及退耕地面积进行分类经营区划，这表明“天保工程”与退耕还林工程具有相同的“造林”与“管护”目的，且项目在后续推进中相互合作，从而使退耕还林后期成果巩固也得到“天保工程”的双重保障。

为此，在林木生长优先权逐渐凸显的客观背景下，虽然退耕还林二期补助减半，一方面国家通过结构性调整，以一系列惠农

---

① 国家对公益林的补偿标准是：对国家公益林，中央财政安排森林生态效益补偿基金每亩每年 10 元。对地方公益林，生态效益补偿基金由中央、市、区县财政共同负担。其中：中央财政每亩每年补助 3 元，市和区县两级财政共同承担每亩每年 7 元（如重庆市的分担比例为：“一圈”地区，市财政 30%、区县级财政 70%；“两翼”地区，市财政 70%、区县级财政 30%）。如重庆“两翼”地区的补偿标准的计算方式是：7.75 元 = 10 元（总补偿基金标准）－0.25 元（市统筹公共管护支出）－2 元（集中管护支出），是直接补偿林权所有者的兑现标准。详见《重庆市人民政府办公厅关于继续组织实施天然林保护工程的通知》（渝府办〔2001〕213 号）文件。

支农优惠政策及林业工程项目对退耕还林政策的后期成果巩固提供保障，在一定程度上是以补助形式弥补村民对土地收益的减少，是一种“国家拿钱买生态”的实践；另一方面村民通过自主的政策行动选择——外出务工使收入增加的同时减少对土地依赖，缓解人地矛盾，即使在没有严格禁止林下种植的情况下反而陆续放弃耕种，从而实现了退耕还林政策规定的“还林，停耕”的目标实践形态（见图6－2）。

P1　　P2　　P3

图6－2　第二阶段：“可种而不种”下的“还林，停耕”实践形态

图片来源：东溪村调研时拍摄。

如图6－2所示，夏季正是树木生长最旺盛的季节，退耕还林政策在东溪村实施十余年以来，部分地区树木基本成林，以前开建的水平梯田也基本荒芜、杂草丛生，到处都是郁郁葱葱；但仍有少数坚持种田的人一直延续着林下种植习惯，如P2所示，在杂草和树林中有一块红薯地。基于各种原因村民在努力修正与打破政策限制的情况下又主动停止耕种，使国家生态建设的“还林，退耕”预期目标得以实现。

（三）第三阶段：“毁林复耕”行动中的政策未来

随着“还林与耕种”的暂时性共赢局面被打破，村民基于客观原因以及国家政策结构性调整等原因而选择“可种而不种”的政策行动，实现了政策预期的“还林，停耕”的目标形态。在政策的阶段性实施过程中，如何保障政策成果巩固与建设的可持续形态？政策后期村民为了生存而选择的策略性行动对政策未来有何影响？目前支撑政策目标实现包含多方面的因素，国家通过结构性利益调整的一系列“惠农、支农”政策补助具有一定的稳定性，而其他与之相关的林业补助如“公益林自主管护补助”具有周期性和不确定性；这些补助虽然在一定时期内对退耕还林政策可持续发展有一定保障作用，但补助金额太低不能抵消村民从土地中获得的收益，无法避免理性的村民可能在成本效益中选择复耕行为的风险。另外，退耕还林工程经济效益凸显而与早期试图弥补退耕补偿不足的公益林补助项目之间存在悖论：纳入公益林补偿的退耕区域，当退耕还林政策到期后林木不能进行商品林采伐，但是村民的持续性生计机制以及利益激励接力的生态补偿机制未建立起来，所以在政策约束下村民面临“生态效益优先”与“生计为本”的选择，从而使退耕还林政策后期巩固面临可持续性的风险。

在退耕还林政策可持续性影响因素中，村民外出务工选择具有较大风险性以及弹性。退耕还林政策实施导致人地矛盾突出，于是自主性不断增强的村民开始放弃与树争地而选择外出务工，由于早期务工市场繁荣且具有稳定性，使村民可获得较土地更大的收益，且务工收入占村民所有收入的95%以上。随着改革开放以及中国加入WTO，市场不稳定因素增加导致打工难，失业增加，外出务工者开始逐渐回流。为了生存，以土为生的村民将会选择回归对传统生计方式的依赖，但在人多地少的山区以及退耕还林政策实施背景下，多年来“还林，停耕”使树木基本成林，耕地荒芜而无法再进行“林下耕种”，于是再次加剧人地矛盾。从田野调查发现，目前因外出务工难而返乡导致人多地少的村民已经出现了砍树种田的现象。

> 村民收入全靠出门打工，东溪村稍微有点劳力的都出门打工了，W县人全靠外地人养活。但这两年国家对煤窑管理

严格，不能乱开，山西关了很多小煤窑；现在采煤都是国营煤矿，采用机械化，不需要外地人挖煤了。我们这里人很多以前在山西的最近两年都去了贵州、云南，实在打不到工的，挣不到钱就回来了。现在农村人不好活命了，打工挣不到钱，这条路堵死了只有回来，憋起要种田，但现在田又成了林坝，为了活命就要开老荒呢（毁林开荒）。(20130816—GDZ)

有些农户分田人口少但现在人口多了，土地又少不够吃也蛮老火，好多人把树子挖了种庄稼，大点的树就做木材，小的当柴烧了。年纪大的人出门打工也赖不活，好多煤矿也不要人了。年轻人出门挣钱连自己都养不活，屋头也没有土地，粮食也没有钱买，只能靠种点田，田呢又全是树，只有把树挖了种田。如果社会不变，谁都不愿意种田，累死人还没有钱，但到时候要是社会一变，喊声就要回来，为了吃饭还得上高山开老荒种田呢。(20130813—WDL)

外出务工是东溪村村民收入的主要来源，而外部社会经济大环境影响着地方退耕还林政策成效的巩固，因为务工的稳定性收入是退耕还林政策可持续性的保障。当外部务工市场稳定时，大部分村民选择外出务工而缓解对土地的依赖；然而当外面务工市场逐渐压缩，导致打工难而返乡回流，将激发以土地为生的村民对土地的需求，从而使退耕还林工程面临风险。因此外出务工的选择对退耕还林工程持续性具有弹性的风险作用。由于退耕还林政策是一项由国家提供生态补偿激励的环境公共物品，在外出务工收入的不稳定性，同时随着政策补助到期，而新的利益激励机制没有建立起来的情况下，村民会如何应对政策的未来？从田野调查发现，村民可能主要会采取两种策略性选择：一是“事到思维，消极等待”；二是在“生计优先”主导下采取“毁林复耕”行动。

一方面，消极等待的村民心存有“事到思维”。在政策实施周期（两个周期共 8 年）内，具有历时性的生态改善以及相应的社会经济效益还未凸显，同时村民的长效生计机制还有待建立。随着务工潮回流以及政策补助到期，为了生存，村民对退耕还林政策的未来持有一种消极等待的态度。

> 现在树子就手腕这么粗粗，树长不大，又不中用。国家的林坝不能乱砍，卖树呢国家又不给钱了。吃也吃不得，搞也搞不得。现在补助就给一半，再过几年没有了怎么办，看国家怎么整，看他们让我们囊个生存，但不可能让我们饿饭嘛。以后如何搞，还得国家出台政策，或者搬迁到某个地方，或者再给点钱，或者只有出门打工挣钱。(20130815—ZSX)
>
> 树子长大了也没有土地了，国家要是不给钱了，我们只能是“事到思维”呢，今年只能说今年的话，具体明年什么情况还找不到，到时候再具体考虑。(20130815—XZY)
>
> “一朝君子一朝臣”，不种田不得行。现在外面不好挣钱只有回来，但屋里田少完了，停耕的钱也没有了，农民吃不起饭了。现在林坝里面的“吃不得，又烧不得”，就看第 2 个 8 年后国家囊门（如何）处理我们。(20130314—TGD)
>
> 有的人又说，国家实施这个政策的延续性还得靠继续给钱，不给钱老百姓应该也不会挖，我们这里的田不起作用，土质差，收成不好。老百姓种田也只够满足自己嘴巴，多的也没有卖的，就没有人愿意种田；屋里主要是老弱病残的人种点田，青壮年都出门，靠种田维持生活都是“涮坛子①”，只有穷的，没有思路的人才会当地种田。(20130401—LRH)

另一方面，村民在“生计优先”主导下采取“毁林复耕”行动。基于村民对“停耕”的理解，他们在机会主义驱动下为了获得政策补助而选择暂时性停止耕种，当政策补助到期，同时在生存压力需求下，他们会选择重新“开荒种地”，回归对传统生计方

① “涮坛子”，重庆方言，有开玩笑戏弄人，说话不算数，言而无信的意思，这里主要指不符合实际、不现实的事情。

式的依赖。

> 长时间来看，“水不紧，鱼不跳”，出门打工能挣钱时不存在问题，一旦外面不能挣钱了，年纪大了出门也赖不活，只有回来种田，但个人的田也没有了，土地没有种成了荒坝，搞林粮间种又不得行了。开门就要吃饭，不种田没法生活，毁林开荒是有可能的。一个不处理，二个没有饭吃，到时候就要开荒，把树砍了，烧了它。你看恼不恼火，这么好的梯田都给荒了。（20130817—HGQ）
>
> 我看到电视上一个记者采访问当地的农民：“那这个8年搞了，国家不给钱了，你怎么办呢？”他说，“那我就又开荒呢，我家里种田的家用（耕种工具），像挖锄、镐锄都是现成的，毁了再种粮食呢……”我也在考虑这个问题，虽然是国家大政方针，确实栽树有好处，但民以食为天，农民要生活。如果上面不搞了，估计农民还得又把家活操起开始开荒呢。但国家发了林权证，现在是森林了，开荒就要犯法，所以这一条还是把老百姓箍起的，国家又通过公益林分配给了钱，就更不能砍了。（20130820—HDB）

政策的不确定性导致村民的消极等待态度，改革开放以来不断重塑村民成为独立的微观经济主体，使其具有更大的自主权和选择权，但在国家的各项政策的实践中反映出村民对国家具有很强的依赖性。这种依赖性并非是因为对国家的高度信任，或者是因为村民的被动行为选择；而是基于村民在特定时空背景中的理性选择心理和短期行为的适应性选择。正因为村民拥有基本的生产资料和土地使用权，可以通过各种方式追求土地收益的最大化，当土地收益低于务工收入时，他们会选择停耕而外出务工；但当务工市场不稳定不能为他们提供高于土地产出的收益时，他们又会选择回归对土地的依赖。

当前一方面多变的社会经济大环境严重影响务工市场的稳定性，外出务工面临失业回流的困境，在特定的区域中由于退耕还林政策实施周期变迁，第二轮政策补助减半，村民逐渐放弃耕种使土地荒芜；另一方面从土地上能够获得的收益越来越少，由此村民面临外出打工难以及土地荒芜而无法维持生活的双重压力。同时在村民长效生计机制还未建立而政策性补助到期的背景下，政策实施成果的可持续性面临巨大的风险。由于土地是农民生存的根基，虽然现有土地性质形式上已经从耕地变为林地，同时国家通过发放林权证从法律上确定林权归属以及权利义务关系，并且为违规砍伐提供法律处罚依据，但从村民对“停耕”的理解中可知，耕地永远是耕地，只是暂时性的选择种树而已，在特定的情况下（如生计压力需求下）他们可能会重新选择开荒耕种。为此基于法律约束下的土地性质相关的一系列规范性知识在与村民的生存逻辑互动博弈时，始终无法抗拒村民对根的依赖。所以当政策到期后，面临生计困境的村民，可能会选择“毁林复耕”的传统生活方式。

（四）村民退耕还林政策阶段性实践形态演变

尽管村民对退耕还林政策有不同理解，以外出务工者为代表群体的积极支持，种田为生农民的消极怀疑以及从最初顽固反对到后来从众争取的选择，但从形式上的殊途同归实现了政策落实行动的一致性。在特定的时空背景下，作为政策最终执行者的村民政策实践的过程实际上是村民基于自身的生存逻辑、传统生态智慧以及地方性知识与一系列规范性政策规定之间的博弈过程。在政策执行过程中村民为自身创造更大的空间进行策略性的行动，从而形成政策基层执行过程中三阶段特殊的实践形态。

第一阶段是在政策保障生态优先与村民的耕种优先博弈下形成的“还林与耕种”共生共赢形态。基于村民传统生计方式的强大惯性思维与政策明文规定“严禁林粮间种”的博弈，形成“政策规定的还林，村民生计需要的耕种”暂时性共赢的局面。具体表现为在村民对“停耕”而非“退耕”理解前提下偷偷种庄稼而获得了作物与林木共赢生长的意外结果；同时乡镇与村社为了应对上面检查为村民林下种植一路开“绿灯”而顺利获得政策补助；在媒体介入和村民社会关系网络充分利用中以个别上访事件为导火索促使政策得以松动；另外村民对“林蔬间种”中“蔬”的巧妙解读为当地主粮种植创造空间，为此在以村民为中心的各个主体博弈互动中形成了“耕种与还林”的共赢。

第二阶段是在树木生长权凸显压力下村民放弃耕种而形成的政策预期的“还林，停耕”目标实践形态。村民传统生存经验与规范性知识之间的博弈最终创造了“在不破坏和影响树苗生长的情况下，没有严格的规定，想种什么种什么”的行动空间，然而该时期由于“树木生长权”优势凸显，而林下作物收成远远低于外出务工收入，理性的村民为了追求更大的收益选择外出务工而放弃耕种。于是逐渐在“可种而不种”策略性行动选择中形成了“树进人退”的趋势，但因而使退耕还林政策预期目标意外得以实现。

第三阶段是在国家生态效益与生计需求之间村民可能选择“毁林复耕”而回归对“根的依赖”的政策未来形态。对于未来政策的不确定性，理性的村民为了生存而选择追求短期利益目标的毁林复耕行为，并且这种行为一旦开始必将继续和反复，从而可能导致多年来的退耕还林政策建设成果毁于一旦。在整个过程中，实际上从最开始的还林而未放弃耕种，而后暂时性弃耕，再到未来可能的毁林复耕都是理性的村民为自身创造更大的空间（生存或利益等）而进行的策略性行动选择。

三　退耕还林政策约束下村民生计策略的导向

在特定时空背景下，村民基于自身生存逻辑与传统生存智慧与自上而下的规范性退耕还林政策规定进行互动博弈，由此在村民的策略性行动中塑造了不同时期政策实践的三种形态，即前期的“还林与耕种”共生与共赢，中期的“还林与停耕”的政策目标实现，后期的“毁林复耕”的政策可能性未来。在不同政策实践形态下，村民为了实现自身利益最大化在应对政策约束中采取了多元化的生计策略，主要表现为与政策实践形态相对应的三种策略：一是对传统生存经验的坚持，如基于传统耕种思维惯性下的“林下种植”；二是选择外出务工的第三条道路，随着“树进人退”的还林优势凸显，村民为了寻求较土地耕种更大收益而选择外出务工；三是面对各种“惠农支农”政策的选择性激励产生新的困境，针对政策未来的不确定性收益，一方面由于政策补助陆续到期以及村民长效生计机制仍未建立起来，村民在生计压力下可能会选择回归传统生计的“毁林复耕”的行动，另一方面在国家一系列“惠农支农”优惠政策的激励下村民倾向于做出利益最大化的选择。

（一）传统生产生活智慧的坚持

退耕还林政策地方实践过程中所呈现的“还林与耕种”共赢局面表明，规范性计划在不断地向村民传统生存经验的妥协中实现了村民生计需要的“耕种”以及政策生态目标的“还林”之间的共赢形态。基于中国社会转型背景以及地区分布差异，退耕还林政策实践嵌入并依附于特定制度环境中的地方性知识和经验，与其说是村民的传统习惯与智慧创造了“还林与退耕”共赢局面，毋宁说是蕴含向地方性知识妥协的规范性计划形塑了政策实践的多元化形态。

政策执行过程绝非是一个命令的“上传下达”“上行下效”以及“照章办事”的过程，而是各个行动者根据自身目标和需求，为创造更大的行动空间而对政策进行不断的重组和修正的过程。在退耕还林政策的基层执行过程中，为了谋求自身利益空间，处于特定时空背景下的村民运用传统生存经验对政策进行不断的解释、运用和创造。中国社会是乡土性的，中国人与乡和土密切相关，当高于传统乡村原有生存逻辑的外置之物进入乡土场域时，不可避免地会遭遇乡土社会的原生生存逻辑，包括影响和构建这一原生逻辑的各种政治、文化和经济的因素。所以退耕还林政策的最终实践形态不可能完全是规范性计划一成不变的落实，也不可能是村民的地方性知识对规范性计划的全面消解，而是二者之间相互博弈、互渗与相互涵化，即一种现代生态文明和制度设计的退耕还林政策与各种原生性的乡土知识和经验互动妥协的结果。

特定时空背景下的村民在退耕还林政策实践中所运用的“传统生存经验”涉及丰富的内容，包括乡土社会中村民通过长期的社会实践与生产实践所积习的地方性知识与技术、习俗与惯例、传统生态智慧，也被学者称为与国家正式权威相对的非正式力量。现有大量关于乡村非正式力量的讨论表明，村民在应对正式权威时善于利用自身生存逻辑的非正式手段进行自利性的策略性行动选择，以村民传统的生活规则解读和运用政策规范。孙立平与吴毅等人提出了“正式权力的非正式运作”，运用典型实践动态还原基层政府在乡村社会中的权利运作策略和技术（孙立平，2000；吴毅，2007）；应星则采用“变通”来说明基层政权组织在执行国家政策时所进行的非正式运作（应星，2001）；也有学者认为，在特定地域传统影响下的社会生活中，村落权力的运作逻辑是以内生于村民的生活规则为基础与自外而内、自上而下的政策文本规则进行积极变通适应以及消极敷衍规避的动态过程（樊平，1998）。另外，中国地域文化分布具有复杂性和多样性以及地区经济发展水平不平衡，使特定时空中的生产生活方式、文化价值观以及物质文化水平等方面存在差异性和多元化特征，而由国家出台的一项全国性的环境政策，由于权力中心在制定政策之前，不可能了解到有关要素的全面信息，因此在做出决策时，受到有限理性的制约制定出来的政策必然是不完全的，下达的方案与指令常常是粗线条的设计，只能对政策的基本目标和有关的实施规则做出原则性的界定，不可能对政策涉及的有关对象的权利和义务做出明确的界定和划分。对于政策的最终执行者村民来说，由于他们在信息把握、文化水平、政策理解等方面的限制，作为有限理性经济人只能依靠长期积习的地方性知识与生产生活智慧对政策进行解读并采取策略性行动。由此可见，一项全国性的环境政策的基层执行通过村民的传统生存经验的解读与浸润得以实现，并具有多元化的地方性特征。

东溪村退耕还林政策基层执行实践形态的变迁凸显村民运用传统生存生活经验构建多元化生计策略。一是村民视野中的“停耕”而非“退耕”。农民的“停耕”是暂时性停止耕种的一种状态，在特定的情况下（如生计需求压力下）可以继续耕种；而国家的“退耕”是一种长期性的土地性质的转变，由生产农产品的耕地变为提供生态公共物品的林地，通过国家确权颁证的法律制度方式保障其收益与性质的不可逆转性。但在村民的传统经验中，农民与土地的关系与他们耕作的庄稼一样，深深地根植于土地之中，所以自古以来种田为本，谁都不可能放弃土地。基于自上而下的“退耕”实践使农民对传统生存之本的土地产生焦虑，所以一方面在利益驱动下农民选择还林；另一方面又在传统耕种的惯习中进行名义上“停耕”，却进行实际上的林下种植（或称为“套种”）。外部社会环境与内部实际需要为村民形式上的“停耕”提供了契机：基层政府为了获得政治收益，在迎检中与村委会合谋，从而为村民林下种植“开政策口子”；虽然政策明确规定“严禁林粮间种”但农民对“林粮”与“林蔬”的巧妙误读为其以“蔬菜”名义种植主粮（土豆、红薯等作物）创造空间，一系列以村民对土地的特殊感情以及耕种方式为基础的传统生计策略对“停耕”进行多元化的解读，从而为村民持续耕种提供更大的操作空间。

二是村民视野中的“还林”是一种多元共融的“还林”状态，或是一种以生计为本的可转化为“毁林”的实践，更或者是一种追求土地效益最大化的机会主义的选择。村民自身生存逻辑和传统经验表明，在退耕初期还林与耕种根本不矛盾，反而有利于树木生长，虽然林业部门有专业技术人员指导造林，但村民为了后期林下种植而按便于耕犁的方式造林。村民基于“要生存必须耕种”的观念规避严格“禁止林粮间种”的政策规定并采取冒险实践，却产生了耕种后的退耕地里的树木生长更快更好的意外结果，于是在得到政策默认下实现了还林与耕种的共赢局面。在村民对政策的实践行动中，政策从最初严格规定“禁止林粮间种”调整到附加“不许种高秆作物，可林蔬间种”规定，之后进一步放松限制附加“可以适当种植矮秆作物”规定，以及到最后的“只要不影响树木生长，没有严格规定”内容规定的演变，为村民林下种植创造空间。村民的一系列策略性选择表明，政策的地方实践嵌入特定制度环境中，并与地方性知识与传统生态智慧互动博弈，最终在规范性计划向传统生存经验的妥协过程中形塑了退耕还林政策实践的多元化形态。换言之，在转型期的复杂社会经济背景下，正因为村民对传统生存经验的坚持，所以政策实践具有适应基层执行的独特性。

（二）第三条道路：外出务工

为什么村民通过传统生存经验智慧与规范性政策规定持续博弈而获得了“林下种植”空间，却在政策实施的第二周期中选择了“可种而不种”的行动？其主导因素是，外出务工的选择不仅使村民获得比耕种和政策补助更大的收益，同时在缓解人地矛盾基础上有利于实现政策“生态优先”的目标。

在中国转型背景下，流动成为中国农村社会的典型特征，1981 年农村家庭联产承包责任制实施以来，农民拥有了基本的生产资料和土地使用权，以及更加充分的自主权和独立权；同时解放了大量的农村劳动力，在村民个体性不断增强的情况下，扩大了个体的自主行动范围，由此推动了乡村社会的流动，从而使城乡关系因流动人口的纽带衔接作用发生了巨大变化。东溪村地处大巴山区，属于典型的喀斯特地貌，山大坡陡，山多地少，素有“九山微水一分田”之称，一直延续着自古以来广种薄收的粗放型耕种方式。改革开放以来，一方面国家宽松的政策为农民外出务工提供了良好的社会环境与契机；另一方面客观的人地矛盾迫使村民寻求多元化的收入途径。随着一部分外出务工者收益凸显成为乡村经济精英，对乡村居民具有较强的示范效应，带动越来越多的农民外出务工。然而这还不足以促使外出务工成为东溪村主要趋势，因为在东溪村拥有集体计划时期以来兴盛发展的传统桑蚕产业，该产业一直是东溪村主要的经济支柱，吸纳该村大部分劳动力（见表6－1）。

表6－1　东溪村部分年份桑蚕生产情况统计（1977～2012年）

年份	蚕种张数[①]（张/季）	蚕茧总产量（公斤）	蚕茧单价（元/公斤）	总产值（万元）
1977	0.5	15	4	0.01
1981	400	12000	8	9.60
1992	300	9000	12	10.80
1995	460	14000	14	19.60
2000	500	15000	28	42.00
2003	200	6000	30	18.00
2005	100	3000	38	11.40
2009	80	2400	40	9.60
2012	20	600	60	2.70

资料来源：据东溪村1992～2012年农村经济统计表（农业生产农村经营统计表）以及访谈资料整理而得（东溪村蚕桑员GDM—20130322，W县蚕业管理办公室主任WSJ—20130822以及东溪村村民等）。

①蚕种一般按张算，每张蚕种孕育约2万头蚕，平均每张蚕种结茧产量为30公斤。每年可养三季，即春蚕（30天/季）、夏蚕（24天/季）以及秋蚕（28天/季），正如东溪村俗语所说，“勤喂猪，懒喂蚕，48天见现钱”，所以养蚕每季周期平均为48天（包括蚕种孕育幼蚕与结茧后出售各需一周，共约14天）。养蚕业典型的特征是：投资少、见效快、收益大。养蚕的收益相较其他农村的产业更大，东溪村蚕桑管理业员GDM是第一个于1977年尝试养蚕的人，也是该村第一个靠养蚕而建起钢筋水泥板楼房的（1992年），当时他是全村第二户建楼房的，据他描述，当时每季养3张，一年三季就有10张，年收入可以达到五六千元，除了家里盖楼房的开支，家里的子女（二儿二女）教育费用支出全靠养蚕收入。周围村民看到GDM没有外出务工，就在家里靠养蚕致富，看到了养蚕的利好，开始陆续大搞养蚕。

如表6－1所示，有数据记载以来，东溪村桑蚕发展自1977年兴起，在1981年土地承包到户后，村民个体性与自主性增强，农户逐渐成为独立的微观经济主体，为大势发展支柱型生计的养蚕业提供契机。于是，1981年的蚕种从1977年的半张急剧增加到400张，随后持续增加，到2000年东溪村桑蚕业发展达到顶峰，每季养蚕产量为该村创造了42.00万元的产值（据当年单价仅28元/公斤，平均每张蚕种产茧30公斤计算），于是在桑蚕业发展形势大好时期，吸纳了大部分劳动力栽桑养蚕，选择外出务工的人比较少。但自2003年开始，桑蚕业发展遭遇滑铁卢式的衰败，蚕种数量急剧从2000年的500张下降到200张，并之后持续下降，到2012年仅仅只有20张，在单价逐渐走高的情况下（截至调研2013年前后蚕茧市场价可达60元/公斤）产值贡献却仅有2.70万元。从表6-1中可见，2003年成为东溪村桑蚕业走下坡的关键节点年，主要原因是2003年在东溪村全面实施退耕还林工程，该项工程相关政策明确规定，“桑树不纳入还林树种”并严格禁止“林粮间种”，于是一方面被纳入还林区的桑树遭到大量砍伐，另一方面即使是被免于砍伐的桑树由于农田停止耕种而缺乏管理逐渐被“荒死”。因为桑树需要耕种和管理，起初东溪村在培植桑树时，在不影响农田耕种的同时发展“四边”植桑[①]，村民通过耕种、施肥和管理农作物同时使桑树受益而不需进行专门管理。虽然村民依靠传统生存经验与规范性计划互动博弈而获得了“林下种植”的空间，但由于政策实施的最初两年“严格禁止林粮禁种”，停止耕种使大部分桑树因缺乏管护而被荒死，与此同时桑树未被纳入“退耕还林树种”，所以后来没有安排补植桑树。此外，大量的青壮年劳动力因退耕还林后人均半亩口粮田的人地矛盾而选择外出务工，从而导致乡村在缺乏劳力情况下桑蚕业逐渐衰败。

一方面2003年退耕还林工程的实施使东溪村传统桑蚕业在短时间内迅速衰败；另一方面退耕还林使耕地面积进一步减少（按规定仅留人均半亩口粮田），人地矛盾愈加突出。于是在传统支柱产业衰败以及耕地减少导致的经济和生存压力下激发更多的青壮年劳动力外出务工，寻求较土地耕种更大的收益。由此2003年的退耕还林政策实施再次掀起了东溪村外出务工的新高潮，务工人

---

① “四边”植桑，或称为“四旁”桑树，主要是在田边、沟边、土边和路边种桑树。

数急剧上升。随着退耕还林政策实施陆续步入第二周期，该时期从早期“林粮间种”的共赢形态逐渐转变为“树进人退”的生态优先权凸显，导致作物收成逐渐式微并且补助减半，从而使越来越多的村民选择以外出务工谋求生计。由于外出务工可获得稳定收入同时村民已经习惯了靠现有有限劳动力与耕地面积为生的生产生活模式，于是外出务工人数自 2003 年后持续稳步增长，且务工收入占当地总收入的 95% 以上。有关东溪村外出务工状况的变化趋势详见表 6－2。

表 6－2　东溪村部分年份外出务工情况统计①（1992～2013 年）

年份	总人口	流动人口	流动率（%）	人均年收入（元）
1992	1307	98	7	500
1995	1266	99	8	612
1998	1358	111	8	787
2001	1283	206	16	1200
2004	2032	400	20	2000
2007	2258	519	23	2600
2010	2291	600	26	3500
2013	2386	650	27	4000

资料来源：据东溪村 1992 年—2012 年农村经济统计表（农业生产农村经营统计表）整理而得，2013 年数据根据访谈资料和 W 县政府网站相关资料整理所得。

注：其中务工收入占总收入的 95% 以上。

如表 6－2 所示，据不完全统计东溪村在 1992 年的流动人口仅有 98 人，到 2001 年增加到 206 人，在 10 年中仅仅增加了 108 人。

① 笔者在田野调研过程中，能够查阅到的最早数据是 1992 年的农村经济统计表关于“外出临时务工人口”的数据，虽然据当地村民了解到 1981 年该村就有村民外出务工，但人数不多，大部分是由于该村蚕桑业发展的利益驱动对当地劳动力的吸引（该部分在前面有所分析），所以真正形成外出务工趋势是在 2000 年左右，由于没有确凿可查的文献资料记载，所以这里仅能根据 1992 年及其以后的数据展开统计分析，且由于部分年份数据缺失而不连续，但从现有年份的数据分析中可以发现流动人口变化的重要意义。

如此缓慢的增长主要原因在于，1981 年实施土地联产承包经营改革让村民可以通过土地耕种维持基本生计，同时该村开始大力发展养蚕产业，并逐渐成为该村的支柱产业，吸纳大量的劳动力从事农业生产和栽桑养蚕。1981 年、1995 年以及 2000 年左右是东溪村养蚕高峰，全村每年三季蚕种达到了 400 多张（见表 6－1）。由此在养蚕发展的鼎盛时期，村民可以依靠该产业获得可观的经济收入，外出务工的人数相对较少。2001 年的“合村并社”行政建制改革以来，由于村社合并东溪村总人口从 2001 年的 1283 人突增到了 2004 年的 2032 人，[①] 同时流动人口从 206 人迅速增加到 2004 年的 400 人，流动率达到 20%，并自此之后保持持续而高速的增长。其中一个关键因素是 2003 年东溪村全面实施退耕还林工程，政策从原则上规定仅留半亩口粮田，有的村社甚至在宣传中为了搞“集中连片”实施耕地全部退耕，为此加剧了人地矛盾，在城市化和现代化对乡村的渗透作用下，从传统耕种中解放的劳动力逐渐流向城市第二、三产业。随着外出务工人数不断增加，创造了远远高于土地耕种和养蚕产业的收益，2004 年以来该村人均年收入突破 2000 元大关。表 6－2 中有关东溪村的流动人口与人均年收入发展趋势表明，基于当前流动人口与务工收入水平保持稳步增加，为村民在现有的生产生活模式中选择“可种而不种”的策略性政策行动奠定基础。

W 县被称为一个“靠外地人养活的县”，务工收入占 95% 以上。最初在乡村传统风俗的制约下东溪村妇女很少出门，主要是男性青壮年外出从事井下的采矿、挖煤工作。后来，男女青壮年外出务工的人越来越多，工种与地域也不断多元化，尤其是 2003 年退耕还林政策实施导致人地矛盾加剧的同时也为外出务工创造契机。东溪村外出务工主要包括三大群体，一是人数最多的群体，

① 2001 年东溪村进行“合村并组”行政建制改革：原东溪村与 T 村合并为东溪村，将原 T 村的 1～6 社（7 社拆并到平坝村）与东溪村 7 个社共同合并为 7 个社；2001 年合村前东溪村人口仅 1283 人，与 T 村合并后到 2004 年达到 2032 人。

他们的年龄大多是40岁以上中年男性，文化程度低，缺乏专业技术，主要从事无技术、纯体力、低门槛、风险最大（与同龄的女性从事的家政服务以及青年人从事的电子技术工相比）且稳定性最低的挖煤、采矿等井下作业，主要分布于山西、陕西、云南等省的私人小煤窑，该行业的收入高低不等，在市场景气的情况下一般工人人均收入可以达到每年七八万，所以高风险、高收入是该行业最典型的特征；二是主要在北京、广东等比较发达城市从事家政行业的40岁左右的妇女群体，该行业虽然收入较低，年收入可达每年两三万，但稳定风险也是最小的；三是年轻人群体，他们主要是该村完成初中学业后没有考上高中而外出务工的年轻人群体，主要分布在沿海一带（如上海、江苏、广东等城市）从事电子技术等行业，收入稍微比家政行业高，年收入可达3～4万/年，同时风险性和稳定性都一般的一项工种（见表6－3）。

表6－3　东溪村外出务工不同工种基本情况及特征

性别	年龄结构	文化程度	务工地点	工种	收入	风险性	稳定性
男性	六七十年代（40～50岁）	低文化，无技术，纯体力，小学	山西、甘肃、宁夏、陕西、兰州、福建、贵州、云南	采矿：挖煤，钻井下作业等	最高，人均5000元至1万元，高、低不等	最大	最小
女性	六七十年代（40～50岁）	低文化，无技术，小学	北京、广东、深圳	家政（保姆）	约2000元/月	很小	较稳定
年轻男女	八九十年代（20岁左右）	中职	广东、上海、江苏等沿海一带	电子厂、厂矿企业等，技术工	2000～5000元/月	小	一般

资料来源：据访谈资料整理而得（20130307—HKT；20130308—GDH）。

从表6－3中可以看出，东溪村主要青壮劳力（包括妇女，占95%以上）选择放弃耕种而外出务工，而留守乡村耕种的大部分是60岁以上的老年人。一方面由于退耕还林政策实施后土地减少，有利于解放更多的劳动力外出务工；另一方面开放的市场与村民独立选择权为村民提供了比土地产出更大收益的工种。东溪村大部分中年男性主要从事技术含量低、纯体力的挖煤，采矿等井下作业，该项工种收入占所有外出务工工种收入的90%以上，但稳定性对村民的生存生活方式选择具有较大的弹性与制约作用。虽然下煤窑被当地人称为“拿年轻生命做赌注”的高风险行业，但门槛低，收入高（占所有工种收入的90%以上）使其成为吸引东溪村村民选择的第一大工种。“据东溪村主任回忆，该村土地下户以来，因下煤窑失格（牺牲）的人数约有七八十人，具体赔偿金额这几年来也有很大变化，记得1988年在山西阳泉失格的才赔偿了1万多元，去年（2012年）赔偿达到120万。”“我们这边很多人都是死于下煤窑，好多都还是年纪轻轻二十几岁的小伙子。去年S镇有三四个年轻人就是死于下煤窑，后来就补了几十百把万，很可惜啊。”（20130315—HKT；20130821—LRH）在生计压力和现实背景下，村民选择了高收入与高风险并存的行业。可见，当外部稳定的大环境赋予村民自主选择的空间时，他们会做出利益最大化的冒险选择。这是一种理性行为而非一般人所说的一种非理性，因为在未来不确定的情况下，放弃长期利益而追逐短期利益目标是一种强烈的赌徒心理作用下的策略行为（洪大用，2001）。同时，这种行为一旦开始意味着他们会继续、反复地采取行为，这也是为什么在生命安全风险威胁下东溪村大部分外出务工者仍会选择从事风险较大的下煤窑工作。

2009年中共中央对山西省特大煤矿事故做出批示，标志着我国逐渐告别“小煤窑”，走向“大矿时代”，特别强调对煤矿开采行业进行规范化和法制化管理，同时加大机械化投入减少人力资本，传统采矿行业开始步入机器替代人工的时代。另外，改革开放与全球化推进导致市场不稳定因素增加，世界金融危机影响下全球市场不景气导致煤价下跌，企业为了缩减人力成本从而使很多依靠纯体力的无技术务工者面临失业。外部务工市场压缩导致务工回流，继而对以生计为本的土地耕种需求压力增加，使退耕还林工程后期巩固与持续性发展面临风险。

随着退耕还林政策进入第二轮周期，政策补助减半的同时“树进人退”导致“林下种植”失去优势；外出务工可以创造远远大于耕种和政策补助的收益，所以村民逐渐放弃耕种。在退耕还林工程实施之前，村民收入主要来源于该村的支柱产业——桑蚕业，由于土地贫瘠粮食耕种基本是自给自足，村民年均总收入仅仅6000元左右。在退耕还林政策实施之后，暂且不考虑前期村民在耕种传统惯性下持续耕种所获得的粮食收益（因为该部分仅仅自给自足，基本不能产生额外的经济收益），村民的主要收入来自外出务工、退耕还林政策补助、森林经营分类补助、种粮直补、W县农委试点项目补助等，家户年均总收入可以达到3万~4万元，其中务工收入占总收入的95%以上。从整体上看，随着退耕还林政策实施，通过推动农村产业结构调整以及收入来源的多元化，提升了村民的生活水平与质量。

表6-4　退耕还林工程实施前后东溪村村民收入途径与水平状况

单位：元

阶段	收入途径①	家户年均总收入
退耕还林前（2003年前）	养蚕等	约6000
退耕还林后（2003年至今）	外出务工、退耕还林政策补助、种粮直补、森林经营分类补助、农委试点项目补助等	3万~4万

资料来源：据田野访谈资料分析而得。

①在这里没有将粮食耕种收入纳入分析，主要原因在于东溪村典型的喀斯特地貌，地形山高坡陡，土地贫瘠，在退耕还林之前虽然农户靠扩大种植面积来增加收成，但粮食收成只能维持自给自足；在退耕还林之后，可耕地面积减少，虽然农委会得到农委试点工程支持，开始相信科学改变粗放型耕种方式，采取精耕细作，使亩产量超出了以前的两三倍，但在仅有的人均半亩口粮田中所收成的粮食仍只能自给自足，所以在退耕还林前后粮食耕种都没有进行市场交易产生经济效益，这里将不纳入讨论。另外在退耕还林工程实施之前（2003年前），虽然东溪村已经有外出务工现象，但主要是个别家庭，无法纳入总体性分析；而在退耕还林之后，以东溪村HKT的话即是，“退耕后，基本家家户户至少有一个人出门，不出门活不到命。”于是此时外出务工在东溪村家庭收入分析中具有普遍性特征，将其纳入讨论，且该时期的务工收入占家户年均总收入的大部分。

从表6－4看，当前退耕还林工程实施过程中村民收入途径具有多元化并且收入水平较退耕前发生了质的变化，在一定程度上实现了退耕还林政策在改善生态的同时提升贫困地区生活水平的目标。在所有外出务工的工种中，采矿、挖煤等井下作业的收入占务工总收入的90%以上，但该工种在2008年前后面临国家宏观政策调整、全球市场不稳定、务工群体年龄限制等因素影响，使大部分务工群体回潮。由此可见外出务工行为选择对退耕还林政策实施有着较大的风险性和弹性的影响，当务工市场稳定繁荣时，务工收入减少人口对土地的依赖，为退耕还林政策后期巩固与可持续发展创造良好环境；但由于全球市场不景气，村民从事的采煤等对技术要求较低的井下工种收入路径被堵死后，在生存压力下，不断回流的劳动力将会再次加剧人地矛盾，从而使退耕还林工程可持续性面临风险。

（三）新的困境：政策的选择性激励

随着退耕还林政策持续发展，在工程后期巩固建设中面临多重可持续的困境。第一，国家以生态补偿方式委托村民提供生态公共物品的利益刺激机制陆续到期，而农民长效的可持续性生计机制以及系统化的生态补偿机制还没有建立起来。第二，早期靠外出务工支撑退耕还林工程持续发展并实现“退耕，还林”的“生态优先”政策目标，但当前外出务工面临变动不居的全球经济市场以及国家宏观政策的调整，使劳动力市场压缩，外出打工越来越难，很多务工者开始逐渐回潮选择向土地要生计，从而使人地矛盾再次凸显。第三，在树木基本成林的情况下土地完全荒芜，无法进行“林下耕种”，于是该时期失去了在“禁种而种”阶段中政策补助与耕种收成的双重收益。第四，由于早期森林分类经营将退耕还林区纳入生态林管护补偿，严格规定逐渐成林的树木禁止商业性采伐，所以村民无法从中获得经济效益。第五，现有一系列“惠农支农”政策以及相关的农委支持项目对农民耕地种田有较大的激励作用，而农业部门激励政策与林业部门生态建设项目的焦点依据基本重合：均以耕地面积为标准，在村民视界中的“停耕”实践，对“耕地”“林地”的理解是政策成效可持续的关键。作为有限理性的农民在变动不居的转型社会背景中，为了追求自身利益最大化，面对各种惠农支农政策的激励进行策略性选择。

改革开放以来在城市化与现代化撞击下的乡土社会具有典型的“三化”特征：农村空心化、农业无根化、农民个体化[①]。2002年湖北省监利县棋盘乡党委书记李昌平代表底层农民声音，以“农民真苦，农村真穷，农业真危险”13字精辟地概括出中国的“三农”问题。随后“三农”问题在党的十六届三中全会中真正被纳入国家的核心议题，中共中央出台了一系列的“惠农”“支农”政策，如种粮综合直补（2005年）、良种补贴（2002年）以及取消农业税（2006年）等农业补贴和优惠政策。正值同期，国家为了回应日益严峻的环境问题，以1997年的黄河断流与1998年遭遇特大洪灾为导火索积极行动出台一项旨在改善生态的全国性的退耕还林工程，该工程从1999年开始在甘肃、四川与陕西三省试点并于2002年在全国全面铺开，并且为巩固政策建设后果于2010年出台了系列惠农林业政策，如天然林保护工程的“公益林自主管护补助”项目。有学者认为从1999年开始实施的退耕还林政策既是我国农业政策又是林业政策的转折点，是国家财政收入由农民流出转向流入农民，由税费收取转为农业的巨额补贴，使我国在农业上由索取转为给予（张红霞等，2012）。由农业部门主导的农业补贴政策旨在激励农民重视农业生产、增加农民收入，而林业部门主导退耕还林政策主要是为了改善生态环境，在中国“条块”分割行政管理体制中，不同部门出台的政策在地方实践中可能产生冲突性的“系统效应”，由此出自不同部门的政策最终在特定时

① 这里提及的“个体化”，与阎云翔所及的乡村社会的“个体化”含义不同（阎云翔，2012：4），也不是农民的原子化（贺雪峰，2010），而是一种个体性，是集体对农民约束减少，个人独立自主的行动增多，与陆益龙（2013）的“个体性”内涵相近。

空的实践中会出现多元化的竞合现象。中国农村改革以来，农民作为农村经济中独立的活动主体，在政策实践过程中拥有较大的主动权和选择权。从当前农民可获得收入的各项途径分析发现，外出务工收入是核心支柱（占人均年总收入的95%以上），但也是风险性最大的一项收入来源，对建构政策实践形态具有关键性作用，对此之前已有讨论，此处将不再累赘。虽然农业部门的补贴政策金额较小，但具有长期性和稳定性，并且东溪村自2010年开始作为W县农委开展水稻和油菜示范片区享有耕种科技支持，享有免费提供种子、农药和肥料等多项优惠政策。以下将对当前东溪村村民享有的一系列“惠农支农”项目以及以外出务工为主的多元化收入途径的相关特征进行分析（见表6－5）。

表6－5　农民的“惠农支农”政策及收入项目的相关特征

来源	惠农项目①	金额	周期	稳定性	激励强度
自由市场	外出务工	年均4万~5万元	每年	弱	强
林业部门	退耕还林	第一期（2003~2011）：245元/年/亩 第二期（2011~2018）：125元/年/亩	8年/期	不确定	由强到弱
	公益林自主管护补助	7.75元/年/亩	10年/期（2013年始）	不确定	弱
农业部门	种粮综合直补	均50元/年/亩	2007年始	较强	一般
	良种补贴	合35元/年/亩（水稻15、玉米10、油菜10）	2010年始	较强	一般
	县农委试点优惠	280元+120元/年/亩（水稻与油菜肥料、种子、农药、统防人工）	2010年始	不确定	较强

资料来源：据相关退耕还林以及惠农支农政策法规以及田野访谈资料整理而得（20130320—CCX；20130307—HKT；20130322—GDM；等等）。

①表6－5中不包括土地耕种收入，因为当地人多地少，在退耕还林实施之前的广种薄收模式下，粮食收成基本自给自足，自2003年退耕还林政策实施以后仅留人平半亩口粮田，虽然科学种田使产量提高但村民也很少将粮食收成转换为货币收入。

从表6－5可以看出，近年来市场开放后村民自主选择外出的务工收入以及国家给予农民的各种政策性收入，使农民的收入途径逐渐多元化。不同部门出台的一系列惠农支农激励政策，随着政策的周期性实施与推进，对村民的激励效应有所差别。退耕还林政策实施初期国家通过生态补偿机制激励使村民退耕，但随着第二轮周期补助减半，以及新一轮按管护年限逐年递减补偿，导致政策对村民行动选择的激励远远不及农业部门的系列“惠农支农”的政策支持力度，从而作为有限理性的村民倾向于选择激励性更大的政策行动。如2008年以来东溪村退耕还林政策进入第二轮周期，政策补助减半（现仅有125元/亩/年），与此同时，基于国家一系列惠农政策的实施农民可以在相同土地面积的收益超出退耕还林政策多倍的补助①，于是村民更倾向于选择能获得土地产出最大收益的政策，从而在政策选择行动之间产生激烈的冲突。随着政策到期以及务工回流导致人多地少的矛盾，村民可能选择具有更大收益的“毁林复耕”行动。为了巩固退耕还林政策建设成果，减少复耕风险，林业部相继出台了“森林分类经营”的公益林管护补助，但与农业部分的补助相比金额太小（7.75元/年/亩），效果不明显。不仅如此，为了延续对政策两个周期补偿，于2016年出台的《新一轮退耕还林政策总体方案》中分别对退耕还林（草）的年限与补偿标准进行规定，但相较于第一、第二轮周

① 关于现阶段农民（以笔者2013年的田野调研可得数据为基础）获得的各项补偿优惠计算（按单位/亩/年计算）：退耕还林补助125元/亩/年（第二轮周期减半）；生态林自主管护补偿7.75元/亩/年；种粮综合直补50元/亩/年；良种补贴（玉米、油菜各10元/亩/年，水稻15元/亩/年）；农委（东溪村特别享受W县农委的油菜和水稻示范片区的优惠政策）免费提供农药、肥料、种子的费用，水稻280元/亩/年；油菜120元/亩/年（相当于当地村民种水稻、油菜除了投资劳力外其他费用全免），由此可粗略计算，单位面积耕地种田收入（油菜与水稻在当地是一年两季套种）：50＋10＋10＋15＋280＋120＝485元/亩/年，是退耕还林补助金额的近4倍。这部分仅仅是农村获得的优惠补助，不包括粮食产量的收入。然而这里的计算前提是忽略劳动力投入。这也符合中国农民计算种田收入思维，通常情况下他们将人工（劳力）排除在外，因为在小农社会中，劳动力市场，尤其是妇女、儿童、老人几乎没有机会成本。

期补偿标准降低。

不同政策在特定时空背景下，通过村民主体行动产生了政策选择性激励的系统效应。原则上退耕还林政策补助减半以及持续延期，可以通过其他各项林业和农业政策性补助的增加进行弥补与平衡，如森林分类经营中的公益林自主管护补助、种粮综合直补、良种补贴以及县农委给予的各种优惠政策支持。但实际上存在一个关键问题：对耕地性质的确认以及耕地面积的减少。退耕还林政策补助兑现是建立在耕地向林地转变的基础上，而农业补贴又以实际耕地面积为标准，后者政策补助兑现的耕地面积很大部分与前者退耕地区域互斥。随着退耕还林政策补助陆续到期，由于耕地已经转变为林地将无法获得以“耕地”为标准的补助收益，而实际上现有农业部门给予农民的各项补贴由于土地性质变化，无法弥补原有退耕地收益的减少，再加上森林分类经营管护补偿的限制，纳入生态林管护范畴使村民在项目到期后不能通过采伐而获得林木的经济收益。虽然东溪村获得农委水稻和油菜示范片区各项优惠政策与资金的支持，且采用科学种田使作物亩产量较退耕前增长了数倍，但有限的耕地仍无法支持东溪村现有大量人口对粮食的需求。所以在林农长远生计机制还未建立起来的前提下，同时外部市场不稳定因素使外出务工者逐渐回流困境，在生存压力以及现有的各项农业优惠政策的利益驱动下，理性的退耕区村民为了追求利益最大化，可能会选择在“停止耕种”土地上再次上演“向地要粮”的“毁林开荒”之战。

在特定时空背景下，村民主体基于自身生存逻辑的生态智慧与地方性知识不断解释、运用和创造政策，从而形塑了退耕还林政策不同阶段的特殊实践形态（见表6－6）。在退耕还林政策实施初期，由于村民对传统生存经验的坚持，通过规范性计划与地方性知识和经验之间的博弈形成了村民要生计的“耕种”与国家要生态的“还林”之间的暂时性共赢局面；随着“树进人退”逐渐打破共赢局面，但基于一系列“惠农支农”政策以及外出务工稳定收入的支持，真正实现了政策预期目标的“还林与停耕”；在工程建设成效的后期巩固时期，在外出务工市场紧缩使务工回潮，退耕地逐渐荒芜而无法耕种，村民的长效生计机制以及生态补偿机制还未建立，以及在一系列"惠农支农"政策对农民种田的激励等因素影响下，退耕还林政策的未来可能会面临村民选择回归传统生计方式而走向"毁林复耕"的形态。

表 6－6　村民对退耕还林政策的执行以及生计策略行动选择

实施阶段	实践形态	具体行动	生计策略	利益取向	影响因素或资源
第一阶段（2003～2010 年）	"还林，耕种"共赢	"禁种而种"	传统生存经验坚持	多利兼得：务工收入、政策补助、林下耕种收益，生态效益创造阶段	耕种优先传统惯性、地方性知识和经验、乡镇村社的复杂关系
第二阶段（2010～2018 年）	树进人退的"还林，停耕"	"可种而不种"	第三条道路：外出务工	务工收入、政策补助减半、林业及农业惠农补助，生态效益逐步形成	政策环境宽松与务工市场有利、科学种田、政策结构性调整
第三阶段（2018 年之后）	回归传统耕种	"毁林复耕"	政策的选择性激励	务工收入减少、惠农林业补助，生态效益或受损	树木成林、耕地荒芜、缺生态补偿机制、系列惠农支农政策激励、对土地的依赖

资料来源：基于田野访谈资料综合整理分析而得。

四　村民对退耕还林政策执行的行动特点

从退耕还林政策基层执行的各个阶段的特殊实践形态发现，作为一种自上而下、自外而内的结构性力量与特定时空背景下的传统生存知识和经验相互抗衡时略显不足。通过村民在长期生产生活实践中积累和传习的日常生活经验和知识与规范性政策之间的互动博弈，最终形塑了退耕还林政策实践的过程形态："退耕是一种停耕，抑或是复耕"，"还林是一种还林与耕种的共存，抑或是毁林"的动态演变过程。在不同形态中凸显了村民政策执行过程中的一系列特点：怀疑主义倾向，传统生计的坚持，非正式资源的运作，社会关系网络的充分运用以及流动中的双向疏离等。

（一）怀疑主义倾向

全国性生态恢复项目在中国多元文化背景和不同经济发展水平的地方实践中，面临着政策的地方适应性与农民信任的困境。改革开放以来中国农村改革使农民成为微观的经济活动主体，自主性与权利意识不断增强。国家为改善农村落后面貌，解决“三农”问题，自上而下设计实施了大量的脱贫致富项目和工程，在特定历史时期取得了一定成效，然而一些项目与工程实践成效不大。从现有一系列研究表明，原因在于：一些项目是地方政府为了完成自上而下各项指标和任务压力而实施的“逼民致富”工程，不能因地制宜满足农民的发展需求，地方社会发展缺乏内生性的动力机制。如 20 世纪 80 年代初宁夏在世界粮食计划署（WFP）援助下实施了“通过种植树木和牧草来防止侵蚀和促进发展”的 2605 粮援项目，最后由于项目没有与农民长久生计结合而导致失败（丁文广等，2006）。村民对上面下来的项目缺乏信心和积极性，持观望态度。同样的逻辑，退耕还林政策作为一项全国性的生态建设工程，涉及全国 25 个省市及新疆建设兵团，在政策自上而下实施过程中，不同的执行主体对此有质疑，“当时上面很重视，但我们也吃不透政策，只说要搞”（林业工作相关人员）；“我那个时候有病，也没有重视，以为是小班（退耕还林政策规划单位）规划了都搞不下来”（村干部）；“这肯定是日白的，这么好田拿来栽树我吃么子，到时候还要收莫高的特产税？”村民对项目的怀疑，使村民对退耕还林政策执行的积极性大打折扣。

不同主体对政策的怀疑主要源自对政策了解不到位、对政策未来的不确定性的担忧、对生计的担忧以及对未来可能性税负的担心等。从村民视野中的退耕还林政策分析可知，除小部分外出务工群体积极支持退耕外，大部分村民对政策抱有一种观望怀疑的态度，历来靠种田为生的村民基于对土地的深厚感情和对生活的担忧而顽固坚持耕种不退耕；不仅如此他们还以编造退耕还林政策将会收取“特产税[①]”（特别产业税）的谎言对未来不确定的税负表示担忧。我国延续2000多年的农业税收制度使农民形成思维惯性。同时有的村民由于对该项新生政策的不理解，对其不重视也不积极。十六届三中全会以后“三农”问题备受瞩目，国家出台一系列“惠农”“支农”政策，于2006年1月1日起废止《农业税条例》，结束了中国社会延续2600多年的“皇粮国税”的历史。但在2003年东溪村正式开始实施退耕还林政策时，当时农业税是影响村民政策行动选择的重要因素之一。中国有几千年农业税费历史农民对各种税与费有一种担忧和恐惧，一些村民为逃避赋税而抛荒外迁。不同学者对村民逃避国家税收所采用的各显神通的手段与方法展开讨论，如斯科特以“弱者的武器”，如偷懒、装糊涂、开小差、假装顺从、偷盗等来揭示农民与榨取他们劳动与税收的利益者之间的斗争（斯科特，2007）。尽管《完善措施意见2002》中对“退耕地还林享有农业税征收减免”有明确规定：凡退耕地属于农业税计税土地，自退耕之年起，对补助达到原常年产量的，国家扣除农业税部分后再将补助粮发放给农民。但仍不足以撼动村民对“皇粮国税”是一种亘古不变传统的观点，并对政策的不确定性表示担忧。基于对政策的理解程度以及政策自身的不确定性，在特定情境中，村民对退耕还林政策实施的未来做出有限理性的推论——可能交“特产税”也具有一定的合理性，所以对有关环境政策的实施表示怀疑。

---

① 为了平衡农村各种作物的税收负担，促进农业生产的全面发展，1983年11月12日，国务院发布了《关于对农林特产收入征收农业税的若干规定》，规定园艺收入、林木收入、水产收入和各地省级人民政府认为应当征收农业税的其他农林特产收入均属于农业税（简称农林特产税）的征税范围。征收范围包括：①园艺收入，包括水果、茶、桑柞蚕茧、花卉、苗木、药材、果用瓜等产品的收入；②林木收入，包括竹、木、天然橡胶、木本油料、生漆及其他林产品收入；③水产收入，包括水生植物、海淡水养殖及滩涂养殖产品收入；④各省、自治区、直辖市人民政府认为应当征税的其他农林特产品收入。退耕还林实施后，树木成林可能获得的收益属于林木收入大类，所以村民预言退耕还林政策未来将收特产税，具有一定的合理性。

（二）传统生计的坚持

在社会转型背景下的特定时空中，村民作为退耕还林政策的最终执行者，政策基层执行最终形态实际上是地方传统生存经验与规范性政策知识之间相互妥协的结果。在过程中凸显村民对传统生计的坚持，主要表现在以生计为本的前提，通过地方性知识的坚持，最终实现追求自身福利最大化的目标。

首先，以生计为本是政策执行的前提。中国社会是乡土性的，历代靠种田谋生的农民对土地有着“生命之源”式的关联，土地是农民的根之所在。“农民不种田，饿死帝王君”，“农户不下地，由土地说话，饿死帝王家”等俗语表明农民历来重视种田。“土地是农民稳根的地方，有土地心里便踏实。”随着城市化和工业化的推进，现代因子逐渐渗透到乡土社会，农民收入途径逐渐多元化，越来越多的年轻人不会种田，更瞧不起种田。但老一辈的农民作为中国农村土地最后的守望者，不愿意舍弃土地，“看着土地荒弃也不好，自己种田什么都方便；外面赖不活打工了还要回来种田吃饭，所以土地不能丢，现在农民种田不撇，一不上税，二来种多少都是自己的，真是赖不活了就不种了”。

退耕还林政策实施是以耕地为基础的生计需求与以林地为本的生态改善之间博弈。农民常说：“一个朝代有一个朝代的产物，现在国家不需要农民种田，同样有粮食吃。”但农民对土地的深厚感情远远超出对退耕还林政策的理解，历来靠种田为生的农民在政策压力下的还林仍然无法改变“种粮第一”的理念与耕种的习惯。为了争取耕种空间，他们违反有关“禁止林粮间种”的规定，想当然地基于传统耕种惯性在退耕地中适时适季套种作物，实现了耕种收成与国家政策补助的双重收益。自上而下的政策规定总是将政策的地方实践简单化，试图以政策补助限制“林粮间种”，但这丝毫不影响农民在退耕地种田的选择。因为农民传统的生产生活经验告诉他们“要吃饭，必须种田”。为此在退耕还林的自愿决策中，仍然存在因为要田吃饭而坚决“守候土地”的“老顽固”。在验收检查中，因林下种植被强制铲除的村民理直气壮地以“国家应该保护农民最根本的种田的权利”为由持续上访。

其次，以地方性知识为基础的政策实践。退耕还林政策在中国多元化地方情境中的实践形态是自上而下规范性政策与地方长期积累的生产生活经验互动妥协的结果。乡村农民经过长期生产生活创造、积累、运用与传习的生态智慧与“叙事知识”总是受到权威中心自上而下、自外而内的“科学知识”挤压，并被归入一种习俗、无知等思想状态，认为是落后、不发达或是迷信的（利奥塔尔，1997：56～57）。但舒尔茨（1987）认为，传统中国农民“可以点土成金”，在从事农事中会自觉或不自觉地运用一种微妙难言的“体验性知识”，这就是传统中国农民善于总结、创造、积累的乡土“地方性知识”，其潜在的能量发挥着一种人类社会的集体“合力”。这种农村古老的技术靠着世世代代的实际经验得以精益求精，而且每一代似乎都由有经验的人在技术和实践上做出某种改进和创新，从而改进社会经验知识（舒尔茨，1987：36）。每个村民在特定时空下依靠拥有的知识和文化形成的本土性知识不断地修正和重组自上而下规范性政策规定为自己创造行动选择的空间，从而又不断地重塑政策在地方实践的合法性。

长期以来老百姓在从事农业实践中积习了一套自己的知识和技能，“良田一年不种就荒了，树不耕种就会成为‘千年矮’甚至荒死；在耕种中对作物进行施肥和除草可以使‘树长得更好啊’，有的树是需要耕种的，就像桑树在停耕后一两年由于禁止耕种基本上全部荒死了；但农民绝对不会像耕种庄稼那样管理树苗”。村民可惜良田荒弃而坚持“林下种植”的实践创造了“种了粮食的退耕地里树苗长得更快、更好”的意外结果；农民为了争取更大的行动空间将“不能种高秆作物，但可以适当林蔬间种”的规定，依据大巴山区对主粮和蔬菜的类属界定的差异空间，将“林蔬”与“林粮”进行巧妙解读，以“蔬菜”的名义种植土豆、红薯等作物，但实际上在大巴山区的村民，一直将土豆和红薯作为主粮。虽然在造林过程中有专业技术人员指导，但农民以为“我们都是农村人，种了一辈子的田，哪个都晓得树囊个栽法，何须要按上面的规定”。所以在造林实践中有的农民自然选择“我栽的时候全是横起栽的，横起嘛，好犁田；直起的话，不好犁田”的行动，从而规避规范性要求对后期林下种植的限制。

最后，以土地为中心追求福利最大化是最终目标。舒尔茨认为农民在传统农业范围内有进取精神并能够最大限度地利用机会和资源，他们在贫穷的状况下生产要素的配置是有效率的，是理性的经济人，具有企业家最本质的素质（Schultz，1987：33－34）。但在现实经济生活中人的行为受到多方面因素的影响，一方面具有为了追求利益最大化的理性特征；另一方面在特定时空下信息、知识局限性等导致人的行为与决策具有自发性和盲目性，习惯因循守旧等“非理性”特点，因此农民的理性是在限制性条件下的一种有限理性（西蒙，1989：45）。从退耕还林规范性计划演变过程发现，基于信息不对称、自身知识和能力局限、传统习俗以及环境因素的复杂性等因素的存在，农民总是在理性与非理性之间进行行为选择，也即以“有限理性”追求成本或风险约束条件下的收益效用最大化。一个林业工作人员说：“农民都很现实，听说有钱就愿意实施退耕，但他们以为这是一项国家的福利政策，而没有意识到退耕还林后土地的性质由耕地变为林地就不能种田了。”所以退耕后，具有侥幸和冒险精神的农民基于传统日常生产生活经验规避现有政策的限制，认为还林与种田根本不冲突反而创造了促进树木生长的意外结果，为此农民获得国家政策补助和粮食收成的双重收益，实现了土地产出的福利最大化追求；同时政策验收的规律性为大胆的农民创造了林下种粮实践的空间，与其说是每年秋冬季节的检查验收，还不如说是庄稼收成的季节创造了检查验收的时机，为此最终形成了在“禁种而种”下还林与耕种的双赢局面。随着树木逐渐成林，作物生长逐渐在与林木生长竞争中失去优势；同时远远大于土地产出和收益的外出务工收入吸引着劳动力外出而放弃耕种，在土地荒芜的情况下却实现了还林目标。在外部宏观务工市场不景气背景下，为了生存他们可能又会选择回归对根的依赖，通过“毁林复耕”从自身拥有的生产资料中寻求利益最大化。为此，农民在特定时空中基于自身有限的理性对政策进行规避、解读与重组的策略性行动，为农民获得基于土地的福利最大化创造了契机。

（三）非正式资源的运作

退耕还林政策在特定乡村场域的实施过程中，村民不仅基于地方性知识和经验对政策进行解释和创造，而且在具体的政策行动中体现了乡村中多元化的非正式资源的运作。如通过乡村基层自组织的重建、乡土人情的非正式运作以及社区精英的倡导作用等构建政策地方实践形态。

其一，乡村基层自组织的重建。改革开放以来，虽然乡镇村社经历过多次自上而下的行政建制改革，但在一定程度上很难在短时间内改变中国传统乡村基于地缘和血缘关系的熟人社会，村民共享一种村落文化并共同参与人情往来。在村社中仍保留着浓厚的乡土特色，具有较强的属地责任感和归属感。有学者认为，转型时期背景下，受复杂因素影响，彼此熟知的村落中存在的传统亲情、道德、宗族等非正式因素对村民行动选择发挥着重要作用，虽然缺乏一定的系统性（刘伟，2012）。为此，乡村中传统的熟人社会与村落伦理环境为乡村自组织的重建创造了契机。2003年退耕还林实施以来，东溪村在该村具有魅力型领袖 LHP 书记①

---

① 东溪村 LHP 书记，1972 年生，1990 年高中毕业（当时在该村是学历较高的人，并且多才多艺，能写能画）之后回乡在东溪村幼儿园任教师，2001～2004 年任东溪村会计，2004 年至今任东溪村支部书记，连任 3 届共 10 年的村支部书记，2008 年被选为市人大代表。LHP 得到 W 县很多领导的好评，该县上一届书记 ZXD 给他的评价：“LHP 是 W 县所有乡镇村支书中数一数二的，年轻有为、敢想敢干，很有思想，将大有作为”的好支部书记。在 2006 年他曾经在 W 县公务员考试中获得笔试第一名，但由于忙于村务（面试当天他与村主任正忙于修建东溪村的饮用水水池的事情）错过复试机会后自动放弃。后来问及他对此事的态度，他却说从不遗憾，只要用心为老百姓做事，哪里都可以干得好。2010 年他善于抓住和充分利用农委对该村的油菜和水稻示范片区（转下页注）

的带领下，自组织有逐渐萌芽的态势。陆续成立专门为解决退耕还林政策实施过程中的矛盾纠纷协调小组；为实施科学种田，提高耕种产量的“统防统治”专业机防队；为动员村民积极参与社会公共事务的“公益事业参与登记制”①；并且为了重拾乡村遗落的文化传统，成立由村社文化精英组成的民间文化小组等。自组织的萌芽与发展为基层政权推进退耕还林政策提供多元的社会力

（接上页注①）的资金和技术支持，争取田间道路硬化和灌溉等项目资金，为油菜种植提供技术指导，组织专用肥料和农药的投入，从而降低种田成本并提高单位产量，提高农民的积极性。S镇政府因势利导大量发展该村的观光和效益农业，举办东溪村菜花节（截至2017年已举办六届），扩大宣传的同时吸引周边省市各方游客为当地创造旅游接待和出售特色农产品收入；以他为主的村委会主要干部敢想敢干，善于抓住机遇，推进生态农业，纵深发展油菜种植的下游链条产业，2010年在农委技术指导下成立合作社，组建“统防统治”专业机防队在用药中进行集体化作业，2013年注册“东溪村菜籽油”和“东溪村蜂蜜”商标，并大胆贷款投资十几万资金购买菜籽油深加工榨油机，逐渐形成了菜籽种植、加工和销售的规模化和产业化效应，将市场所需的绿色“东溪村菜籽油”推向市场，产生更大的经济效益。2011年为了发展该村经济，他引进“公司+合作社+农户”合作模式的“三子一薯”产业，带动种植优质辣子、菜籽、菌子和秋季马铃薯，当年就获得了丰收，由于当地适合种马铃薯，引进优质品种一年两季，现马铃薯已形成规模化产业，成为当地村民收入的一大来源。同时他在村里有很高的威望和很好的口碑，“LHP书记看得起我们穷人，LHP书记是个好人，确实为我们办了些好事……”。由于大量青壮劳动力外出务工，村社领导班子文化水平都比较低，并且出现青黄不接的现象，很多有点文化的外出务工后回家都看不上这项“工资低，得罪人”的村社干部的职务，但基于LHP人格魅力吸引团结了一批有文化热心的村民参与村社事务，在他带领下的村社干部班子得到了村民的好评。正如一个社社长所说：“LHP书记如果你继续搞，我就跟着你一起搞，如果你不搞了，我也就不想干了，这个是个苦差事，我又不缺钱用，何必得罪人。”

① “公益事业参与登记制”是在东溪村L支部书记带领下村社领导班子在工作中摸索出来的调动村民参与村社公共事务的特色制度。主要操作办法是，由村社主任登记每年为村社公益事业义务做出贡献的人（包括事件、时间、次数等信息），每年年底对所有记录进行表彰总结，在政策资金比较富足的情况下，象征性的给予每人20~30元的奖励，感激他们对村社的付出。LHP书记说，虽然金额比较少，但他们都非常高兴，因为他们认为村社记得他们的付出并获得认可，这是一种感情的表示，需要用行动感化人。所以现在东溪村要做什么，只需要LHP书记一招呼，大家都来，积极性非常高。如每年惯例于水稻播种之前（4月初）除檐沟淤泥进行灌溉农田，一般在村社的组织下一周之内就完成了除淤泥工作，另外村里每年一度的菜花节执勤、打扫清洁、义务扎稻草人等事务，大家都积极参与。

量，也为政策实践过程中矛盾的解决提供基于乡土人情的有效路径，同时也为营造乡村环境保护氛围与培养环境公益行为提供良好的土壤。这里重点讨论在退耕还林政策实施过程中，与政策实践形态有密切关联的自组织。一是2003年开始实施退耕还林政策，在政策实施初期，该村基于政策落实需要专门成立由村社精英（动员村社有威望、有权威的老干部，老党员，知名人士，以及村社精英）组成的“矛盾纠纷协调小组”，为解决退耕还林分户落实中的纠纷提供民间力量的支持。二是2010年东溪村在县农委推广水稻和油菜示范片区的大力支持下，成立了农业合作社并建立了由村社牵头村民共同参与的水稻和油菜施药的“统防统治”专业机防队。该机防队通过科学的耕种方式，不仅节约劳动力而且获得粮食产量的丰收，为当地人逐渐放弃林下粗放型耕种而转向采用科学技术进行精耕细作创造机会，并且使东溪村在缺乏劳动力的情况下仍能获得丰收，同时为外出务工解决了后顾之忧。村社自组织的建立一方面为村民外出务工而在退耕还林政策实践中采取“可种而不种”的策略性行动提供了稳定的物质支撑；另一方面在一定程度上还得益于“统防统治”专业机防队的运作，与此同时为村社营造一种提升环境保护意识的氛围。

其二，乡村社会中乡土人情的非正式运作。中国乡村社会在城市化与市场化的冲击下，以地缘为基础的村落共同体在传统与现代转型过程中，具有持续的生命力，村落社会中的人情往来和人际关系没有发生根本性的变化（刘伟，2012）。因此，立足村落中的乡土人情关系对退耕还林实施过程进行分析依然具有一定的合法性。在退耕还林政策的小班规划、验收年检、造林管护等环节体现了乡土人情的非正式力量运作对政策实际执行效果的影响。在小班规划和落实中，村主任基于老乡熟人与仁至义尽而袒护领导班子内部对退耕还林面积的违规操作，并采用“保护”策略使其非法利益合法化。在验收检查过程中，村委会作为连接基层政权与村民的纽带，自下具有信息优势，当上面的领导来检查时，由村社干部事先打招呼并安排检查路线，即使检查到不合格的小班（成活率低、砍树种田、林下种植的情况等），村社也会通过好好招待和承诺督促村民整改和处理等各种策略通过检查。这样一方面使乡镇实现还林目标，获得政绩效益，另一方面也为村民“林下种植”开政策口子，使村民获得作物收成与政策补助的双重收益。在造林管护中，对滥砍滥伐行为有政策明文规定：一是处罚（上报乡镇林业站，砍一罚三，即砍一棵树惩罚栽三棵树，并按情节严重程度罚款500～3000元），二是批判教育，在村社大会上检讨并参加培训班学习。但在政策具体落实过程中，村社干部和林业员对乡村中出现的个别违规行为，基于乡土人情很少严格按照政策法规进行处理，仅仅是通过说服教育。“都是老乡熟人的，对你严格处罚了，对我也没有什么好处，以后还要经常见，不能把人得罪狠了；再者就是我们这里穷，罚款都拿不出来，就教育教育。”东溪村主任HKT这样说。有学者将此称为“社区情理”，也即在一些贫困闭塞的乡村社区中存在一些乡村内生的为大多数人认可的行动规则和观念，即一种传统“常理”或“习惯”。这种习惯法可能与社会中正式文本制度规则相悖，或存在一系列的不适应，但只要它得到当地社区居民的认可，就具有了地方的合法性和可行性（杨善华等，2002：242～243）。

其三，社区精英的倡导作用。社会精英的核心特征是自身具有一种社会大众所认可的非凡才能和素质及其人格魅力符合人们的心理需要。在城市化和现代化冲击下的乡村社会中，现代农村基层组织处于瘫痪和半瘫痪状态，国家迫切需要在乡村确立代理人重构农村基层组织结构，由此产生体制性精英，并因此出现了体制精英与非体制精英的分化。有学者将当前中国村庄的权力结构划分为三层，即体制精英、非体制精英以及普通无政治的村民（贺雪峰，2003：119）。退耕还林政策在特定时空背景下实施过程中，体制性精英通过正式权威与乡村自身行为逻辑执行政策；村民作为最终执行主体基于自身生存逻辑对政策行动进行选择；非体制精英在政策执行过程中具有积极倡导和示范效应。在本研究中的精英主要是指在农村改革后，通过市场力量对乡村渗透而形成的具有经济优势和传统权威的非体制精英，包括退居二线的村社老干部、村社知名人士，务工致富者等。他们作为村社权威和传统知识的代表，拥有丰富的知识和经验，且思想开放，对规范性知识的理解和行动对村民的政策实践具有重要示范作用。

由于社区中的精英思想开放，处理问题的经验丰富，善于与群众打交道，对于如退耕还林政策的新生事物，他们更易于理解和接受。在东溪村退耕还林政策实践过程中，乡镇村社干部善于团结社区精英，充分发挥他们的权威号召力和影响力，他们的宣传和倡导远远胜过乡镇干部教条式的劝导。东溪村于2010年前后得到农委支持推行水稻和油菜示范片区，并在农委的引导下成立“统防统治”机防队进行科学种田，历来靠传统粗放而笨重的方式进行耕种的村民，在社区精英的敢于冒险尝试示范中逐渐相信科学，创造了在缺乏劳动力的情况下，通过对有限耕地的精耕细作方式获得高产丰收的成果。同时社区精英出于自身强烈的社会责任感驱使，为迎接一年一度的“菜花节”[①]创造一个良好的社会环境，他们主动组织乡村中热心人士清理河道、沟渠垃圾，倡导村民对垃圾进行简单分类处理，不乱堆放垃圾，并且针对垃圾处理问题向乡镇村社出谋划策。通过他们的示范行动，提升了村民环保意识，同时为退耕还林环境政策实践营建了良好的环境。

（四）社会关系网络的充分运用

在退耕还林政策实施过程中，政策作为科学规范性的知识具有权威性的优势，不断挤压地方传统生态智慧指导下的环境政策实践；当地方村民以一套被边缘化的传统地方性知识解读和实践政策时，

---

① 东溪村年度“菜花节”是S镇在农委支持下依托东溪村实施的“万亩油菜”示范片区而打造农业链条横向发展的观光农业和效益农业，2011年至今已经开展了3届菜花节，也是农委支持该村的第三年。菜花节游客辐射渝陕鄂相邻的县市，每年接待游客上万人，由于菜花节带来当地农户在农产品、农家乐等方面的收益，同时在东溪村支部书记LHP的推动和努力下，已经注册商标“下坝菜籽油”，并投入深加工的榨油机，推进了当地农业链条纵向发展。这也为退耕还林村民创造了多元化的收入路径。

不可避免地会与规范性的规制产生冲突。在政策严格规定“禁止林粮间种”阶段，村民基于自身生存逻辑认为在耕种与还林不矛盾的情况下在退耕地套种作物，结果在极端政策规定下，基层政府为了完成上面严格的指标任务，以行政化的手段强制铲除村民作物，从而导致村民以“种田是农民最基本的权利”为由上访，在获得说法的同时规范性政策也得以修正。在压力型体制下，一方面由于政策实施的自上而下层层传递，村民的意见很难通过自下而上的层层渠道反馈上来。在后税费时代，乡镇干部重视与一票否决制相关的硬指标，对软指标不重视；同时村社处于“上下”之间的特殊位置，是自上而下正式权力的末端并直接面对不同的村民，具有把握规范性政策以及村民信息的相对优势，但为了解决自身要“饭碗”和地方要“发展”问题，一切“向上看”，并对政策规范进行修正和重组，而对村民意见和需求采取选择性回应，由此可见政策与建议上下流通的渠道发生阻塞甚至断裂。另一方面改革开放以来村民与地方政府很少打交道，处于弱势地位的村民没有将矛盾直接指向地方政府，而是通过各种方式寄希望于权威中心的解决，于是在退耕还林政策实施过程中，因对乡镇村社补偿不满及林下种植等事件有个别的上访。村民善于利用自身社会关系或者关键人物的关系网络，将矛盾争议事件直接越级反映并希望得到解决。

当前在信息化时代背景下，群众可以通过各种新媒体披露社会问题并请相关部门及时介入和解决，由此相关学者将这个时代形象地称为与“人治”“法治”“德治”不同的以信息化为基础的“媒治”① 时代，也即新闻媒体被称为立法、行政与司法权力之外

① “媒治”，即“媒体治”，通过媒体管理社会，或是人们试图期望通过媒体曝光来解决社会问题。该词由白岩松原创，媒治与人治、法治、德治不同，这是一种通过媒体来治理国家的方式。央视《新闻 1 + 1》节目评论，媒体监督推动公共事件迅速解决，是一种“媒治”，从人治到“媒治”是进步，但从“媒治”到法治还有很长的距离。因为在正常状态下应该是，“媒体还没有动的时候，很多事情都解决了”。“媒治”凸显了媒体对公权力的监督功能和对公共事务的干预功能，作为社会治理和“权利监督权利”形式，本身就是法治的一个有机组成部分，要将媒体曝光作为一种“权利监督权力”的常态。

的第四权力。当前普遍存在一种现象以及问题解决的逻辑，很多社会问题一经媒体报道之后便在社会舆论压力下，督促相关部门干预并获得解决。在现代化和信息化的冲击下，即使是最偏远闭塞的乡村也在相互渗透中受到影响。在偏远闭塞的山区农村，虽然村民的文化程度和物质财富水平等方面受到一定的限制，但随着信息现代化向乡土社会的不断渗透，他们善于利用新闻媒体披露退耕还林政策实施过程中出现的问题，这是他们应对基层政府各种问题屡试不爽的策略手段，也是当地村民将所有外来者归为“记者”身份对待的原因，并乐意向他们反映各种问题，希望通过媒体之手形成社会舆论压力而使问题得到相应解决。正如东溪村LHP村支书所说：“只要不是三不通①的地方，有电视、有网络的地方，老百姓都很聪明，经常关注新闻信息，反应很快，思维比城市慢不了多少。”可见，农民自下而上传递民意的方式与渠道逐渐多元化。通过村民利用社会网络关系以及媒体披露，政策实践中产生的矛盾争议迅速得到相关部门的重视并自上而下重新审视和修正政策规定，使原有政策不适宜的地方得以修正，使其具有地方实践的可行性与合法性。

（五）流动中的双向疏离

在社会转型时期，农民个体性增强，退耕还林政策实施之后，在人地矛盾愈加突出的情况下，越来越多的人为了追求高于土地的收益外出务工，于是“流动”是乡村农民最典型的特征，不断流动于城乡之间的村民成为中国社会结构变迁的主要动力，从而形成了以城市居民、流动人口和农村居民的城乡三元结构（李强，1993）。有知识、有文化的外出务工群体在周期性的迁徙过程中作为城乡信息传递的纽带和中介，使城市的生活方式和思想观念逐渐渗透到乡土社会，这无疑对乡土观念产生巨大的冲击。为此，外出务工积极的行为选择成为影响政策执行比较活跃的因素，对

① 农村公路“三通”工程，主要是指村村通、村内通、户户通。

政策执行效果具有重要的影响。

中国人本来是有着深深的乡土情结的。特别是中国农民对土地有着“生命之源”式的关联（徐剑艺，1993：30）。在传统的乡土中国，以农为生的人，世代定居是常态，而迁移是变态的（费孝通，1998：7）。但在当代中国，传统“安土重迁”观念和事实已经发生了巨大的变化。尽管中国政府大力倡导“离土不离乡，进厂不进城”，但离土的过程一旦开始便会呈现不可逆转之势（洪大用，2000）。他们离乡背井，努力寻求各种财富之源。村民对生存为本的土地变得陌生和疏远，并且他们认为离开土地就意味着拥有美好生活（洪大用，2001：128）。另外，传统乡村在市场化与现代化的冲击下，乡村社会的异质性和文化的多元性逐步增强，村落共同体逐步趋于解体。越来越多农民离土离乡，传统对土地依赖的根被连根拔起，而城市又仅仅是为了赚钱而暂时的栖息地，他们在周期性的迁徙中产生了一种居无定所、心无所寄的流动的心态。在瞬息万变的社会中，流动于城乡之间的“两栖人”，作为过客对城市与乡村产生了双向的疏离感。他们不关注乡村利益，对城市环境不太热心，对传统村落舆论以及道德约束的顾忌变得相对淡薄。农村基层组织控制力减弱，在空心化的农村，面对无根化的农业以及流动的村民，村干部与环境之间的距离越来越远，从而缺少了对环境关心的责任感，使政策实施尤其是环境政策的落实面临有史以来最大的困境。

在退耕还林政策实施过程中，外出务工群体基于有限理性对政策实施采取最及时、最积极的态度支持，在务工市场繁荣和稳定时期甚至瞧不起种田，但当政策补助到期同时面临外出务工回潮的困境，他们又可能选择“毁林复耕”行动。这一系列忽视政策本身生态目标的行动选择除了理性经济人主导下的逐利与机会主义驱动外，深层次的社会原因是制度性困境，即户籍制度的约束。他们游走于城市与乡村两端，城市是他们暂时赚钱的他乡异地很难产生归属感和认同感，而农村是他们周期性回归但已经陌生的地方。在这种情况下，他们很难以认真踏实的态度去执行落实一项环境政策，短期化的逐利行为逐渐凸显，忽视城乡、个人与环境之间的关联。他们将退耕还林政策看作一种有利于解放劳动力同时获得国家补助的双赢策略，从未认识到他们的行动可以提供一种有利于生态改善的环境公共物品，将国家追求的“生态”与农民需要的“生计”割裂开来；为了追求外出务工的利益最大化，从而放弃耕种使土地荒芜；在面临退耕还林补助到期与务工回潮的困境下为了缓解生存压力又可能采取毁林复耕行动，但没有意识到毁林开荒对政策可能带来的毁灭性后果。

中国社会的乡土性在工业化和城市化进程中受到极大的冲击，造成了人与环境之间的心理距离，而心理距离逐渐扩大是我们慢慢疏远环境并不能善待环境的根本原因，所以村民只有守住爱乡爱土的意识才能具有环境保护的责任感和使命感。① 地方社会的瓦解体现在国家权力的迅速扩张、基层社区的逐步衰败和地方性价值的丧失等方面，直接削弱了普通民众与其生存环境的有机联系。用海德格尔的话说，这种全球化进程正在使所谓现代人成为无根的存在物。他们失去生存的根基，失去了与其生存环境紧密联系在一起的感觉，而只是漠视已经对象化的自然环境，掠夺它，蹂躏它，以至于遗弃它（转引自洪大用，2001：249）。村民在退耕还林政策实践过程中基于机会主义所采取的想当然的逐利行动，实际上是农村衰败的一个方面，这种衰败在很大程度上和人们与土生土长的乡土环境的距离变得越来越远有关，他们将土地仅仅作为稳根的载体而失去了“生命之源”式的关联，停耕与复耕仅仅是他们为了追求更大利益的一种策略性选择，而对旨在改善生态环境的环境政策漠不关心。

五　村民环境政策执行逻辑：以生计为本的福利最大化追求

村民在退耕还林政策基层执行过程中，以地方性知识以及自

① 该观点是中国人民大学社会学系洪大用教授在2012年11月27日江苏卫视《时代问答》中关于“社会变革中的环境问题”的主题讨论中提及的内容。

身生存逻辑为基础的生计策略不断修正、创造以及完善规范性政策文本，从而构建政策地方执行的三个阶段的变通实践形态。随着政策实施过程的逐渐深入，村民以传统生产生活智慧为基础构建了“禁种而种”博弈实践中的“林粮间种”暂时性共赢局面；随着“树大成林”以及“树进人退”，村民在早期争取耕种空间中“放弃耕种”，选择收益更大的外出务工的第三条道路，却意外实现了退耕与还林目标；当周期性政策到期后，宏观社会经济环境的不确定性以及紧缩的劳动力市场导致外出劳动力回流，在生存压力、人地矛盾以及多元化“惠农支农”政策激励中，村民可能基于生计为本选择不利于政策巩固与建设的“毁林复耕”实践。村民作为政策最终执行主体的政策实践过程表明，政策的变通执行在一定程度上取得成效并获得上下之间的合法性认同的关键在于村民以地方性知识以及传统生态智慧与自上而下、自外而内的规范性政策规定之间博弈与妥协的结果，或者说是村民以生计为本的福利最大化的追求对规范性知识的解读、修正与改造实践。

退耕还林政策实质是国家以生态补偿形式委托村民提供环境公共物品的政策实践，而环境问题恶化区、贫困地区以及少数民族地区具有天然的三区合一特征，一项全国性的生态恢复政策的地方实践必然面临贫困地区的“要生活”还是“要生态”的冲突。在中国农村社会转型以及环境持续恶化背景下，农民成为微观的经济主体，具有更强的自主性、独立性、个体性以及流动性，面对一项基于生态补偿提供环境公共物品的生态恢复工程，村民将其理解为“停耕”而非退耕。在多元化“惠农、支农”政策的激励以及生存压力下，村民以地方性知识以及传统生态智慧解读与改造规范性政策文本，通过国家“要生态”的生态优先权以及村民“要生活”的生计为本之间的博弈实践，在不同形塑政策变通执行中形成多阶段实践形态，进而揭示村民以生计为本的福利最大化追求的实践逻辑（见图6－3）。

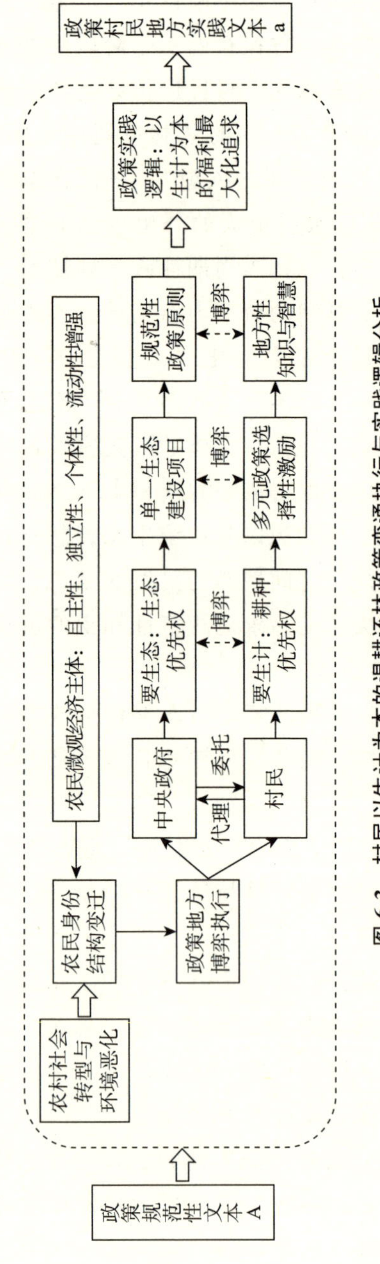

图 6-3 村民以生计为本的退耕还林政策变通执行与实践逻辑分析

六　本章小结

本部分主要围绕以退耕还林政策最终执行主体村民为中心的政策执行过程展开讨论，重点呈现村民基于自身生存逻辑的地方性知识与生计策略在政策执行过程中采取的策略行动。并从不同的行动策略形塑的多元化政策实践形态中总结村民政策实践的一系列特征：一是在“禁种而种”政策策略性行动选择阶段中，凸显对自上而下政策或项目的怀疑主义倾向，基于世世代代从事农事经验总结对传统生存经验的坚持，通过乡村非正式资源的运作以及社区精英的倡导作用最终实现了“还林与耕种”共赢局面；二是在“可种而不种”的政策策略性行动选择阶段中，凸显村民为了追求较土地耕种更大的收益选择外出务工，导致定期双向流动的“两栖人”对城乡环境的双向疏离，对乡村环境政策的实施仅仅是一种利益驱动的机会主义，从而在选择性的政策行动中实现了“还林与停耕”的政策预期目标形态的意外后果；三是在未来可能的“毁林复耕”的政策策略性行动选择阶段中，凸显村民对传统生存伦理的坚持与回归，回应村民以“停耕”解读退耕，从而可能形成传统的耕种生计形态。

村民政策基层变通执行的实质是中央政府“要生态”以及村民“要生活”博弈的结果，村民基于传统生产生活智慧、乡村自组织重建、社区精英的培育与倡导以及乡土人情非正式运作等的地方性知识与自上而下规范性政策文本规定的冲突实践，揭示了村民生计为本的福利最大化追求的实践逻辑。从不同阶段村民基于传统生计策略的策略性行动与规范性政策之间的博弈过程可以发现，以地方性知识为基础的政策非正式执行，对国家规范性政策实际执行效果以及评估实践具有重要意义。在社会转型背景下，特定时空背景下的村民、基层政府与村委会三者之间的互动实践，可以对政策不断修正和重组，从而使退耕还林政策实践具有多元化的地方合法性和适应性。

第七章　研究总结与讨论

一项全国性的旨在改善生态的退耕还林工程通过科层体制下的层层委托－代理实践以及村民策略性行动选择的共同作用形塑了政策特殊实践形态。本研究重点从微观视角揭示基层政府、村委会以及村民在退耕还林政策基层执行中的复杂过程与实践逻辑及其对政策执行效果的实际影响。虽然当前中国政府大力投入环境保护并建立了一系列比较完善的环境政策体系，但仍然面临环境“治理失灵”等困境，这为本研究重点关注环境政策的执行过程提供进一步探究的空间与契机；同时在社会转型背景下，不同政策执行主体角色与功能变迁以及互动关系演变，有利于对政策地方变通执行的合法性认同以及适应性影响进行拓展性分析。本章试图对有关环境政策基层执行过程的特点，政策制定与评估实践的意义，社会转型时期基层执行主体间复杂的互动关系对政策执行实际影响等内容进行简要总结，并进一步对环境政策执行的一般意义、研究发现、研究方法，以及有待研究的课题等内容进行讨论。

一　研究总结

（一）环境政策基层变通执行对政策实践绩效的意义

改革开放以来，中国经济和社会迅速发展，环境风险却不断加大，环境衰退日益突出，从而暴露出我国现行环境政策的薄弱环节，即社会转型时期环境政策的实际执行过程及效果问题。实际上，中国政府一直在不断为环境政策建设与环境治理做出努力，如加强环境立法，完善环保机构和专业人员，这使我国已经初步形成了较为完整的国家和地方环境保护法律法规体系。国家为了改善环境质量也逐步加大环境保护投入，并取得了一定的成效，一系列数据显示，21世纪以来，随着国内生产总值保持高速增长，从2007年到2011年中国对环境治理投资总额也逐年递增，累计达到25649.9亿元；[①]《中国环境统计公报》（2012年）显示，与2011年相比，全国化学需氧量、氨氮、二氧化硫、氮氧化物排放量分别下降3.05%、2.62%、4.52%、2.77%。[②]然而在社会转型时期，受到各种复杂因素的影响，相关制度的虚置和扭曲执行现象较多，导致我国目前的环境形势依然十分严峻，“局部在改善，整体在恶化”是当今中国环境问题的现状。历史上长期积累的环境问题尚未解决，新的环境问题又在不断产生，一些地区环境污染和生态恶化已经到了相当严重的程度。由此可见，一方面中国环境治理日益制度化与规范化，另一方面环境衰退实际上是一种“边治理、边衰退”的情形，从而出现“治理失灵”的困境。现有大量有关公共政策执行的研究表明，在中国特殊的科层行政管理体制背景下政策的扭曲执行是一个共同的特征，政策执行的理想状态是“上行下效，上传下达”，但在实际执行过程中往往出现“歪嘴和尚念经”“上有政策，下有对策”“基层政府共谋对策和暗度陈仓”等现象（周雪光，2003；吴理财，2011：21；等等）。

在社会转型背景下，基于我国特殊的行政管理体制以及地区的差异性，一项全国性的政策在自上而下层层传递的过程中，理论上讲对政策原则性规定进行简单的上传下达不会影响政策实施效果，而实际上对政策执行效果具有重要影响作用的

① 中华人民共和国国家统计局，《中国统计年鉴2012》（表12-39：环境污染治理投资），http：//data. stats. gov. cn/workspace/index？m = hgnd。

② 中华人民共和国环境保护部，《中国环境统计公报》（2012年），http：// zls. mep. gov. cn/hjtj/ qghjtjgb/ 201311/ t20131104_262805. htm。

是与最终执行主体密切联系的地方政府。由于地方政府处于“上下”之间的特殊位置，拥有信息优势，这就为其不断解释、运用和创造规范性政策文本提供了很大空间，从而根据地区“要发展”和自身利益的需求目标将国家“要生态”原则性规定解读为符合地方实践情况的操作规则。环境政策作为一种特殊的公共政策，具有收益的历时性，治理的系统性、整体性以及外部性等特殊性，使其在执行过程中比一般政策执行面临更加复杂的困境。

在后税费时代背景下，地方政府在“放权让利”改革后拥有发展经济的自主性、灵活性，但在自上而下科层压力体制下，环境改善作为“软”指标任务与地方经济发展的“硬指标”相冲突，与此同时环境议题的跨区域性、效益的不确定性以及实践的复杂性也使得环境责任很难被指标化地落实以及下放给地方政府。因此，环境政策在地方执行过程中面临地区经济发展与环境保护、环境治理的局部利益与整体利益、集体理性和个体理性、阶段性和历时性等多种困境。目前已有学者从地方经济发展、政府制度结构以及政府激励结构等方面对现有关于环境政策执行的一系列问题和困境进行了大量研究（李海宝，2011），但仍存在进一步研究的空间：一是重点关注政策执行的微观过程对公共政策制定与评估意义的讨论；二是将宏观社会转型大背景以及微观的基层执行主体角色与功能以及相关互动关系的演变进行勾连，并在宏微观互动中探讨政策实践的实际效果；三是通过田野调查的口述史方法，在掌握大量一手资料的基础上对政策过程进行完整的回溯分析；四是对政策执行主体的策略性实践逻辑进行创新性的双重话语分析，有利于拓展以往研究中静态的“结构－制度”以及动态的“过程－事件”的二元对立分析，从而揭示不同政策执行主体策略性实践以及深层次政策行动的逻辑。据此，本研究从微观视角出发，以案例为基础呈现了环境政策在多元化的基层执行主体（乡镇政府、村委与村民）之间的复杂互动过程以及实践逻辑对政策执行的实际影响，为全面了解政策的执行过程提供丰富的经验参考。

退耕还林政策是在中国社会经济高速发展导致环境衰退的背景下制定并执行的一项全国性的生态恢复及建设工程。该项生态工程至今已经持续实施了二十余年，已进入以“生态管护为主，附带生态效益凸显”为中心的第三轮实施周期，国家林业局对其成效进行的宏观评估发现，截至2012年底，中央已累计投入3247亿元，全国陡坡耕地和严重沙化地恢复植被面积达1.39亿亩，工程累计完成造林任务4.41亿亩，使占国土面积82%的工程区森林覆盖率平均提高了3个多百分点，水土流失和风沙危害明显减轻。同时社会经济效益明显，2279个县1.24亿农民直接从退耕还林工程中受益，户均已累计获得7000元政策补助，同时退耕后通过发展外出务工、养殖业、林下种植等方式创造了增收新增长点。另外，退耕还林过程使贫困山区农村改变了广种薄收的生产方式，很多工程区逐步走上改善生态以及农民增收的良性发展道路。[①] 由此可见，退耕还林工程在生态、经济、社会效益方面均取得了十分显著的成效。但在特定时空背景下，从自下而上视角反观政策执行过程，可以发现，政策实际执行效果与预期目标之间存在一定的差距，即政策基层执行偏差与扭曲。这里所说的执行偏差并非与国家的宏观评估效果完全背道而驰，而是一种在特定时空背景下对政策规定进行的变通和适用性执行。如基层政府之间的复杂互动导致退耕还林工程面积指标分配的偏差与村社间的矛盾；村民对“林”与“耕”关系的灵活处理有利于策略性行动选择但会造成政策的可持续风险等，多种偏差实践不仅在一定程度上实现了政策预期目标，而且创造了意外政策结果。在东溪村退耕还林政策基层执行过程中，不同主体基于自身的有限理性，为创造更大的行动空间采取策略行动而不断修正和重组自上而下的规范性计划，在工程指标分配过程中基层政府为了实现“集中连

① 详见：http：//www. forestry. gov. cn/，相关新闻报道：“工程实施14年，补贴政策陆续到期，退耕还林如何进退。”

片”而出现了“不该退的退了，该还的没有还”的问题，由此导致“年年栽树不见树”“还林不见林”现象；村民基于自身生存逻辑将“退耕”与“还林”解读为一种暂时性的“停耕”与机会主义下的“还林”，从而出现了“还林了，也耕种了”等各阶段的特殊现象；工程实施过程中还面临不同部门“政策耦合性”冲突问题导致的政策实施可持续性风险，即以土地耕种为生的村民外出务工回潮对土地的压力，村民可持续性生计未建立起来，同时持续性补偿的生态补偿机制的不确定性以及农业部门一系列惠农支农政策的选择性激励等，对工程成效的可持续巩固具有重要的影响。

由此可见，在社会转型背景下，退耕还林政策沿着科层化的行政轨道层层向下传递，形成基层政策执行主体的委托与代理机制，同时在压力型体制下基层政府的退耕还林政策任务指标已经被异化为一种为追求政绩的行政化任务，从而使政策执行产生的偏差构建了政策地方实践的多元化形态。另外，自上而下的退耕还林政策规定为政策执行主体提供了一套行动规则和资源，通过不同主体不断地解释、创造和运用政策规范从而使政策得以持续地修正和重组。退耕还林政策的最终实践形态实际上是基层政府的变通执行与村民基于地方性知识与智慧对政策策略性行动选择共同作用的结果。退耕还林政策执行落实的运作逻辑以及政策不断修正完善的结构性力量显示，社会转型背景下政策执行主体的能动性实践以及科层体制结构性压力下的博弈实践，构建了政策地方变通执行的实践形态，表明行动主体以及结构约束的二重性视角在政策基层变通执行分析中具有重要的意义。在转型背景下，以“行动－结构”视角对一项全国性的生态恢复与建设工程的基层执行过程进行分析，有利于揭示不同主体在特定时空背景下的复杂互动实践对政策执行实际效果的影响，并增进对转型时期公共政策执行过程的全面了解，为进一步完善和优化政策制定与评估实践提供了参考。

（二）环境政策变通执行过程与主体的互动实践逻辑

一项全国性的自上而下、自外而内的退耕还林政策从中央政府到地方政府再到最终执行者村民的实践过程经历了正式与非正式的双重解读和策略性行动选择：一是地方政府（乡镇政府）作为科层压力体制下正式权力的末端为了自身利益和地区发展，以任务为中心对政策进行地方性解读和行动选择；二是作为正式权威末端延伸的村委会，居于“上下”之间的特殊位置，具有“官与民”的双重角色，一方面回应自上的“要生态”与“要发展”科层压力型的指标任务，另一方面作为村民利益代表肩负“要生活”的需求，通过双重话语解读，村委会以地方性知识为基础的地方实践“摆平”了政策基层变通执行过程中的冲突并使其获得合法性认同；三是村民作为政策最终的执行者在特定时空中以生计为本，通过自身生存逻辑的地方性知识与传统经验对规范性知识进行自利性解读、创新和修正以追求自身福利最大化。通过地方政府策略性行动、村委会的双重话语解读与实践以及村民的重组和修正，政策基层执行与预期目标之间产生了差异或者变形。田野研究表明，退耕还林政策基层实践的特殊形态是基层政府（乡镇政府）以任务为中心的压力实践、村委会以地方性知识为基础的双重话语解读实践以及村民以生计为本的福利最大化追求的实践共同作用的结果。

在社会转型背景下，乡镇政府、村委会与村民作为退耕还林政策基层执行的核心主体，三者之间复杂的互动关系与演变共同作为政策基层执行的背景，通过不同政策执行主体能动性实践不断创造、解释和运用规则，从而形成退耕还林政策基层执行不同阶段的实践形态。乡镇政府是科层体制下正式权威的最后一级政府；中国科层体制下的命令－服从逻辑的强大惯性使村委会既作为基层政府延伸的直接代理人又作为村民利益的代表；同时乡镇政府、村委会与最终执行主体村民之间的复杂互动关系对政策实际执行效果具有重要影响。这里将对三者之间互动关系演变进行简单的梳理，为政策执行效果的影响分析奠定基础（见图7－1）。作为国家正式权威代表的基层政府[①]与村民之间的关系由计划经济时期中的命令－服从转变为“讨价还价”的委托－代理关系。农村社会转型以来，重塑了农村独立经济主体，农民成为微观的经济主体，具有更强的自主性、独立性、个体性以及流动性，从而与权威政府之间直接打交道的机会越来越少，依赖国家获得生活保障和更高经济社会地位的基础不复存在。村委会自20世纪80年代建立以来具有双重角色与地位，一方面作为基层政府赋予正式权威的代理人在乡村中延伸，另一方面作为村民利益代表者直接生活在村民中间，以村民的需求为中心行动，受村民监督。村民同时是乡镇政府与村委会的委托人，在政策执行过程中对自上而下的规范性政策文本进行变通的策略性选择。

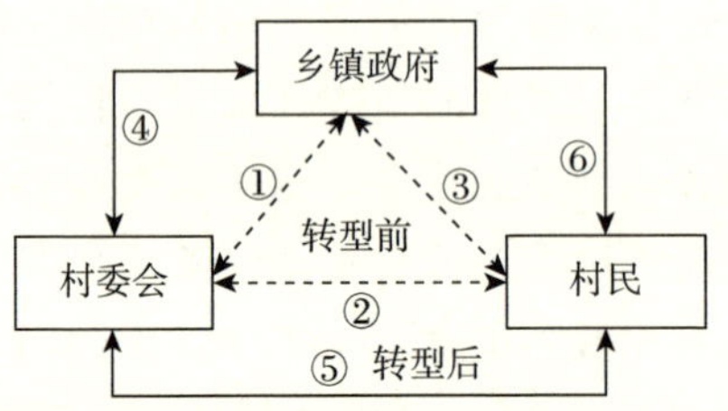

图7－1　转型时期乡镇政府、村委会以及村民互动关系演变

注：图7－1中所呈现的不同基层政策执行主体在社会转型前后的互动演变关系。转型前（虚线）：①行政命令下的命令－服从；②半行政命令下的命令－服从；③行政命令下的命令－服从；转型后（实线）：④延伸的委托－代理；⑤委托（说服、协商与合作）－变通适应；⑥间接委托－变通适应。

图7－1反映了乡镇政府、村委会以及村民三者在社会转型时期复杂的三角互动关系，其中①②③主要是转型前三者之间典型的命令－服从关系；④⑤⑥主要是转型后三者之间围绕退耕还林

① 虽然从理论上讲中国的科层制只是延伸至乡镇一级，但由于巨大的运作惯性，使其与村社为基础的基层社区的传统非正式运作逻辑进行对抗，并且在研究中基层政府的分析也会涉及村社干部的行为，所以本研究中的地方政府（基层政府）主要包括乡镇与村社两部分。

政策基层执行的典型的委托－代理关系互动。社会转型背景下，乡镇政府与村委会之间的关系由一种延伸的命令－服从的关系①转变为“讨价还价”的委托－代理关系④，在实际的日常事务工作中是一种“领导－被领导”关系；乡镇政府与村民之间的关系由间接的命令－服从关系③演变为一种间接委托－变通适应关系⑥；村委会与村民之间的关系由半行政化下的命令－服从关系②演变为一种委托（说服、协商与合作）－变通适应的关系⑤。当然基于转型时期的特殊性以及持续时段的长期性，当前三者之间关系互动可能存在转型前的行政命令下的命令－服从逻辑，同时也具有转型后依据各个主体角色和作用变迁而形成的委托代理以及变通适应的关系。三者之间的复杂互动关系共同作用形塑了退耕还林政策实践的特殊形态。

从退耕还林政策基层执行三个阶段的不同形态分析可以看出，村民与基层政府博弈互动关系集中体现在“禁种而种”阶段，自上而下关于“严禁林粮间种”的规范性知识在与村民的传统生态智慧与乡村特有的行为逻辑的互动中发生了一系列演变：村民基于传统耕种习惯而“偷偷种”并认为耕种与还林不矛盾；在应对检查中作物被强制性铲除的村民通过上访使政策开始松动，于是在原则上规定“禁止林粮间种”的基础上附加了一系列条件，如“不允许种高秆作物，但可以林蔬间种”，但上级政府殊不知农民以“蔬菜”名义继续种植作为当地村民主粮的“土豆、红薯”，之后又演变为“可以种植矮秆作物”却没有明确规定“不准种高秆作物”，到目前逐渐形成了“只要不影响树木生长，没有严格规定”，由此形成了耕种与还林的暂时性共赢局面。村民基于生计为本的地方性知识对规范性知识的策略性行动，使政策实施产生了意外性结果，即形成共赢局面。

政策基层执行过程表明，国家规范性知识进入乡村以及村民地方性知识被包装为合法性实践的关键环节是村委会以地方性知识为基础的双重话语实践。村委会位于自上而下正式权威体制的末端在乡村中延伸，又直接面对非正式权利运作的乡村社会，是基层政府与村民互动博弈的“中介”与仲裁者。处于“上下之间”的独特位置决定了村委会运作既要遵循压力型科层制的正式运作逻辑，又要深知乡村社会中的地方性知识和乡村自身所特有的行为逻辑。作为社会行动者的村委会处于国家与村民之间，为了基层政府“要发展”和国家“要生态”的目标，以地方性知识为基础对自上而下的规范性政策文本进行地方性解读，以有利于通过正式权力的非正式运作使政策实践获得村民认同与执行；同时作为村民利益代表的自治组织，为了回应村民“要生活”的需求，以传统生态智慧与经验为基础对村民以生计为本的策略性实践进行规范化的包装，如村委会为了激发村民退耕实践的积极性，通过各种非正式手段和策略实现村民福利最大化。通过上下之间双重话语的持续解读与实践策略，“摆平”政策地方变通执行中产生的冲突，从而使不同主体的“权力－利益”网络间博弈获得地方合法性认同。村委会正式与非正式的话语解读以及村民基于地方性知识的政策实践产生了一系列的意外结果，这些意外结果又作为不断修正、完善与改造规范性政策规定的依据引导各个主体持续行动。村委会基于双重地位与角色，以地方性知识为基础的双重话语实践解读村委的正式与非正式运作的行动策略以及政策基层变通执行过程，从而构建基层政府委托－代理的规范性知识与村民拥有的地方性知识之间的互动模型，有利于从动态视角深入剖析影响退耕还林政策实践形态的过程因素（图 7－2）。

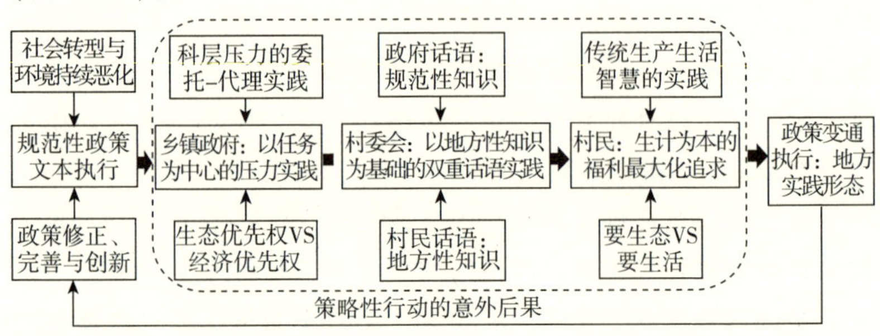

图 7－2　退耕还林政策基层变通执行过程与主体互动实践逻辑模型

从图 7－2 政策变通执行过程中主体互动实践逻辑模型发现，退耕还林政策基层执行过程实际上是不同利益行动主体与规范性政策文本之间的动态博弈过程。持有自上而下的规范性知识的国家、基于自身生存逻辑的地方性知识行动的村民以及连接二者的在正式与非正式权威中运作的村委会是政策实践过程的三个关键性执行主体，三者共同作用构建政策的不同地方实践形态。对于“上有政策，下有对策”这一理所当然的政策变通现象，既往研究通常用不同政策执行主体间“权力－利益”网络冲突的黑箱进行解释，即在退耕还林政策执行过程中，乡镇政府、村委会以及村民之间的复杂互动实践是不可见的，而显见的是规范性政策在地方实践中的不同形态。为了揭开政策执行的黑箱，本研究在社会转型以及环境持续恶化的背景下，批评借鉴委托－代理理论、结构化理论以及话语分析理论视角，对政策基层执行主体实践策略以及行动逻辑进行深入分析，为动态分析政策变通执行的影响因素提供了一种有效的路径。

退耕还林政策执行过程中不同主体基于“权力－利益”网络的自利性动因，如国家以生态补偿方式追求生态优先权，基层政府为了完成 GDP 的政绩考核追求地区经济发展，村民以生计为本追求福利最大化，在特定时空背景下不断将策略性行动合理化并为自身创造更大的行动空间。这种理性的、有意图的行动策略会产生意外后果，而这种意外后果又会促使规范性知识不断修正、完善和重组，从而又成为不同的政策执行主体下一步采取策略性行动的条件和背景（吉登斯，1997：65）。由此，退耕还林政策在执行主体互动实践中形成了不同阶段的地方实践形态。在政策实施初期，规范性政策文本严格规定“禁止林粮间种”，但村民以生计为本基于传统生态智慧与耕种习惯逐渐修正“禁止林粮间种”的规范性要求，最终实现了“耕种与还林”共生共赢的局面。村委会运用地方性知识构建双重话语的实践“摆平”政策地方变通执行的冲突，一方面通过地方性知识对自上而下的规范性政策文本进行地方性解读，从而获得地方实践的认同感与适应性；另一方面以村民的传统生产生活经验以及生态智慧不断包装村民的策略性实践，使之具有合法性与规范性，从而构建正式权力与非正式运作之间的关联与政策的地方实践基础。作为正式权威末端的乡镇政府基于科层压力型体制的任务指标，面对“生态优先权”与“经济优先权”的竞争，构建以任务为中心的压力实践逻辑。由乡镇政府、村委会以及村民多重因素形塑的行动策略以及实践逻辑共同形成了政策变通执行的“黑箱”。由此可见，政策实践形态不仅受到自上而下政策传递的科层结构影响，也是特定时空背景下不同行动者行动策略与实践逻辑共同作用的结果。

（三）环境政策基层变通执行过程的特点

环境政策的特殊性决定了环境政策基层执行的一系列特点：环境政策的外部性决定了政策执行过程中的整体利益与局部利益的冲突；环境政策效果的历时性决定了政策执行过程中的阶段性与收益回报的长期性冲突；环境政策的系统性与整体性决定了环境政策执行过程中的集体理性与个体理性之间的博弈；等等。在社会转型背景下的特定时空中，参与退耕还林政策基层执行的乡镇政府、村委会以及村民三大主体的行为分别体现了以下三个特点。

其一，整体利益与局部利益的冲突。环境政策建设典型的外部性特征决定了政策执行过程中国家以生态补偿换取的生态效益追求与地方政府在 GDP 考核指标压力下追求的经济发展之间的矛盾，这也是中国在社会转型背景下环境治理困境长期存在的核心议题。在改革开放以来尤其是中国社会转型变革时期环境保护一直让位于经济发展的特殊背景下，我国环境政策较一般公共政策具有特殊性，如目标不明确、受益对象的不确定性、效益的长期性以及科学技术薄弱等。退耕还林政策是国家以生态补偿方式委托村民代理提供环境公共物品的一项生态建设工程，由于政策的制定权与执行权的分离，在执行过程中突出表现为国家“要生态”、地方“要发展”以及村民“要生活”之间的矛盾。一方面由于环境典型的外部性特征，环境政策实践主体与受益主体之间的分离导致了环境实践中的公平性失衡。由于生态脆弱区、经济贫困地区与生态恢复和建设区有着天然的联系，所以退耕还林政策实施大多集中在中西部的“三区”（贫困山区、少数民族地区、环境恶化区），这些地区自然条件恶劣，社会经济发展水平较低，农民收入低，是典型的经济贫困和生态赤贫共生区。退耕还林政策实施区域与无排他性地享有环境公共物品的地区之间形成了“付费委托贫困地区治理环境，富裕地区无偿享有收益”的不均衡模式。在工程实施区与生态效益受益者之间存在时空分离的情况下，贫困地区作为环境公共物品提供者，牺牲传统生计方式但没有建立起长期可替代的生计模式以及确定的生态补偿机制，所以村民为了追求自身利益最大化，在机会主义中将退耕选择性理解为“停耕”。另一方面在于中国特殊国情背景下，地方经济发展与生态改善相互冲突。在工程实施区由于基层政府财政紧张，国家财政补贴缺乏，生存于压力型指标任务与资源匮乏困境下的地方政府为了追求 GDP 增长、实现政绩收益，使“协调发展”成为退耕还林政策实践让路经济发展优先的口号。在退耕还林政策实施过程中，地方政府为了搞“集中连片”和“一刀切”而忽视宏观生态效益以及村民长效生计机制，积极参与“锦标赛”竞争以争取指标，引导村民“全退”，最终出现了“不该退的退了，该还的没有还”等现象。

其二，政策执行的阶段性与效益回报的长期性之间的矛盾。与一般公共政策所具有的明确受益对象以及及时获得收益过程不同的是，环境政策收益具有历时性以及外部性，而该特征又与政策执行规定的阶段性和周期性形成悖论。《条例》明确规定退耕还林政策工程按两个周期推进（8 年/周期），截至 2018 年全国大部分城市实施的退耕还林项目中周期最长（两个周期，共 16 年，从工程 2002 年在全国全面铺开为起点计算）的生态林即将到期，为进一步巩固工程建设成效，国家林业局按还林林种与时间年限进行第三轮生态补偿，与第一、第二轮周期的补偿标准相比，标准降低，且逐年减少。从一项生态工程来看，政策实施的阶段时间与收效周期明显具有时间差。在社会转型背景下，受各种复杂因素的影响，虽然国家加大对环境保护的投入力度，建立了比较完善的环境保护法律体系，但环境改善并不明显，环境问题凸显“总体在恶化，局部在改善”的典型特征，由此表明环境质量改善并非在朝夕之间就能解决，其效果显现是一个长时段的过程。俗语说“十年树木百年树人”，退耕还林工程将易于水土流失的坡耕地有步骤、有计划地停止耕种，并按照适地适树的原则，因地制宜植树造林。“树木”生长至少需要10年，但从东溪村当前退耕还林政策实施效果来看，生态效益虽然初步凸显，但由于初期对工程认知偏差以及管护不到位等，实际上面临“那些爬爬里面树子，大的才碗那么粗粗，吃也吃不得，砍也砍不得”等问题。

另外，环境政策收益的历时性与地方官员任职周期的阶段性有一定的冲突，与环境质量改善所带来的生态补偿效益相比，经济增长所带来的利益更明显、及时和直接，于是追求及时经济利益而忽视长远的环境改善是地方官员的一种理性选择。退耕还林政策在层层代理过程中，科层化轨道中的每个层级都受到上一级指标任务的压力，对于地方政府来说，退耕还林政策的执行落实已经被异化为一种多层级积累的行政化任务。于是基层政府自然将指标任务分为“软指标”和“硬指标”，重点关注与“一票否决制”相关的招商引资、计划生育等“硬指标”，而将类似退耕还林工程的环境保护项目仅仅作为一种“软指标”进行政治口号宣传，为了地区经济发展与自身利益采取短期化行为。由于树木生长成林产生效益的长期性与工程实施的阶段性之间的矛盾，工程无法在短时间内实现国家预期的生态效益，也不能解决农村“要生活”与“要生态”之间的矛盾。鉴于可持续性的生态补偿机制以及村民的长效生计机制尚未建立，无法解决当下中国贫困农村地区农民的生计来源问题，所以应对政策的可持续性以及农村经济发展的困境，需要将退耕还林政策实践置于转型背景下，从社会、经济、文化与环境多个角度进行分析。为了保障退耕还林工程后期巩固的可持续性发展，首先，应将工程的单一性生态建设与恢复的目标与乡镇政府的考核指标调整结合，纳入绿色 GDP①的政绩考核；其次，应协同部门利益整合发展，促进不同部门之间政策的“耦合性”效应，建立农业部门的“支农惠农”政策与退耕还林工程持续性生态补偿之间的合作共赢机制；最后，应以村民生计为本，通过拓展多元化就业渠道，缓解人地矛盾，建立长效的生计机制。

其三，集体理性与个体理性之间的博弈。鉴于环境衰退与水土流失日益严重，中共中央出于理性决策实施了一项旨在改善生态的退耕还林工程。虽然政策设计趋向于以“理性社会人”假设为原则，规定政策执行者追求物质利益应兼顾社会和生态效益。但在中国特殊的科层压力型体制中，地方政府作为有限“理性的经济人”面对自上而下各种指标任务压力以及自下而上村民对地方经济发展的诉求，更倾向于选择“经济优先”假设；与此同时，在特定时空村域中的村民，出于个体理性更多追求本地区资源利用。Tremblay 和 Dunlap（1978）以亲增长取向（pro-growth orientation）假设或经济优先假设解释了特定时空背景下村民对自然资源公共性选择的行为，他们认为居住地是经济分层的重要指标，乡村地区的经济发展水平较城市相对更低，乡村居民因此更多关注经济增长而非环境议题。乡村居民对自然环境更多地持有功利主义的倾向，因而较城市居民更少关心环境；从事自然开发职业的居民往往对自然持有显著的功利态度，村民的职业往往是对自然

① 绿色 GDP 是指一个国家或地区考虑了自然资源（主要包括土地、森林、矿产、水和海洋）与环境因素（包括生态环境、自然环境、人文环境等）影响之后经济活动的最终成果，即将经济活动中所付出的资源耗减成本和环境降级成本从 GDP 中予以扣除。从现行 GDP 中扣除环境资源成本和对资源的保护服务费用，计算结果可称为“绿色 GDP”（黄晗，2013）。用 GDP 度量环保好比用温度计度量面积，逻辑上是不可能的；而绿色 GDP 则是在传统 GDP 实施单一依靠经济成效来衡量地方政绩考评制度的基础上将地方的环境监测结果、污染指数也化为地方政绩考核的内容，制定环境保护业绩硬性考核制度，将环境政策从“软约束”变为“硬约束”，从而使地方更加关注环境质量。

资源的直接利用，从事这种职业的居民往往会认为“自然是被利用的而不是被感激的”，这种态度使得他们往往较少关注环境质量。

村民以生计为本，对退耕还林政策的解读以及策略性的行动更加趋向于利益诉求而非旨在“改善生态”，首先，他们将“退耕”解读为“停耕”，最大的不同在于，停耕是一种暂时性的停止耕种，在特定情况下可能会选择复耕，而退耕是一种土地性质改变的政策实践，从耕地转变为林地后将不再耕种。其次，村民对退耕还林工程的理解更多的是一种国家给予的优惠政策，从政策行动中获得国家给予的生态补助的同时，运用地方性知识以及生态智慧与规范性知识进行博弈，最终获得“林下种植”的双重收益。如村民所说“这是干捞钱呢，囊个要不得，是国家无偿给予农民的实惠，并且还可以得到粮食和补助双收”。再次，退耕还林政策是一项主要由经济贫困和生态赤贫的农民以牺牲传统生产生活方式向社会提供生态公共产品的政策行动，在持续性的生态补偿机制和利益共享机制还未建立起来的情况下，村民选择以“经济优先权”换取国家的“生态优先权”的策略性实践具有一定的合理性。在社会转型背景下，复杂的社会经济因素很难形成环境共识以及在此基础上的环境保护行动，在国家为了“改善生态”的集体理性下，地方政府在行政化任务中往往采取逐利逐权的行动；村民则基于自身生存逻辑的传统经验和知识追求福利最大化。村民回忆道：“以前为了吃饭整片山都开山造田，一涨大水土就跟到水往沟里铺（流失），几米宽的水沟全被上面滚下来的沙石填满，把下面房子和良田都给冲垮了，但那时候只想到要吃饭种田呢，没有一个人说是要栽树子。”由此表明，在严重的水土流失问题危及生命和财产安全的情况下，村民仍以生存为本进行开荒种田，靠山吃山的农民认为“自然是被利用的而不是被感激的”，在他们的视野中较少关注环境质量。退耕还林政策在村民看来是以经济优先权换取生态优先权的选择，也是一项“国家拿钱买生态”的政策实践。

（四）环境政策基层执行过程研究的启示

通过对退耕还林政策基层变通执行过程的研究发现，第一，由于环境政策是一项收益长期性的政策，通过不同执行主体的能动作用不断修正、完善以及重组自上而下的规范性政策文本，探索环境政策的可持续性保障路径具有重要意义；第二，政策执行实际效果与预期目标之间的偏差表明，政策的过程监督是保障政策实施成效的关键环节；第三，应构建动态评估机制的创新实践，对政策的评估应该兼顾宏观量化数据与微观过程质量实践，重视当前成效与未来风险等因素的全面性；第四，应探索政策执行过程中非正式规则与规范性知识博弈的环境实践，在特定时空背景下政策的最终实践形态是基层政府（乡镇政府）以任务为中心的压力实践、村委会基于“双重”地位与角色运用话语持续包装的策略性行动以及村民基于地方性知识的非规范运作逻辑与规范性政策之间相互妥协的结果；第五，在乡村社会转型背景下，政策实施面临不同部门相应政策体系的“耦合性”与系统性效应的困境。

1. 政策的可持续性路径探索

由于环境政策具有历时性特征，关注退耕还林政策可持续性是政策实施成败的关键。虽然当前对退耕还林政策的效果评估具有总体上的积极效应，但从自下而上的微观视角发现，政策的未来持续性令人担忧，面临一系列的困境：国家政策补助陆续到期而利益补偿激励的接力机制存在不确定性，且标准较低；农民的长效生计机制以及生态补偿机制未建立起来；在城市化进程中，流动于城乡之间的农民对城乡环境漠不关心，务工市场压缩导致打工难，越来越多的外出务工者回流，再次加剧了以土地为生的农民对土地的依赖，从而使退耕还林政策后期巩固面临巨大的风险；在新农村建设中一系列惠农政策的选择性激励对退耕还林政策的持续性产生较大冲击；虽然科学种田在有效劳动力的前提下实现了单产的巨大提升，有利于在一定程度上缓解人地压力，但在人多地少的贫困山区仍无法回避政策可持续风险。在社会转型背景下，为了实现退耕还林政策的可持续性，第一，必须建立持续性的利益激励，按照“谁受益，谁补偿”原则建立东部对西部的生态补偿机制接力，由东中部富裕地区为项目实施的贫困区实施有效的生态付费补偿，不仅可以减轻国家财政负担，同时有利于实现政策的可持续发展，并且有利于促进环境公平。第二，创新性地回应国家生态文明建设，建立地方绿色 GDP 考核指标，使乡镇政府“向上看”的同时更需要“全面看”，即在重视经济发展的同时，更加关注地区生态保护与社会建设，在“绿水青山就是金山银山”的理念引导下，通过地方历届政府重视环境建设解决环境效益凸显的历时性与任期阶段性的矛盾。第三，在乡村转型背景下，继续稳步推进城镇化，完善社会保障制度是建立农民可持续生计机制的有效路径，农民通过外出务工获得超出耕种土地的收益，从而缓解对土地的需求压力并降低退耕还林政策的风险。第四，有效整合利用一系列惠农支农的林业和农业政策资源，通过改进和提升农业技术，使农民在缺乏劳动力以及有限耕地的情况下提升单产，并且发展地区特色产业，从而在改变传统粗放型耕种方式的同时为外出务工人员解除后顾之忧。第五，通过政策实施改变村民的生产生活方式，从而营造环境保护氛围并引导环境保护行为。在城市化与现代化背景下，定期迁徙与城乡之间的“两栖人”对环境发生了双向的疏离与漠视，但通过政策实施，在改变村民从事的产业与收入结构的同时，使村民的生产生活方式也得到调整，可以让村民更加关注乡村环境质量，为政策可持续性巩固创造良好的社会环境。

2. 政策实践过程监督的策略

政策监督是政策执行有效性的保障。环境政策的监督弱化不力等问题是中国环境政策低效率的重要原因之一。中国地域的复杂性与科层体制的特殊性，使政策的制定权与执行权分离，中央政府的政策规定虽具有原则性与规范性，但为政策地方的适应性执行留有较大策略性行动的空间。在中国科层压力型体制背景下，一项全国性的环境政策需要通过多级层层代理实现，不可避免地会出现“上有政策，下有对策”等政策变通执行的现象。因为退耕还林工程是国家基于环境问题持续恶化而设立的单项生态恢复项目，缺乏常态化的监督机制以及相应的行政组织不完善，为村民绕过政策规定实施“还林，耕种”创造了空间；同时上级部门对监督缺乏重视，为乡镇村社合谋应对检查创造了契机。虽然国家具有明确的“生态改善”目标，但存在较高监督成本，不可能对地方实施全程监督，也缺乏有效的配套措施。地方政府处于左右为难的角色和地位，既是国家环境政策追求生态建设目标的代理人，又要回应地方发展和自身谋求利益的需求，在经济利益主导下默认乡镇村社的一些违规行为；村民在对政策缺乏深入认识以及传统经验的基础上以生计为本追求福利最大化。不同主体根据自身需求对政策进行解读和运用，最终形成政策实践的特殊形态。

虽然退耕还林政策自上而下制定了一系列完备的政策与规定，但在实施过程中缺乏反馈和监督机制，从而使政策执行效果与预期目标之间存在一定差距。为了进一步完善监督以及保障政策成效，第一，在政策基层执行过程中需要不断增进环保意识和行为并完善环境监督等制度安排，为构筑全方位的环境监督系统奠定基础。第二，针对各级政府制定“亲环境”的政绩评价指标，如绿色 GDP 考核，避免在经济利益优先导向下将退耕还林政策视为呼吁口号和形式化政策实践的“软指标”。为了实现本地区经济利益的最大化，通过“锦标赛”式争取项目指标的竞争使地方政府获得政绩资源，从而忽视环境质量的改善。第三，挖掘传统生态智慧，通过组织化与理性化村民对政策的地方性解读与实践，依靠村民的非正式权力以及社会关系网络回应规范性政策文本规定，在地方执行过程中实现对政策的自下而上的监督与修正。如村民通过私人关系“以村民种田作为最基本权利为由，对铲除庄稼事件进行上访，并获得说法”，同时在农村村社行政结构改革背景下，“合村并社后形成的新的行政村领导班子成员均为‘我们’所属的村社争取更多的权力”，从而揭示了因为村社合谋的暗箱操作导致的小班规划的弊病。第四，大力培育民间自治组织以及发挥社区精英的倡导作用，他们在监督和督促地方政府及村委会实施政策的过程中发挥着组织化的制约和抗衡作用，通过村社民间自组织，如为解决退耕还林政策实施过程中的矛盾纠纷成立专门协调小组，为实施科学种田，提高耕种产量成立“统防统治”专业机防队等，为退耕还林政策实施中的矛盾纠纷调解节约人力资本，同时为保障政策实施实现系统化的效应提供组织化的力量支撑。第五，通过“公益事业参与登记制”让村民积极参与到乡村社会公共事务中，越来越多的村民行动者在政策实践中逐渐形成环境保护的意识，形成人人参与，人人监督的社会氛围，对政策的可持续发展具有重要的意义。

3. 政策动态过程评估机制的创新实践

政策评估一般包括功能评估与过程评估，前者强调政策的效果，后者重视对整个政策活动过程的评估（张国庆，1997：186）。刘诚（2010）认为政策评估应该包括政策实施后所产生的效果及政策实施过程的评估，还包括政策实施的成本、政策实施的社会经济效果以及福利分配、对当地经济结构以及发展机会的影响等。由于环境政策较一般公共政策具有历时性、外部性、目标效益不确定性等特殊性，因而政策评估也具有相应的特殊性。当前关于退耕还林政策实施建立了一套完善的效果评估和过程评估机制，如县层面的竣工验收与年检以及国家层面的阶段验收，前者主要作为政策兑现的依据，后者主要作为延续第二、第三轮周期的基础。既有的无论是效果评估机制还是过程评估机制，主要体现为一系列量化的数据产出，而质量上的产出则较少被描述。退耕还林政策实施至今已有二十余年历史，大量数据表明政策实施在成本投入、社会经济与生态效益、福利分配、经济结构与发展机遇的影响等方面效果凸显：截至 2012 年底，中央已累计投入 3247 亿元，全国陡坡耕地和严重沙化地恢复植被面积达到 1.39 亿亩；工程累计完成造林任务 4.41 亿亩，使占国土面积 82% 的工程区森林覆盖率平均提高3个多百分点，水土流失和风沙危害明显减轻；在经济、社会效益方面，2279个县的1.24亿农民直接从退耕还林工程中受益，户均已累计获得7000元政策补助，同时退耕后通过发展林下种植、外出打工等，找到了增收新增长点（国家林业局，2013）。虽然以上系列数据在一定程度上揭示了该项迄今为止最大的生态恢复和惠农工程取得的显著成效，但环境政策的历时性特征决定了环境政策未来的可持续性成效保障具有重要的意义。正如2605粮援项目在实施期内取得了较大成功（评估项目中种树面积达到6万多公顷），也达到了预期目标，但到20世纪末该项目绝大部分遭到破坏，缺乏可持续性最终导致该项目以失败告终（西海固反贫困农业建设研究课题组，1993）。所以是否建立项目的可持续机制是环境项目成败的关键，在政策实施周期内应将政策实施的阶段性与长期效益评估相结合。

本研究通过政策基层执行过程研究发现，建立政策可持续性机制与风险性防范，并将其作为创新与完善当前政策评估指标体系的方法具有重要意义。第一，创新实施绿色GDP考核指标，从源头奠定可持续评估的基础。绿色GDP的考核指标有利于地方将环境保护与建设从“软约束”变为“硬约束”，促进环境与经济协调发展。第二，将积极拓展村民的生计渠道方式以及建立持续性生态补偿机制纳入政策效果的考核，改革现有评估重点关注村民从政策中获得的及时经济收益，更多地关注政策为村民带来的可持续收益。第三，重视动态过程性与阶段性评估，综合性考核量与质的整合性指标。在“上有政策，下有对策”的偏差执行现象成为常态，结果评估意义式微的背景下，拓展政策实施过程中对主体及互动关系、解读话语、影响因素以及阶段性变化等指标的评估，完善动态过程监控机制。第四，基于自下而上视角，以地方性知识为基础探索创新具有地方差异性的多元化政策成效评估指标体系。重视政策决策和执行过程，将农民参与、地方性知识、传统生态智慧以及与规范性知识之间的冲突博弈实践纳入评估范围，有利于探索建立具有地方差异性的评估体系。

4. 政策地方执行中的非正式规则运作对环境实践的意义

当一项自上而下、自外而内的退耕还林政策通过层层委托代理进入乡土场域时，不可避免地会与乡土传统生存逻辑，包括影响和建构这一传统生存逻辑的各种文化、经济等复杂的因素相遇，如地区客观社会经济发展水平的多元化、以地方性知识为基础的非正式规则的运作逻辑以及地方不同政策执行主体的环境意识与多元化行动策略等。特定的行动情境、价值优先序列以及相机决策等因素影响人们的环境意识以及环境行为的关系。不同政策执行主体所处的行动情境不同、价值优先序列以及相机决策偏好不同，都会导致不同的行为反应（洪大用，2013）。由此表明，环境政策的地方实践嵌入人们多元的日常生活实践，而环境意识又受到地方各种传统文化价值观和态度的影响。本研究表明，以地方性知识为基础的非正式规则的运作决定政策地方实践形态的演变。在社会转型背景下，面对地区差异化的资源环境禀赋、文化制度安排、社会经济发展阶段和水平、社会发展模式以及社会地位结构多元化等特征，一项全国性的规范性政策在地方实践中面临着与一系列多元传统文化与地方性知识的互动博弈，而以地方性知识为基础的“惯例”充斥着人们生产与生活的方方面面。

退耕还林政策的地方实践形态与其说是由村民的传统习惯与智慧创造的，毋宁说是蕴含着向地方性知识妥协的规范性计划形塑了政策实践的多元化形态。村落中的非正式规则因素主要包括各民族文化中的村民在长期社会实践和从事生产实践中积习的本土化经验、惯例与常识等。由于惯例承载着历史文化和当代人的某种记忆和智慧，事实上它对行动者的日常生产生活实践具有重大的影响和形塑作用，这也是构建政策地方实践合理化的关键。所以基于惯例等的地方性知识与智慧对政策行动的意义不亚于正式规则和权力等要素。虽然传统乡村在现代化与城市化的冲击下，乡土性逐渐淡化，现代理性因子不断渗透，但在社会转型背景下，村民在彼此熟知的小村庄中，传统的宗族、亲情、道德以及共通的是非标准等因素尚还发挥其不可或缺的作用（刘伟，2012）。所以地方性知识只会随着现代化和城市化推进而发生相应的变化，而不会随着理性化程度的增加而逐渐消失。乡村传统的非正式规则如同正式制度规则一样，在政策解读、执行落实、验收检查等环节都具有重要意义。村民基于对生存为本的坚持以及特殊的乡土情结与惯习，在利益驱动下将“退耕”解读为“停耕”，并以土地耕种为本坚持林下耕种，最终创造了“还林与耕种”共赢的意外结果。

5. 政策的系统性与耦合性困境出路

退耕还林政策基层执行实际效果与预期目标之间存在差距，也是一种文本规范与实践规范的相互分离（陈阿江，2008）。政策执行产生偏差的主要原因，一方面是政策自身的不完全性为行动主体创造策略性行动的空间；另一方面可能是受到宏观政策体系的“系统效应”① 影响。前者在中国科层体制背景下，是政策制定权与执行权分离而致。而政策的“系统效应”是指从横向维度分析政策执行过程，即原本国家不同职能部门各司其职，为不同的目的而出台相应的政策，但是由于政策自身的不完全性或者受到外界大环境的影响，从而可能产生不同政策执行过程中的相互促进或相互冲突的现象。中国的“条块”分割行政管理体制可能导致不同领域（如农林牧副渔等部门之间政策缺乏统筹协调）政策在特定区域执行中存在内容维度与时间维度的相互冲突。由于环境政策实施具有长期性与阶段性、复合性与单一性目标等差异性特征，再加上政策制定者与执行者的分离，在信息不对称的情况下，不同部门出台的政策产生了不完全性和不可操作性等缺陷，使政策安排在“应该如何”和“不应该如何”之间出现了许多“真空”地带，使得拥有一定自主权的行动者为摆脱权力中心约束

① “系统效应”概念出自生物学中对中医本能临床中出现的一种医学现象分析，是指化学物质被吸收进入动物体内，通过血液内循环扩散全身，对神经系统及各种器官产生影响的现象。它是与局部效应（local effects）相对而言的。其主要特征是一种系统与系统之间相互依赖又相互制约的共生关系。在本书中被用于讨论不同政策系统基于政策本身的缺陷以及外界环境的影响而导致政策实施过程中的相互制约或促进的现象。

而追求自身利益最大化，对政策采取策略性行动与适应性的选择实践。

十六届三中全会以来中共中央出台了一系列“惠农”“支农”政策，与此同时退耕还林政策开始试点铺开，由此不同政策在地方场域实践过程中产生了冲突性的“系统效应”。退耕还林政策于1999年试点，2002年在全国铺开并开始实施良种补贴，2004年全面实施粮食直补政策以及农机具购置补贴，2006年全面取消农业税并进行农资综合直补等。这一系列的补助与优惠政策具有共同的基础：以村民的实际耕地面积为标准享受相应的补助。在政策的具体执行过程中，自主性不断增强的村民基于利益最大化原则对系列激励性政策进行选择执行，从而凸显政策实践的耦合性困境。

一是在退耕还林政策进入第二轮周期补助减半的情况下，村民在相同耕地面积上可以获得超出退耕还林政策补贴多倍的补助，如选择享受种粮直补、综合直补等，而不是减半后的退耕还林补贴。随着政策陆续到期，务工回流导致人地矛盾突出，村民可能选择具有更大收益的“毁林复耕”的行动。为此随着退耕还林政策逐渐到期（截至2018年），林业部门制定了第三轮的补助方案，即根据林种与管护时间，逐年递减，整体标准较第一、第二轮周期更低，难以抵抗因为人地矛盾而导致村民对传统生计模式的依赖，同样可能产生“毁林复耕”的风险。二是林业部门为了减少工程未来的“复耕”风险，实施森林分类经营补助，但补助远远低于农业部门的惠农补贴，效果不明显。不仅如此，该项政策在政策实施后期有较大的风险，严格限制了村民试图依托林木成林收益的生计来源途径，影响了以村民自身拥有的资源为基础的长效生计策略的建立。三是为了促进农民增收发展特色产业，重庆市委市政府于2010年针对“两翼”农户实施“万元增收工程”①

① 由于政策具有极大的不确定性，为了延续自2010年在重庆17个区县实施的“两翼”农户万元增收工程项目工作，现已将“万元增收办”改为“特色效益办”。

项目，鼓励发展林下产业，如林下种植、林下养殖、林果产业等。该项目的实施对退耕还林政策后期巩固不但没有保护性，而且具有毁灭性的影响。虽然政策已经进入第二轮周期，但管护不到位等多种原因使大部分退耕区普遍存在树未成林的现状，所以并不适合发展林下养殖等产业。为了促进政策之间的系统性与耦合性，兼顾政策制定的全面性与整体性，同时在政策实施过程中有效应对不同政策之间的“系统效应”，应根据行动者的策略性行动不断修正和调整现有政策，以实现政策之间的合力共赢。

二　进一步讨论

（一）环境政策变通执行的一般意义探讨

本研究的核心议题是对环境政策基层执行过程与实践逻辑进行分析。在社会转型背景下，试图从微观视角揭示环境政策基层执行主体之间复杂的互动过程与实践逻辑及其对政策执行效果的实际影响。政策动态过程分析对政策实施绩效具有理论层面与实际层面的意义，有利于增进对转型时期公共政策过程的全面了解，并为进一步完善和优化政策执行过程提供参考。

对理论层面意义的探讨，主要从拓展和丰富理论分析视角的经验基础、政策执行研究视角以及政策持续完善的特殊性等方面展开。

首先，一是基于社会转型背景，批判借鉴委托代理理论视角对具有特殊性的环境政策的执行过程进行分析，凸显政策在多层次委托代理过程中的特殊性，有利于拓展该理论视角的研究领域、前提与主体特征等；二是基于委托代理理论最大特征信息不对称，重点关注居于上下之间具有“双重”角色与地位的村委会，运用地方性知识构建的双重话语实践对乡镇政府与村民的策略性实践进行合法性解读，从而实现上下之间认同并消解变通执行的冲突，双重话语分析视角有利于拓展既往政策的动态研究与静态研究二元对立的范式；三是围绕一项全国性的规范政策的地方执行研究展开，对作为政策约束的结构要素与政策执行者之间的互动的关注贯穿于研究的全过程，运用结构化理论分析政策变通执行中不同主体的话语互动、行动策略以及实践逻辑如何对规范性政策进行修正、改造与重组，从而在意外结果中进一步构建政策地方实践的背景与条件，通过典型案例分析不断丰富结构化理论的经验基础。

其次，在社会转型背景下从自下而上视角分析基层执行三大主体（基层乡镇政府、村委会、村民）关系互动及演变对政策执行过程的影响，这是对一般公共政策执行过程研究的一个很重要的补充。当前大多关于政策执行的研究是以自上而下的视角展开，从政策决定、资源与执行环境等因素研究政策执行的理论模式认为，政策执行在模糊和不确定性的内外因素中发生演变；这些研究比较多的讨论宏观背景中的国家、地方政府、企业团体的互动作用影响，而忽视政策真正落实和执行的地方政府及其基层组织自身角色与功能的演变，及其互动关系演变对政策执行实际效果的影响。所以从自下而上视角反观政策执行过程，将基层执行主体的互动关系演变为政策执行的媒介与背景，以此分析对政策执行的影响，有利于更加全面理解政策实践过程与效果，同时为构建自下而上的主体实践“参与式评估体系”奠定基础。

最后，关注政策执行的动态过程，有利于不断完善政策执行程序以及修正和完善制度政策，从而对“上有政策，下有对策”现象进行地方合法性解读。政策最终的地方实践形态是不同执行主体运用正式资源与非正式规则（基层政府以任务为中心的压力实践，村委会以地方性知识为基础的双重话语实践以及村民以生计为本最大福利追求的策略性行动）互动博弈的结果。基层政策执行主体通过非正式规则的运作对规范性政策文本进行解读、运用和创造，在采取策略性的行动中创造的政策执行意外结果成为政策实践的背景与条件，从而政策效果与预期目标之间发生偏差，即政策的变通执行现象。以动态过程实践关注政策变通执行，有利于在特定时空背景中分析政策地方实践的依据与特色，从而使政策本身在不断发展中持续完善。

在实践意义层面，主要从政策执行问题与环境治理困境讨论、从微观的过程反观宏观政策实施进程以及动态评估实施效果机制三方面的实践意义展开讨论。

首先，关注转型时期环境政策基层执行过程，为当前环境治理失灵以及执行偏差等问题提供完善政策执行机制的分析路径。由于中国处于转型时期以及特殊的行政管理体制，受复杂因素的影响，政策执行过程往往影响政策实施效果，即政策效果在于“一分决策，九分执行”。现有大量研究和事实表明“上有政策，下有对策”“有法不依”是政策失灵和执行偏差存在的普遍现象，是政策执行中的共通问题。虽然当前中国已经建立了比较完善的环境保护法律法规体系，却出现环境“治理失灵”现象；并且国家加大对环境保护的投入，但环境问题仍出现“总体恶化、局部改善”的现状。由此表明，政策的实施效果关键在于执行过程，而一项全国性的环境政策的实现，有赖于地方政府以及基层组织的具体落实和执行实践，所以政策基层执行的核心主体的角色与互动关系在政策实践中有着特殊的重要性并直接影响政策执行效果。

其次，以微观视角反观宏观政策执行过程，有利于全面而完整的认识一项政策的执行程序以及总结分析政策执行主体的多元化行动策略。虽然一系列数据表明在宏观背景下一项全国性的政策实施效果突出，但从自下而上视角反观政策实际效果时，却发现政策实施效果与预期目标之间存在差距。在中国特殊的集权体制下，强大的政府动员能力和控制优势有利于自上而下的行政命令及任务量能够高效率执行，所以全国性退耕还林政策的指标任务量在短时间内基本完成，但在具体的区域执行过程中出现一系列的偏差，这也是宏观重视量化数据评估所忽视的重要内容。虽然退耕还林指标任务顺利完成，但在退耕范围、地块和树种选择上出现“不该退的退了，该还的没有还”，以及“年年栽树不见树”，“种了不适合种的枞树和日本落叶松树，第一年栽的全部没有成气”等偏差现象。村民基于传统生计坚持对“耕”和“林”的关系进行适应性处理并采取策略性行动，虽然是对政策的一种变通执行，但对政策的能动性修正与调整使宏观规范性政策的地方实践具有了一定的合法性。

最后，基于环境政策实践的历时性特征，应建立政策的可持续性成效以及评估体制。由于环境政策的特殊性，应在基层执行中基于不同主体的策略性行动不断修正与完善规范性政策文本。为了实现政策的可持续性，需要统筹整合系列政策资源，建立村民长效生计机制以及生态补偿机制，同时根据当地居民的本土性对规范性政策进行地方性解读。为了从自下而上视角进一步完善动态过程评估体系，应将村民的地方性知识、传统生态智慧以及生产生活惯习纳入评估指标建设，并且通过参与评估方式重新界定政策的成效。对政策评估体系的构建是为了不断完善政策，需要重视对地方经验以及环境的可持续性评估，加强对政策执行的过程监控。

（二）理论资源与研究方法的特点与局限

本研究为了对退耕还林政策过程进行动态分析，主要基于社会转型背景视角，运用结构化理论、委托 - 代理理论以及双重话语分析视角对政策过程进行剖析。其中双重话语分析视角，既是理论分析视角也是贯穿于本研究的方法论。在研究方法上，本研究最大的特点是采用深度个案研究，由此可能存在多方面的风险与争议，如个案的典型性与代表性问题以及个案信息的完备性等问题。以下将对本研究理论视角与研究方法的特点与不足进行简要说明。

一是理论分析资源的特点与局限。已有关于退耕还林政策的研究都是规范性的静态研究，而本研究以一个案例为基础，从微观视角动态呈现政策基层执行的过程。本研究主要围绕四大理论资源与视角展开，以社会转型视角为基础，批判借鉴委托 - 代理理论、双重话语分析理论以及结构二重性理论框架展开分析。其一，关于一项政策的过程分析典型的理论分析视角是结构二重性，由此将该分析视角融入各个基层政策执行主体对政策进行的策略性行动中，重点呈现政策在主体的能动实践中演变的过程。其二，利用公共政策中常用的委托－代理理论视角分析科层体制以及转型大背景下的政策得以执行的过程，研究中结合结构化理论，通过实证研究分析行动者根据拥有的权力与资源对政策进行的策略性行动，从而对规范性制度进行修正和重组。在政策动态演变过程中的关键问题：结构与行动、过程与秩序之间的关系，这也是社会学讨论的核心议题。其三，运用双重话语分析视角对村委会的行动策略与实践逻辑进行解读，突破传统对政策基层执行行动策略的静态与动态二元对立的研究范式，创新性地将政策执行中主体行动、资源、结构背景以及惯习等因素进行整合性分析，与结构化理论与委托－代理理论具有密切关系，有利于从动态与静态视角对正式与非正式规则运作进行深度剖析，从而揭示政策实践背后的“权力－利益”网络的行动逻辑。其四，不仅将政策基层执行过程纳入社会转型背景中展开讨论，同时结构化以及委托－代理理论视角也必须置于该背景下进行深入分析，从而凸显特殊性。此外，笔者自视理论功底不足，但尽可能地呈现一个村庄退耕还林政策实践的全过程（作为一种经历的片段事件）确实是可以做到的。正因为如此，从本书一开始就进入东溪村退耕还林政策实践的故事，尽量把那种理论，即柯文所说的神话的东西置于故事的后台，而甘冒没有理论的危险去描述东溪村退耕还林政策实施的历程（柯文，2000）。

二是基于双重话语分析的研究方法论的创新与局限。本研究中的创新之一是，双重话语分析视角不仅作为政策过程分析的理论资源，同时也作为政策基层变通执行主体实践策略与逻辑分析的方法论。研究表明，政策变通执行是地方性知识与规范性知识的博弈实践结果，强调社会情境与规则的“多元话语分析”（谢立中，2007），突破重视即时即地的“情境－行动分析”（卫小将等，

2013）的动态互构视角以及“结构－制度”静态视角，为本研究探讨特定时空背景中村委会的行动策略与政策执行成效之间的关系提供了一种新的分析视角。将话语分析视角引入环境政策基层执行过程，分析村委会如何利用地方性知识构建双重话语体系回应、解读和包装政策执行的策略，从而揭示村委会行动策略的依据及其背后所交织的“权力－利益”网络的合法性认同构建，尝试性地回答了政策变通执行普遍存在的合法性基础。当前主流研究主要关注居于基层政府末端延伸的村委会具有“官与民”双重角色的行为策略与逻辑，而较少从话语分析视角讨论行动策略背后的依据。通过双重话语对策略背后“权力－利益”网络的解读与包装的探讨，可对既有研究形成有益的补充。在研究中，为了方便讨论，将自上而下的规范性政策话语（上级政府话语）与地方话语（村民话语）进行简单化处理，可能会影响两大话语维度中不同策略与规则的延展性讨论。

三是深度个案研究方法的特点与争议。首先，个案选择的典型性和代表性问题。由于个人能力、时间和经费有限，并考虑到调研点的可进入性以及资料的可获得性，选取渝东北 W 县实施退耕还林政策的 19 个乡镇（全县共 30 个乡镇和 2 个街道）中的 S 镇（全镇共 10 个村 2 个社区）中的东溪村进行个案研究。虽然这样有利于从村域层面深入分析典型案例，但相应地对该现象的普遍性解释具有局限性，如果能选择不同区域多种类型的乡镇村社对政策实施过程进行比较分析，则将会获得更加丰富的信息。由于个案研究对典型性与代表性的要求比较高，在本研究中虽基于多方面因素（如村庄文化结构完整、耕地类型多元化、村社人口结构复杂性、治理结构多元化、经济发展水平均衡、退耕还林政策实施覆盖面广等方面）考虑后，尽量保证在典型性的基础上展开深度个案研究，但仍可能缺乏对政策实施普遍性的考虑。其次，读者可能会对个案研究中自上而下各个层面的信息全面性存在质疑。由于考虑到进入的难度和可行性，研究中重点在县级及以下的乡镇、村社和村民层面展开深入的调研，对市级以及国家层面比较难进入的相关部门主要进行二手资料政策文本的分析，可能会存在不同层级信息的丰富性差异问题。但笔者假设基于我国特殊的行政管理体制，一项政策在自上而下的层层传递中，真正对其进行地方性解读和策略性行动的主体是地方政府（尤其是乡镇政府），所以从中央到县级各层级政府对政策文本大都依据“上传下达”的原则进行规范性的层层传递与转发。再次，与案例研究相关部门信息的缺失。在研究中，由于很难获准进入，缺乏对该项政策相关的县级相关部门如国土、农业、民政等部门的访谈，同时对涉及这项政策的其他省市不同乡镇村社的相关情况也很少提及。由于缺乏上述有关材料，在分析和论述过程中，有可能受到重庆 W 县有关部门地方利益和地方保护主义思想对该项政策持比较偏激和片面态度的影响，不利于我们从宏观层面比较全面而准确地把握这项政策的实质。最后，因为一个好的经验研究必须是在学术传统内部针对某一理论的检验，或是针对某一个没有得到解释的问题的说明。有学者认为，政策实施作为一个交错复杂的体系，很难在一个初步性的研究中得到彻底而完整的论证（林梅，2003）。本研究试图在环境社会学的政策研究领域中回答环境政策执行偏差的问题，但由于笔者在理论积淀上比较薄弱，所以对问题的思考和分析有待进一步深入。本书仅仅是笔者对实地观察到的，以及通过整理访谈与各政府部门的文件所获取的材料的分析和论述，是很不全面的。此外，由于环境政策的特殊性，在研究中虽然隐含了环境政策与一般公共政策的实施过程与特点比较分析，但仍然不够深入和系统。本书虽然是一个案例研究，但并不讨论政策应然状态是什么，不过也隐含了一些有关政策的结论，那就是在环境政策中必须考虑政策行动者的策略性行为选择对政策实际执行效果的影响作用。

（三）研究发现的意义与局限

本研究是对一项全国性的旨在改善生态的退耕还林政策基层执行过程与实践逻辑的案例研究。政策变通执行是宏观环境保护意识与地方环境实践之间的互动结果，围绕国家的“改善生态”单一性目标、地方“要发展也要生态”的双重目标以及农民“要生活”的多元化需求之间的博弈而展开。田野研究发现，退耕还林政策实践形态是基层政府（乡镇政府）以任务为中心的压力实践、村委会以地方性知识为基础的双重话语分析以及村民以生计为本的福利最大化追求的实践逻辑共同作用的结果。在社会转型背景下，基层执行主体在转型时期自身角色、作用和互动关系的演变，以及地方性知识等非正式规则的介入，使政策实施效果与预期目标之间产生一定差距，即退耕还林指标任务在变通执行中部分得以实现，同时在不同主体的策略性行动选择中创造了政策实践的意外结果。村民基于自身生存逻辑以及传统生态智慧对“耕”与“林”的解读以及策略性行动实现“林下种植的耕与林”的双赢。退耕还林政策在村民为主体的实践中呈现三个阶段形态演变的过程：从“还林，耕种”暂时性共赢局面到“还林，停耕”政策预期目标实现以及“毁林，复耕”政策未来形态。同时，存在政策整体成效凸显与未来可持续风险并存的悖论等。本研究重点在于呈现政策在不同主体互动中的基层执行过程形态，通过典型案例揭示政策执行的微观过程，全面了解宏观环境政策实施进程以及对实施效果评估的意义。研究发现，影响环境政策构建实践形态的因素主要包括：正式规则与非正式规则的运作、转型时期宏观社会经济环境与行动者的个体实践特征、规范性政策文本与行动者策略选择以及集体理性与个体理性冲突等。不同因素以独特的方式互动作用，以地方性知识为基础的非正式规则与正式规则的博弈、政策效益的可持续性与工程实施的阶段性悖论以及政策的过程监控与政策的自我完善等对政策基层执行效果具有独特意义，同时也存在一定的局限性。

首先，关注政策非正式规则运作的重要性。以地方性知识为基础的非正式因素对政策执行效果具有重要意义。任何行动都受到正式规则与制度影响，同时也受到组织场域文化、惯习与人际关系网络等非正式因素的影响。研究中将以地方性知识为基础的传统生态智慧、非正式资源以及社会关系等视为与正式规则和制度，对构建政策实践形态具有同等重要作用的要素来看待。田野研究发现，这种嵌入人们生产生活实践，以及长期积淀的多元化的地方性知识与经验对政策实践具有重要意义。地方性知识作为一种蕴涵社会文化内容的结构要素，经过行动者在特定时空中与自上而下、自外而内的结构性力量进行博弈，使政策实践形态发生演变。在中国科层行政体制下，如果说层层传递过程中的正式规则与制度是政策得以实现的基础，那么非正式规则则最终决定了政策实践形态的演变。非正式规则的特殊性同正式制度规则一样，在政策解读、执行落实、验收检查等环节都具有显著的意义。所以通过村民自身生存逻辑的地方性知识以及生态智慧与规范性知识之间的博弈，从而建构了政策基层执行规范从“严格禁止林粮间种”规定到附加“不准种高秆作物，可以适当林蔬间种”规定，之后附加“可种植矮秆作物”规定，最后到“只要不影响树木生长，没有严格的规定”的一系列演变过程。政策变通执行是乡土社会中的非正式逻辑与正式逻辑互动妥协的结果。

其次，关注政策可持续性执行的意义。环境政策所特有的效益历时性、受益群体不确定性以及公共物品提供的外部性等特征，使政策在当前总体成效显著背后却存在未来可持续风险的偏差。由于环境问题的解决并非一朝一夕，退耕还林政策的成效发挥更是一个长期性的过程，并非如一般公共政策能够在政策实施周期内获得及时的效益，该项基于生态改善工程的效益凸显期远远滞后于政策实施的周期，一方面随着政策实施补助到期，其他利益接力的激励制度还没有建立起来，另一方面农业部门为了鼓励农民种田出台了一系列“惠农支农”政策，随着农民的主体性、独立性、选择性以及流动性不断增强，为了追求利益最大化，退耕还林政策的后期巩固成效在农民对各项政策的选择性激励中面临极大的冲击。农村社会与环境之间的关系涉及多方面多层次的复杂关系，实现农林牧副渔等各个部门之间政策体系的协调统筹是关键，应通过整合不同政策资源为环境政策的可持续发展创造有利的环境。

最后，注重政策过程监控与自我完善的重要性。一方面，在中国强有力的政府动员体制下，全国铺开的退耕还林政策目标任务量虽在短时期内得以完成，但从自下而上视角反观政策执行成效时出现政策执行偏差与失灵现象，这是中国特殊行政管理体制下政策执行产生问题的共同特征，为此建立并完善政策执行过程监控机制，加强对政策执行主体的培训力度，对保障政策的规范性执行具有重要意义。另一方面，政策本身提供了一套行动规则和背景，不同的政策执行主体在实践过程中不断地解释、创造和运用规则。虽然村民在传统生存经验惯性下所采取的策略性行动有悖于政策规定，但是它具有地方的合法性并创造了行动的意外结果，最终在互动妥协中建构了基于政策基层行动规则的实践形态。所以政策的执行是一个持续修正并实践的过程，政策执行主体在互动实践中为创造自身活动空间而不断地重构和修正规定，最终重构了新的规则和惯例。

本研究基于自下而上的视角对一项全国性的环境政策执行过程与实践逻辑的研究具有一定的局限性。虽然从特定时空背景下的政策实践中发现非正式规则与正式规则具有同等的作用，甚至从“村民”视角来看，政策行动选择是以非正式规则的惯性为主导的机会主义策略行动，但研究从一定程度上弱化了宏观社会经济因素对政策实践形态演变的影响作用，仅将其作为一种客观的社会背景进行讨论，缺乏深入的互动式讨论。如国际市场变动对中国粮食市场的影响，使政策在 2003 年发生了结构性调整；同时国家加大对农村的投入，自 2006 年全面免除农业税，使退耕还林政策实践面临可持续的风险等。由此，本书对微观背景下的政策实践逻辑如何关联宏观大背景下政策的长效机制问题，以及政策执行主体主观实践与客观结构性因素对政策实践的共同作用影响有待深入思考。另外，在研究政策执行主体维度分析中，为了便于深入分析而简化执行主体，没有将国家层面、省市级、县级政府的执行行动纳入核心主体讨论，仅仅从大量中央到地方政府的政策文本中间接体现国家的角色和作用，并以此作为政策实践的条件和背景，在实际分析中缺乏权威中心主体在内的多维度讨论，可能使研究结果的有效性存在一定的挑战，同时影响了政策实践中主体实践策略与行动逻辑的延展性讨论。

（四）进一步研究的课题

本研究从问题出发，重点从自下而上的视角揭示退耕还林政策基层执行过程与实践逻辑对政策成效的实际影响，从微观案例分析中回应“上有政策，下有对策”政策变通执行现象背后不同行动主体策略性行动的合法性认同。研究发现，政策变通执行，主要是三大基层执行主体之间互动实践的结果，即乡镇政府在科层压力型体制下的委托－代理实践以及在国家“要生态”与地方“要发展”的目标冲突中构建以任务为中心的压力实践逻辑；村委会居于上下之间的双重地位与角色，运用地方性知识构建双重话语分析逻辑，将自上而下的规范性政策文本进行地方性解读，同时将自下而上的村民策略性实践进行规范性包装，从而“摆平”政策地方变通执行中的冲突，揭示了政策实践中“权力－利益”网络的合法性认同；村民以生计为本追求福利最大化，通过传统生态智慧以及非正式网络和规则与规范性知识进行博弈，构建政策实践的多阶段形态。笔者在田野中也收获了与该主题相关的很多有意义的议题，有待在未来的研究中进一步探讨。其一，开展环境政策实施和环境治理理论的梳理与建构研究：基于当前社会转型期为环境保护提供的机遇，探索环境政策可持续实施的新机制，如过程监督机制、政府激励结构下的生态补偿机制、垂直管理执行机制等；对环境治理困境进行理论构建，通过环境政策执行过程经验研究，不断完善政策执行过程的机制；深入展开环境政策（以及各项配套政策如高山移民、生态移民）对当地农民生计的影响研究，即政策实施对当地传统的耕种模式、生态环境、劳动力变化、生产生活方式、社会经济水平、文化意识等方面的影响研究；以地方性知识为基础，探索传统生态智慧与生产生活实践对环境意识与环境行为发展的贡献，构建基于中国本土化知识的环境治理理论。其二，开展环境政策地方的多元主体实践策略与逻辑研究，如探究尝试纳入第三方社会力量维度（如环境社会组织）对环境政策实施的作用研究，将正式规范转化为地方实践，实现理论与实践的结合；进一步讨论政策地方变通实践对宏观政策成效的正负功能。其三，开展环境关心地方实践的问题研究：进一步呈现特定村域情境中的村民对环境关心的理解，通过乡村传统文化中的生态智慧与科学知识建构下的环境关心对话，不断挖掘科学话语垄断与遮蔽下的传统与民间的环境关心的丰富内涵与实践；通过话语分析对传统的环境关系进行考古探析。其四，开展环境政策典型案例的定性比较研究：基于环境政策的特殊性，运用相应的定性比较分析（QCA）技术，在特定时空背景相同的情况下，拓展针对单项政策或单一地域实施的个案研究，对政策变通执行差异化、环境政策执行的区域差异性，以及环境政策与一般公共政策展开比较研究等。以上各领域都有待深入研究，这将有助于进一步理解在当代中国社会转型背景下不断恶化的环境问题以及环境治理困境等问题与环境政策执行成效之间的关联。

参考文献

中文文献

著作

贝尔，迈克尔，2010，《环境社会学的邀请》，昌敦虎译，北京：北京大学出版社。

波兰尼，卡尔，2007，《大转型：我们时代的政治与经济起源》，冯钢、刘阳译，杭州：浙江人民出版社。

伯恩斯，2010，《经济与社会变迁的结构化——行动者、制度与环境》，周长城等译，北京：社会科学文献出版社。

布迪厄，皮埃尔，2003，《实践感》，蒋梓骅译，南京：译林出版社。

蔡守秋，1988，《中国环境政策概论》，武汉：武汉大学出版社。

陈敏豪，1995，《生态文化与文明前景》，武汉：武汉出版社。

陈庆云，1996，《公共政策分析》，北京：中国经济出版社。

陈向明，2000，《质性研究方法与社会科学研究》，北京：教育科学出版社。

陈振明，2004，《公共政策分析》，北京：中国人民大学出版社。

程励，2008，《生态旅游脆弱区利用相关者和谐发展研究》，成都：四川大学出版社。

程瑜，2008，《政府预算契约论——一种委托－代理理论的研究视角》，北京：经济科学出版社。

崔凤、唐国建，2010，《环境社会学》，北京：北京师范大学出版社。

丁煌，2002，《政策执行阻滞机制及其防治对策——一项基于行为和制度的分析》，北京：人民出版社。

丁文广，2008，《环境政策与分析》，北京：北京大学出版社。

丁文广、胡小军、邓红等，2006，《生态工程与农民——以农户为本的退耕还林政策研究》，兰州：兰州大学出版社。

饭岛申子，1999，《环境社会学》，包智明译，北京：社会科学文献出版社。

方文，2002，《社会行动者》，北京：中国社会科学出版社。

费策，F.，1992，《公共政策的批判与评估：一个方法论上的个案研究》，载林钟沂编译《公共政策与批判理论》，台湾：远流出版公司。

费孝通，1985，《乡土中国》，北京：生活·读书·新知三联书店。

费孝通，1998，《乡土中国 生育制度》，北京：北京大学出版社。

符平，2013，《市场的社会逻辑》，上海：上海三联书店。

盖志毅，2008，《制度视域下的草原生态环境保护》，沈阳：辽宁民族出版社。

哈伯，查尔斯，1998，《环境与社会——环境问题中的人文视野》，肖晨阳等译，天津：天津人民出版社。

哈耶克，1989，《个人主义与经济失序》，贾湛等译，北京：北京经济学院出版社。

汉尼根，约翰，2009，《环境社会学》，洪大用等译，北京：中国人民大学出版社。

贺雪峰，2003，《乡村治理的社会基础——转型期乡村社会性质研究》，北京：中国社会科学出版社。

洪大用，2001，《社会变迁与环境问题——当代中国环境问题的社会学阐释》，北京：首都师范大学出版社。

黄文清，2011，《西部地区“一退两还”后补偿机制研究》，北京：中国农业出版社。

黄宗智，2000，《长江三角洲小农家庭与乡村发展》，北京：中华书局。

吉登斯，安东尼，1998，《社会的构成》，李康、李猛译，北京：生活·读书·新知三联书店。

吉登斯，安东尼，2000，《现代性的后果》，田禾译，南京：译林出版社。

吉登斯，安东尼，2003，《社会学方法的新规则》，田佑中、刘江涛译，北京：社会科学文献出版社。

剧锦文，2010，《转轨过程中乡镇政府的角色与行为——甘肃省华亭县砚峡乡调查》，北京：中国社会科学出版社。

柯水发，2007，《农户参与退耕还林行为理论与实证研究》，北京：中国农业出版社。

柯文，2000，《历史三调：作为事件、经历和神话的义和团》，南京：江苏人民出版社。

科尔曼，詹姆斯，1990，《社会理论的基础》，邓方译，北京：社会科学文献出版社。

李健正等，1999，《新社会政策》，香港：香港中文大学出版社。

李强，1993，《中国社会分层与流动》，北京：中国经济出版社。

李世东，2004，《中国退耕还林研究》，北京：科学出版社。

李友梅、刘春燕，2004，《环境社会学》，上海：上海大学出版社。

厉以宁，1997，《为可持续发展作的序》，载王军《可持续发展一个一般理论以及对中国经济发展的应用分析》，北京：中国发展出版社。

林布隆，查尔斯·E.，1988，《政策制定过程》，朱国斌译，北京：华夏出版社。

刘少杰，2001，《后现代西方社会学理论》，北京：社会科学文献出版社。

米切尔，布鲁斯，2004，《资源与环境管理》，蔡运龙译，北京：商务印书馆。

那格尔，斯图亚特·S，1990，《政策研究百科全书》，林明等译，北京：科学技术文献出版社。

那坦森，1982，《现象学宗师：胡塞尔》，台湾：台北允晨出版公司。

鸟越皓之，2009，《社会学——站在生活者的角度思考》，宋金文译，北京：中国环境科学出版社。

让-弗朗索瓦·利奥塔尔（Jean-Francois Lyotard），1997，《后现代状态——关于知识的报告》，车槿山译，北京：读书·生活·新知三联书店。

让-雅克·拉丰、大卫·马赫蒂摩，2002，《激励理论（第一卷）：委托-代理模型》，陈志俊等译，北京：中国人民大学出版社。

史蒂文斯，保罗·R. 伯特尼·罗伯特.N，2006，《环境保护的公共政策》，穆贤清、方志伟译，上海：上海人民出版社。

舒尔茨（Schultz，T. W.），1987，《改造传统农业》，梁小民译，北京：商务印书馆

斯科特，詹姆斯·C，2004，《国家的视角——那些试图改善人类状况的项目是如何失败的》，王晓毅译，北京：社会科学文献出版社。

斯科特，詹姆斯·C，2007，《弱者的武器》，郑广怀、张敏、何江穗译，南京：译林出版社。

孙立平，2000，《“过程-事件分析”与当代中国国家—农民关系的实践形》，载《清华社会学评论》，厦门：鹭江出版社。

孙立平，2005，《现代化与社会转型》，北京：北京大学出版社。

田松，2008，《神灵世界的余韵》，上海：上海交通大学出版社。

王建斌，2005，《中国土地退化与贫困问题研究》，北京：新华出版社。

吴理财，2011，《县乡关系：问题与调适——咸安的表述（1949—2009）》，北京：中国社会科学出版社。

吴毅、吴淼，2003，《村民自治在乡村社会的遭遇——以白村

为个案》，武汉：华中师范大学出版社。

西海固反贫困农业建设研究课题组，1993，《走出贫困——西海固反贫困农业建设研究》，宁夏人民出版社。

西蒙，赫伯特，1989，《现代决策理论的基石——有限理性论说》，杨砾、徐立译，北京：北京经济学院出版社。

夏光，2000，《环境政策创新：环境政策的经济分析》，北京：中国环境科学出版社。

夏光，2000，《中日环境政策比较研究》，北京：中国环境科学出版社。

谢晨、彭道黎，2011，《退耕还林政策十年评价》，北京：社会科学文献出版社。

徐剑艺，1993，《中国人的乡土情结》，上海：上海文化出版社。

应星，2001，《大河移民上访的故事》，北京：生活·读书·新知三联书店。

詹姆斯·E. 安德森，1990，《公共决策》，唐亮译，北京：华夏出版社。

张国庆，1997，《现代公共政策导论》，北京：北京大学出版社。

张静，2000，《基层政权：乡村制度诸问题》，杭州：浙江人民出版社。

张美华，2005，《退耕还林（草）工程理论与实践研究》，北京：中国环境科学出版社。

张维迎，1996，《博弈论与信息经济学》，上海：上海三联书店。

郑杭生，1996，《当代中国农村社会转型实证研究》，北京：中国人民大学出版社。

郑杭生等，1996，《转型中的中国社会和中国社会的转型》，北京：首都师范大学出版社。

郑杭生等，1997，《当代中国社会结构和社会关系研究》，北京：首都师范大学出版社。

朱冬亮、贺东航，2010，《新集体林权制度改革与农民利益表达——福建将乐县调查》，上海：上海人民出版社。

论文

B. H. Green，1990，《农业对乡村自然环境的冲击》，《生态学报》第10期。

N. A·什米廖娃、王冠军，2011，《中国环境政策存在的问题和对策》，《中国人口·资源与环境》第S1期。

柏培文，2009，《委托代理中四种契约关系与激励启示》，《生产力研究》第19期。

曹杨、刘晶晶，2005，《退耕还林过程中政府与农户行为的博弈分析》，《宁夏社会科学》第5期。

陈阿江，1999，《从农村劳动力外流看中国农村社会结构及其变迁》，《西南师范大学学报》（哲学社会科学版）第3期。

陈阿江，2000，《水域污染的社会学解释——东村个案研究》，《南京师大学报》（社会科学版）第1期。

陈潭等，2010，《集体行动、利益博弈与村庄公共物品——岳村公共物品供给困难及其实践逻辑》，《公共管理学报》第7期。

程国强等，2012，《中国工业化中期阶段的农业补贴制度与政策选择》，《管理世界》第1期。

崔凤、秦嘉荔，2012，《中国环境社会学研究综述》，《河海大学学报》（哲学社会科学版）第12期。

丁煌等，2012，《政策执行过程中的隐蔽违规行为及其约束机制探讨》，《社会主义研究》第2期。

杜辉等，2010，《中国新农业补贴制度的困惑与出路：六年实践的理性反思》，《中国软科学》第7期。

范雨等，2009，《试析委托－代理视角下的政策执行规避》，《天府新论》第S1期。

郭馨天，2007，《论模糊性在布迪厄实践理论中的重要意义》，《天府新论》第2期。

果佳，2009，《地方治理视野中的政策执行：退耕还林政策案例研究》，《学海》第5期。

何忠伟等，2003，《我国农业补贴政策的演变与走向》，《中国软科学》第10期。

贺雪峰，2003，《当前县乡村体制存在的主要问题》，《经济社会体制比较》第6期。

贺雪峰，2003，《乡村秩序与县乡村体制——兼论农民的合作能力问题》，《江苏行政学院学报》第4期。

洪大用，2000，《我国城乡二元控制体系与环境问题》，《中国人民大学学报》第1期。

洪大用，2005，《积极培育引导成长中的民间环保力量》，《中国特色社会主义研究》第6期。

洪大用，2006，《试论正确处理环境保护工作中的十大关系》，《中国特色社会主义研究》第5期。

洪大用，2008，《试论改进中国环境治理的新方向》，《湖南社会科学》第3期。

洪大用，2010，《中国低碳社会建设初论》，《中国人民大学学报》第2期。

洪大用，2012，《“生态文明”引领发展新境界》，《光明日报》第013版。

洪大用，2012，《经济增长、环境保护与生态现代化——以环境社会学为视角》，《中国社会科学》第9期。

洪大用，2013，《关于中国环境问题和生态文明建设的新思考》，《探索与争鸣》第10期。

洪大用，2013，《气候变化议题的社会复杂性》，《光明日报》第011版。

洪大用、马芳馨，2004，《二元社会结构的再生产——中国农村面源污染的社会学分析》，《社会学研究》第4期。

洪大用，2000，《当代中国社会转型与环境问题——一个初步的分析框架》，《东南学术》第5期。

胡涛、查元桑，2002，《委托代理理论及其新的发展方向之一》，《财经理论与实践》第S3期。

陆益龙，2013，《乡村社会变迁与转型矛盾纠纷及其演化态势》，《社会科学研究》第4期。

贾晋、钟茜，2009，《农村税费改革后的乡镇政府行为研究综述及展望》，《问题研究》第7期。

金桥，2010，《基层权力运作的逻辑——上海社区实地研究》，《社会》第3期。

金太军、汪波，2003，《经济转型与我国中央地方关系制度变迁》，《管理世界》第6期。

孔忠东等，2007，《退耕还林工程效益评价研究综述》，《西北林学院学报》第6期。

李侃如，2011，《中国的政府管理体制及其对环境政策执行的影响》，《公共治理》第2期。

李培林，1991，《中国改革以来社会的发展变化》，《百科知识》第9期。

李培林，1992，《“另一只看不见的手”——社会结构转型》，《中国社会科学》第5期。

李世东，2002，《中外退耕还林还草之比较及其启示》，《世界林业研究》第2期。

李伟南，2010，《当代中国县政府行为的实然逻辑》，《武汉科技大学学报》（社会科学版）第10期。

李卫忠等，2007，《退耕还林对农户经济影响的分析——以陕西省吴起县为例》，《中国农村经济》专刊。

李燕凌，2003，《退耕还林公共政策评估研究综述》，《林业经济》第9期。

李迎宾，2000，《试论村民自治组织的行政主体地位》，《行政法学研究》第4期。

李友梅，1995，《行动者的选择余地及决策理性》，《社会》第10期。

李志军，2011，《村干部“谋利型代理人”角色及其行为逻辑》，《古今农业》第3期。

李周炯，2009，《中国环境政策执行存在的问题及对策》，《国家行政学院学报》第4期。

林梅，2003，《环境政策实施机制研究——一个制度分析框架》，《社会学研究》第1期。

林易，2009，《布迪厄实践理论述评》，《东方论坛》第5期。

刘庆博等，2010，《退耕还林补偿问题研究综述》，《世界林业研究》第1期。

刘伟，2012，《村民介入公共产品供给的实践逻辑——对江苏Y市某村修路活动的"过程－事件分析"》，《甘肃行政学院学报》第3期。

刘晓峰、刘祖云，2010，《行动者研究：我国行政组织研究的一个未来走向》，《深圳大学学报》（人文社会科学版）第6期。

刘玉能、杨维灵，2007，《社会行动的意外后果：一个理论简史》，《浙江大学学报》（人文社会科学版）第3期。

刘祖华，2008，《村头官僚、政策变通与乡村政策的实践逻辑——村干部政策角色的一个解释框架》，《甘肃行政学院学报》第4期。

龙花楼等，2000，《美国土地资源政策演变及启示》，《中国土地科学》第14期。

鲁礼新，2007，《1978年以来我国农业补贴政策的阶段性变动及效果评价》，《改革与战略》第11期。

鲁先锋等，2012，《地方政府核心行动者的行为动机与行为模式研究——以农村建设用地整理政策执行为例》，《湖北社会科学》第8期。

吕涛，2004，《环境社会学发展视角分析：生态、经济与社会》，《社会观察》第10期。

马娟、付少平，2011，《政府主导型生态建设的地方实践——以陕西X县退耕还林政策实施过程为例》，《理论导刊》第12期。

欧阳静，2011，《"维控型"政权多重结构中的乡镇政权特性》，《社会》第3期。

欧阳静，2009，《运作于压力型科层制与乡土社会之间的乡镇政权——以桔镇为研究对象》,《社会》第5期。

欧阳静,2011,《资源匮乏、目标多维条件下的乡镇政府运作》,《公共管理》第4期。

彭慧蓉等,2011,《新中国农业补贴政策的阶段性分解与分析》,《农村经济》第1期。

乔丽英,2007,《吉登斯结构化理论中“行动”概念的深度审视》,《江西师范大学学报》(哲学社会科学版)第5期。

冉冉,2013,《“压力型体制”下的政治激励与地方环境治理》,《经济社会体制比较》第3期。

饶静、叶敬忠,2007,《我国乡镇政权角色和行为的社会学研究综述》,《社会》第3期。

石少龙,2004,《2003年粮食安全研究综述》,《农业经济问题》第9期。

孙立平,2002,《实践社会学与市场转型过程分析》,《中国社会科学》第5期。

宋跃飞,2011,《“实践感”与理解个体行动——对布迪厄实践理论的分析》,《武汉科技大学学报》(社会科学版)第1期。

谭晶荣,2003,《退耕还林与中国的粮食安全问题》,《粮食问题研究》第1期。

田毅鹏等,2010,《空间生产、资本接续与权力介入的实践逻辑——对东北C市马路劳工生存状态的调查》,《社会科学》第5期。

王爱民,2005,《退耕还林的经济影响及现行政策的调整——以河北省为例》,《农业经济问题》第11期。

王宏波,2006,《取消农业税后乡镇政权体制改革问题研究述评》,《西北师大学报》(社会科学版)第3期。

王金秀,2002,《“政府式”委托代理理论模型的构建》,《管理世界》第1期。

王树生,2007,《布迪厄的“实践理论”及其对社会学研究的启示》,《社会学研究》第5期。

王思斌，1991，《村干部的经济行为分析》，《社会学研究》第4期。

王文浩，2001，《植树造林——日本半世纪圆了绿色梦》，《国外林业》第3期。

王照平等，2006，《国内外退耕还林工程的研究与比较》，《当代经济》第5期。

魏玮，2006，《多委托代理关系、政策的选择性执行与农村税费改革》，《财贸经济》第8期。

吴礼军等，2009，《全国退耕还林工程进展成效综述》，《林业经济》第9期。

向青等，2006，《美国环保休耕计划的做法与经验》，《林业经济》第6期。

谢立中，2007，《结构－制度分析，还是过程－事件分析？——从多元话语分析的视角看》，《中国农业大学学报》（社会科学版）第11期。

徐慧丽等，2008，《退耕还林工程风险管理研究综述》，《世界林业研究》第4期。

许才明，2005，《论乡村和谐社会的构建——乡级政府与村民自治组织关系的调适》，《求实》第7期。

郇建立，2007，《个体主义＋整体主义＝结构化理论？——西方社会学研究的方法论述评》，《北京科技大学学报》（社会科学版）第1期。

郇建立，2007，《国家政策、农民与农村贫困——一个“结构化理论”的视角》，《北京科技大学学报》（社会科学版）第3期。

荀丽丽、包智明，2007，《政府动员型环境政策及其地方实践——关于内蒙古S旗生态移民的社会学分析》，《中国社会科学》第5期。

阳穆哲，2001，《腐败问题的三方决策模型——委托人、代理人与寻租者的行为分析及反腐败政策建议》，《经济科学》第5期。

杨林等，2012，《农业补贴理论的最新发展：一个文献综述》，

《经济研究参考》第22期。

杨善华等，2008，《税费改革后中西部地区乡镇政权自主空间的营造——以河北Y县为例》，《社会》第4期。

杨雪冬，2012，《压力型体制：一个概念的简明史》，《社会科学》第11期。

杨正礼，2004，《我国退耕还林研究进展与基本途径探讨》，《林业科学研究》第4期。

叶凯、肖唐镖，2005，《厂民关系的历史变迁：一种影响农村稳定因素的分析——侧重于制度分析与行动者分析相结合的解释》，《中国农村观察》第3期。

于江龙等，2009，《退耕还林工程的可持续性研究综述》，《世界林业研究》第2期。

于水等，2011，《乡村治理结构中的村民自治组织：冲突、困顿与对策——以江苏若干行政村为例》，《农村经济》第9期。

张超，2002，《关于干群关系的社会学思考——"法人行动者"与村级权力》，《中国农村观察》第3期。

张晨、周娜娜，2012，《地方服务型政府生态职能构建：转型诉求与体制逻辑》，《学习与探索》第4期。

张红霞、余劲，2012，《退耕还林：中国农业政策转折点的研究综述》，《经济问题探索》第7期。

郑杭生，2008，《中国特色社区建设与社会建设——一种社会学的分析》，《中南民族大学学报》（人文社会科学版）第6期。

郑杭生，2013，《中国社会管理和社区治理的新特点新趋势——从社会学视角看地方经验的持续贡献》，《广州公共管理评论》第1期。

郑杭生等，2012，《当前我国社会管理和社区治理的新趋势》，《甘肃社会科学》第6期。

郑杭生等，2012，《论我国社区治理的双重困境与创新之维——基于北京市社区管理体制改革实践的分析》，《东岳论丛》第1期。

张军、王邦虎，2010，《从对立到互嵌：制度与行动者关系的新拓展》，《江淮论坛》第3期。

张云鹏，2007，《试论吉登斯结构化理论》，《社会科学战线》第4期。

赵武军等，2007，《退耕还林与农户收入关系研究综述》，《财贸研究》第6期。

赵晓峰，2008，《税费改革后农村基层组织的生存逻辑与运作逻辑》，《调研世界》第3期。

支玲、李怒云等，2004，《西部退耕还林经济补偿机制研究》，《林业科学》第2期。

中华人民共和国农业部，2005，《关于2005年发展粮食生产意见》。

张曙光，1996，《经济学的理论范式和分析方法》，载《中国经济学：向何处去》，北京：经济科学出版社。

周飞舟，2006，《“从汲取型”政权到“悬浮型”政权——税费改革对国家与农民关系之影响》，《社会学研究》第3期。

周雪光、练宏，2011，《政府内部上下级部门间谈判的一个分析模型——以环境政策实施为例》，《中国社会科学》第5期。

周雪光等，2012，《通往集体债务之路——政府组织、社会制度与乡村中国的公共产品供给》，《公共行政评论》第1期。

朱芬萌等，2004，《美国退耕还林工程及启示》，《世界林业研究》第3期。

钟兴菊，2014，《环境关心的地方实践：以大巴山区东溪村退耕还林实践过程为例》，《中国地质大学学报》第1期。

朱应皋，2006，《中国农业补贴制度的变迁与反思》，《乡镇经济》第3期。

其他中文文献

车莉蓉，2007年《退耕还林的政策效力与社会经济意义——基于推安峡口二队调查的实证研究》，四川大学硕士论文。

党晶晶，2011年《退耕还林政策对农村社区发展的效应研究——以榆林市榆阳区为例》，西北农林科技大学硕士论文。

林业局，2011，《中西部地区退耕还林还草工程建设“十五”计划及2010年规划（征求意见稿)》。

黄海荣，2009，《政府与农民关系的乡村社会实践形态——透过鲁西南X村庄土地流转案例的实证分析》，中国人民大学硕士论文。

柯水发，2007，《农民参与退耕还林行为理论与实践研究》，北京林业大学博士论文。

雷青，2007，《中国环境政策执行理论研究》，兰州大学硕士论文。

李海宝，2011，《退耕还林中的乡镇政府行为研究——以西部地区乡镇政府为例》，陕西师范大学硕士论文。

李金东，2010，《甘肃省退耕还林政策对农民收入的影响：理论和实证》，兰州大学硕士论文。

李晓峰，2005，《中国退耕还林（草）工程与政策的经济分析》，中国人民大学硕士论文。

林梅，2001，《环境政策实施机制研究——对洞庭湖区“平垸行洪、退田还湖、移民建镇”政策实施过程的考察》，北京大学博士论文。

刘谦，2012，《退耕还林对农户收入影响的实证研究》，中国人民大学硕士论文。

刘伟，2008，《自生秩序、国家权力与村落转型——基于对村民群体性生活的比较研究》，复旦大学博士论文。

马娜，2010，《我国地方政府环境政策执行问题研究》，中国海洋大学硕士论文。

王兵，2007，《陕西退耕还林地区农户收入结构研究》，西北农林科技大学硕士论文。

王清，2010，《政策影响下的生态与生活》，中央民族大学硕士论文。

吴宗凯，2009，《吴起镇退耕还林工程对“三农”的影响研究》，西北农林科技大学硕士论文。

张蓬涛，2002，《中西部地区退耕及对粮食生产的影响》，中国科学院硕士论文。

张雅茜，2011，《退耕还林政策的社会性别分析》，西北农林科技大学硕士论文。

赵武军，2008，《退耕还林政策对农户收入影响的实证研究——基于陕西省米脂县463户村民的调查》，西北农林科技大学硕士论文。

邹骥，1997，《环境经济一体化的政策分析》，中国人民大学博士论文。

英文文献

著作

G. C. Edwards III and I. Sharkansky, ed. , 1978. *The Policy Predicament.* Sanfrancisco: W. H. Freeman and Co.

Jia Hao and Lin Zhimin (eds.), 1994. *Changing Central-Local Relations in China: Reform and State Capacity.* Boulder: Westview Press.

Lipsky, 1977. *Toward a Theory of Street-level Bureaucracy, Theoretical Perspectives on Urban Politics.* Englewood Cliffs: Prentice-Hall.

Lynn T. White III, 1998. *Local Causes of China's Economic Reforms.* NewYork: m. E. Sharpe.

Oi, Jean C. 1989. *State and Peasant in Contemporary China: the Political Economy of Village Government.* Los Angeles: Press of California University.

Richard Henry Popkin, 1993. *Avrum Stroll. Philosophymade Simple.* Random House Digital, Inc. 7 (1): 238 .

Ritzer, G. and Goodman, D. 2004. *Modern Sociological Theory.* Beijing: Peking University Press.

Robbins, Derek, 1991. *The Work of Pierre Bourdieu.* Boulder, Colo. : West view Press.

Robert S. Pindyck, Daniel L. 2001, *Rubinfeld*, *Microeconomics Fourth Edition*. Renming University Press.

Wang and Hu Angang, 2001. *The Chinese Economy in Crisis: State Capacity and Tax Reform*, Armonk, NY: m. E. Sharpe.

Huang Ya sheng, 1996. *Inflation and Investment Controls in China: The Political Economy ff Central-Local Relations during The Reform Era*, Cambridge: Cambridge University Press.

World Bank, 2001. *China: Air, Land and Water, Environmental Priorities for a Newmilennium.* World Bank, Washington, DC, pp. 174.

论文

A. J. Plantinga et al. 2001. The Supply of Land for Conservation uses: Evidence from the Conservation Reserve Program. *Resources, Conservation and Recycling*, 31.

Abigail R. Jahiel, 1997. The Contradictory Impact of Reform on Environmental Protection in China, *The China Quarterly*, No. 149: 81 – 103.

C. Wang etc. 2007, Evaluation of the Economic and Environmental Impact of Converting Cropland to Forest: A Case Study in Dunhuang county, China. *Journal of Environmentalmanagement.* 85: 746 – 756.

COOPER, C., and OSBORN, T., 1998. The Effect of Rental Rate Reserve Program Contracts. *American Journal of Agricultural*, 80: on the extension of conservation, 3: 184 – 194.

Edin, 2003. State Capacity and Local Agent Control in China: CCP Cadremanagement from a Township Perspective, *The China Quarterly.* 3: 35 – 52.

Emi Uchida, Jintao Xu and Scott Rozelle, 2005. Grain for Green: Cost-Effectiveness and Sustainability of China's Conservation Set-Aside Program. *Land Economics*, Vol. 81, No. 2: 247 – 264.

H. Peng . etc. 2007. Social, Economic, and Ecological Impacts of the "Grain for Green" Project in China: A Preliminary Case in Zhangye, Northwest China. *Journal of Environmentalmanagement*, Volume

85, Issue 3: 774 -784.

Holmstrom, B. , milgrom, 1991. *P. M* ulti-task Principal-agent Analysis: Incentive Contracts, Asset Ownership and Job Design. *Journal of Law, Economics and Organization*. 7: 24 -52.

Jensen, W. C. andmeckling, 1976. W. H. Theory of the Firm: Managerial Behavior, Agency Costs and Ownership Structure. *Journal of Financial Economics*, Oct, Vol. 3, No. 4: 308.

Lester Ross, 1984. The Implementation of Environmental Policy in China: A Comparative Perspective, *Administration & Society*. 15: 509.

M. O. Ribaudo et al. , 2001. Environmental Indices and the Politics of the Conservation Reserve Program. *Ecological Indicators*, 1.

Michael T. Bennett, 2007, China's Sloping Land Conversion Program: Institutional Innovation or Business as usual? *Ecological Economics*, 65: 699 -711.

O ' BRIEN LI, 1999. Selective Policy Implementation in Rural China [J] . *Comparative Politics*, 31 (2) : 167 -186.

Osborn, Tim, 1993. The Conservation Reserve Program: Status, Future, and Policy Options. *Journal of Soil and Water Conservation*. 48 (4): 271 -78.

Richard. W. Waterman, Kenneth J. Meier. 1998, Principal-Agent-models: An Expansion? *Journal of Public Administration Research and Theory*. (8), 2, 173.

James C. Scott, 1985. *Weapons of the Weak: Everyday Forms of Peasant Resistance*, Yale University Press: 29.

Tsai, L. L. , 2007. Solidary Groups, Informal Accountability, and Local Public Goods Provision in Rural China. *American Political Science Review*, 101: 355 -373.

USDA, 2003. Extends Conservation Reserve Program sign-up to June 13, FDCH, may 20.

Victor Nee, 1996, The Emergency of Amarket Society: Changing-

mechanism of Stratification in China, *American Journal of Sociology* 101, 908 – 949

Xu, J., Tao, R., Xu, Z., Bennett, M., 2005. China's Sloping Land Conservation Program: Does Expansion Equal Success? Draft Paper. *Centre for Chinese Agricultural Policy*, Beijing.

Wang Xuedong, et al. 2007, Estimating non-market Environmental Benefits of the Conversion of Cropland to Forest and Grassland Program: A Choicemodeling Approach. *Ecological Economics*, 63: 113 – 125.

其他资料与媒体报道

国家统计局、环境保护部，2011，《2011 中国环境统计年鉴》，中国统计出版社。

国家林业局，2011，《中国荒漠化与沙化状况（2005 – 2009 年）》。

国家林业局，2001，《中西部地区退耕还林还草工程建设“十五”计划及 2010 年规划（征求意见稿）》。

国家林业局，2013，《退耕还林如何退?》，7 月 26 日。

国家林业局，2006，《中国林业工作手册》，北京：中国林业出版社。

国家林业局，2013，《工程实施 14 年，补贴政策陆续到期，退耕还林如何进退》，7 月 26 日，http://www.forestry.gov.cn/。

国家林业局，2009，《我国水土流失概况》，相关网站：http://www.forestry.gov.cn//portal/stzg/s/2942/content – 441113.html。

中华人民共和国国家统计局，《中国统计年鉴 2012》（表 12 – 39：环境污染治理投资），http://data.stats.gov.cn/workspace/index? m = hgnd。

中华人民共和国环境保护部，2012，《中国环境统计公报（2012 年）》，http://zls.mep.gov.cn/hjtj/qghjtjgb/201311/t20131104_262805.htm。

林业工作研究，1998，“封山植树，退耕还林，恢复植被，保护生态：98 中国特大洪灾综述”，第 9 期。

常红晓，2007，《退耕还林进退失据》，《财经》第19期。

崔晓黎，2004，《“退耕还林”不能退》，《中国经济时报》1月4日。参见中国农村研究网：http：//www.ccrs.org.cn. 2004－1－4。

韩俊，2003，《中国不会出现全局性粮食短缺》，《财经》第22期。

何磊，2005，《全国粮食生产扭转连续5年下滑势头出现重要转机》，《中国青年报》1月6日。

楼夷，2004，《退耕还林政策大幅调整》，《财经》第2期。

邵文杰，2004，《国家采取10项措施鼓励发展粮食生产》，《光明日报》2月20日。

王志宝，2004，《退耕还林工程不会影响我国粮食安全》9月7日。参见东北网：http：//www.northeast.com。

附录1　中国退耕还林政策发展历程（1998～2013年）

虽然退耕还林政策在1999年开始正式试点，但我国关于退耕还林工程的探索最早可以追溯到1949年晋西北行政公署发布的《保护与发展林木业暂行条例（草案）》，在该条例中我国第一次正式提到退耕还林。关于退耕还林的发展历程，不同学者根据不同标准有不同的梳理，大体可以分为四个阶段：号召动员阶段（1949～1998年）；试点示范阶段（1999～2001年）；工程建设阶段（2002～2006年）；成果巩固阶段（2007至今）（李晓峰，2005；罗春，2005）。在号召动员阶段又有学者将其分为三个时期：第一个时期，以营造商品用材林为主（1949～1977年）；第二个时期以营造经济林为主（1978～1982年）；第三个时期进入以营造生态经济林为主的退耕还林新时期（1983～1988年）（冯道，2002）。由于号召动员阶段属于自发阶段，复耕严重，政府的支持力度有限，退耕规模不大，本书对该阶段不做重点讨论。退耕还林工程的推进历程伴随着国家政策的不断演变而发展，所以本研究重点梳理1998年以后退耕还林政策的发展与工程推进的相关内容。（详见附表1）。

附表1　退耕还林工程主要政策和关键事件进展情况（1998～2013年）

时间	颁布	文件名称	主要内容
1998年8月	国务院	《国务院关于保护森林资源制止毁林开荒和乱占林地的通知》	“各地要在清查的基础上，按照谁批准谁负责，谁破坏谁恢复的原则，对毁林开垦的林地，限期全部还林”

续表

时间	颁布	文件名称	主要内容
1998年8月	国务院	《中华人民共和国土地管理法》	第三十九条规定，禁止毁坏森林、草原开垦耕地，禁止围湖造田和侵占江河滩地。根据土地利用总体规划，对破坏生态环境开垦、围垦的土地，有计划有步骤地退耕后还林还牧还湖。
1998年10月14日	中共中央十五届三中全会	《中共中央关于农业和农村工作若干重大问题的决定》	禁止毁林毁草开荒和围河造田。对过度开垦、围垦的土地，要有计划、有步骤地还林、还草、还湖。
1998年10月20日	中共中央、国务院	《关于灾后重建、整治江湖、兴修水利的若干意见》	把“封山植树，退耕还林”放在灾后重建“三十二字”综合措施的首位，并指出：“积极推行封山育林，对过度开垦的土地，有计划有步骤地退耕还林，加快林草植被恢复建设，是改善生态环境、防治江河水患的重大措施。”
标志事件一：试点工程开启（1999）			
1999年8月5日，朱镕基总理提出“退耕还林（草），封山绿化，以粮代赈，个体承包”的生态建设综合措施，随后开始在陕西、甘肃和四川三省率先开展了退耕还林项目试点；当年即完成退耕还林381.5万公顷，宜林荒山荒地造林6.6万公顷。			
2000年1月29日	国务院	《中华人民共和国森林法实施条例》	第22条明确规定，25度以上的坡耕地应当按照当地人民政府制定的规划，逐步退耕，植树和种草；国务院西部地区开发会议将退耕还林列为西部大开发的重要内容。
2000年3月9日	国家林业局、国家计委等	《长江、黄河上中游地区2000年退耕还林（草）试点示范实施方案》（林计发〔2000〕111号）	工程扩展到13个省（自治区、直辖市）和新疆生产建设兵团的174个县；6月又启动了湖南、河北、吉林和黑龙江4省的14个县，该年共启动了17个省区市的188个县；试点工程完成了1743.6万亩的退耕还林（草）任务和1501.8万亩的荒山荒地造林任务，累计投入资金达76.8亿元；标志着退耕还林公共政策开始正式实施。

续表

时间	颁布	文件名称	主要内容
2000 年 3 月 14 日	国家计委、国家粮食局等	《关于以粮代赈、退耕还林还草的粮食供应暂行办法》（计粮办〔2000〕241 号）	规定了退耕粮食供应的基本原则、标准、期限等。
2000 年 9 月 10 日	国务院	《国务院关于进一步做好退耕还林还草试点工作的若干意见》（国发〔2000〕24 号）	对退耕还林的各项政策措施予以明确。
2000 年 10 月 11 日	十五届五中全会	《中共中央关于制定国民经济和社会发展第十个五年计划建议》	加强生态建设和生态保护，有计划分步骤地抓好退耕还林等生态建设工程，改善西部地区生产条件和生态环境。
2001 年 3 月	九届人大四次会议	《中华人民共和国国民经济和社会发展第十个五年计划纲要》	正式将退耕还林列入我国国民经济和社会发展十五计划。
关键事件二：工程全面铺开（2002）			
2002 年，退耕还林工程正式在全国展开，范围进一步扩展到 25 个省[①]（自治区、直辖市）的 1897 个县（市、区、旗）的 2000 多万户，9700 多万农民，其中重点县 856 个，安排 3000 多万亩退耕计划，相当于试点阶段年均退耕规模（550 万亩）的 6 倍。			
2002 年 4 月 11 日	国务院	《国务院关于进一步完善退耕还林政策措施的若干意见》（国发〔2002〕10 号）	为把退耕还林工作扎实稳妥健康地向前推进提出了进一步完善退耕还林的若干政策措施。
2002 年 12 月	国务院	通过《退耕还林条例》（第三百六十七号国务院令正式公布）	决定从 2003 年 1 月 20 日起开始实施，《条例》第四条规定：退耕还林必须坚持生态优先；应当与调整农村产业结构、发展农村经济、防止水土流失、保护和建设基本农田、提高粮食单产、加强农村能源建设、社会是生态移民相结合，此时还没有明确提出消除贫困的目标。完成了退耕还林公共政策法律化程序。这标志着退耕还林实现了由理论探索到生态实践的转变，并逐步走向制度化和规范化。
2003 年 6 月 18 日	国家林业局	《退耕还林工程作业设计技术规定》（林退发〔2003〕90 号）	为指导和规范退耕还林工程作业设计，保证工程建设质量，提高工程建设成效，特制定本技术规定。

续表

时间	颁布	文件名称	主要内容
2003 年 6 月 25 日	中共中央、国务院	《关于加快林业发展的决定》（中发〔2003〕9 号	将抓好六大重点工程作为实现林业战略目标的重要途径，赋予了退耕还林工程艰巨的历史使命。
2003 年 8 月 21 日	国家林业局	《退耕还林工程建设监理规定（试行）》（办退字〔2003〕34 号）	《规定》就监理单位及人员、监理程序、监理内容、责任与处罚等做出了明确规定。
2004 年 1 月	国家林业局	《关于进一步完善退耕还林工程人工造林初植密度标准的通知》（林造发〔2004〕9 号）	明确要求各地在退耕还林工程建设中，按营造生态公益林、经济林初植密度标准规定执行，完善了林业质量标准和检验检测体系。
关键事件三：工程结构性调整（2004）			
2004 年，根据国民经济发展的新形势和全国粮食供应出现的问题，中共中央突然决定 2004 年的新增的退耕地面积指标大幅度由 2003 年的 5000 万亩压缩为 1000 万亩，只相当于 2003 年的 1/5，2002 年的 1/4，这是全国大规模林业发展项目在经过大扩张后的一次前所未有的收缩，并且在补助方式上也发生变化，从之前的粮食补助改为现金补助。			
2004 年	国家林业局	《进一步做好退耕还林成果巩固工作的通知》（林退发〔2004〕122 号）	对退耕还林任务进行了结构性、适应性调整，工作重心由规模扩张向巩固成果、稳步推进转移。
2004 年 4 月 13 日	国务院办公厅	《关于完善退耕还林粮食补助办法的通知》（国办发〔2004〕34 号）	坚持退耕还林的方针政策，国家无偿向退耕户提供粮食补助的标准不变。从 2004 年起，原则上将向退耕户补助的粮食改为现金补助。中央按每公斤粮食（原粮）1.40 元计算，包干给各省、自治区、直辖市。
2004 年 7 月 28 日	财政部、国家发改委等	《关于退耕还林、退牧还草、禁牧舍饲粮食补助改补现金后有关财政财务处理问题的紧急通知》（财建明电〔2004〕2 号）	从 2004 年起，退耕还林、退牧还草粮食补助，原则上由供应粮食（原粮）改为补助现金。

续表

时间	颁布	文件名称	主要内容
2005 年 7 月 12 日	国务院办公厅	《国务院办公厅关于切实搞好“五个结合”进一步巩固退耕还林成果的通知》（国办发〔2005〕25 号）	实现“农民脱贫致富”和“增加农民收入”的目标，把退耕还林与基本农田建设、农村能源建设、生态移民、后续产业发展、封山禁牧舍饲等配套保障措施结合起来。
2006 年 12 月 21 日	国家林业局	《退耕还林工程质量评估办法（试行）》的通知（林退发〔2006〕265 号）	对退耕还林工程的质量评估技术和程序上作了详细的规定。
关键事件四：政策巩固延续及转折点（2007）			
2007 年 8 月 9 日	国务院办公厅	《国务院关于完善退耕还林政策的通知》（国发〔2007〕25 号）	要求“调整退耕还林规划”，原定十一五期间退耕还林 2000 万亩的规模，除 2006 年安排 400 万亩外，暂不安排；并将补助按调整后的延长一个周期：现行退耕还林粮食和生活费补助也调整为长江流域及南方地区每亩退耕地每年补助现金 105 元；黄河流域及北方地区每亩退耕地每年补助现金 70 元，原每亩退耕地每年 20 元生活补助费，继续直接补助给退耕农户，并与管护任务挂钩。这宣告退耕还林的主要目标从扩大退耕还林面积转向巩固现有的成果阶段，标志着退耕还林工程迎来了一个从量变向质变的转折点。
2008 年 6 月 8 日	国务院	《中共中央国务院关于全面推进集体林权制度改革的意见》	为促进林业向现代林业转向，对集体林权的任务、措施等方面进行规定，并颁发林权证。
2009 年 12 月 13 ~ 25 日	国家林业局	举办四期工程检查验收培训	就《退耕还林工程建设年度检查验收办法》、《退耕还林工程退耕地还林阶段验收办法》、原有政策补助面积和完善政策补助面积的核算等相关内容进行了培训。至此，退耕还林工程进入巩固已有退耕还林成果、工程检查验收、深化集体林权制度改革、依法保护退耕农民合法权益的重要阶段。

续表

<table>
<tr><th>时间</th><th>颁布</th><th>文件名称</th><th>主要内容</th></tr>
<tr><td>2010 年 12 月</td><td>国家林业局</td><td>天然林资源保护工程二期实施方案</td><td>天保工程一期就开始陆续对分类经营进行区划，但在第二期（2011 年）才开始落实补偿。对森林进行分类经营，划分公益林（包括国家重点公益林、一般公益林）和商品林，仅对公益林补偿，每亩补助 7.75 元/年[②]，其他林种不补偿。地方各自根据总体指标对荒山荒地、林地以及退耕地面积进行分类经营区划；一定程度上标志着具有相同目的的天保工程和退耕还林工程在后续推进中有结合的部分，退耕还林的后期巩固也得到天保工程的进一步保障。</td></tr>
<tr><td>2012 年</td><td>中共中央国务院</td><td>《关于加快推进农业科技创新持续增强农产品供给保障能力的若干意见》</td><td>该意见进一步要求：“巩固退耕还林成果，在江河源头、湖库周围等国家重点生态功能区适当扩大退耕还林规模。”</td></tr>
<tr><td colspan="4">关键事件五：政策延续与新发展（2016）</td></tr>
<tr><td colspan="4">退耕还林政策自 2002 年全面铺开以来，由于还草与还林（还生态林与经济林）的周期差异，在统一实施两轮周期之后，时限最长的生态林（8 年/轮 * 2 轮）共 16 年，到 2016 年已全部结束，为此，为进一步巩固退耕还林政策实施成果，对一些特殊地块进行还林面积调整，并将生态修复的还林还草工程与农业发展与农村建设政策的耦合性发展进行衔接。</td></tr>
<tr><td>2016 年
2 月 29 日</td><td>财政部等八部门</td><td>《关于扩大新一轮退耕还林还草规模的通知》</td><td>主要从四个方面进行调整：一是将坡耕地基本农田调整为非基本农田；二是退耕还林还草向扶贫开发地区与人口结合；三是及时拨付新一轮退耕还林还草补助金，还林补助 1500 元/亩［分在 1、3、5 年三次分别下发 800 元（其中种苗造林费为 300 元）、300、400 元/亩］；还草 1000 元/亩［分在 1、3 年两次分别下发 600 元（其中种苗种草费为</td></tr>
</table>

续表

时间	颁布	文件名称	主要内容
2016年2月29日	财政部等八部门	《关于扩大新一轮退耕还林还草规模的通知》	150元)、400元/亩];四是认真研究在陡坡耕地梯田、重要水源地15~25度坡耕地以及严重污染耕地退耕还林还草的需求。

资料来源:对访谈资料、二手文献等各类资料进行整理所得。

①退耕还林的25个省(自治区,直辖市):河北、山西、内蒙古、辽宁、吉林、黑龙江、江西、河南、湖北、湖南、广西、重庆、四川、贵州、云南、陕西、甘肃、青海、宁夏、新疆以及新疆生产建设兵团,以及后来扩展的安徽、西藏、海南、北京、天津5个省(区市)。

②国家对公益林的补偿标准是:对国家公益林,中央财政安排森林生态效益补偿基金每亩每年10元。对地方公益林,生态效益补偿基金由中央、市、区县财政共同负担。其中:中央财政每亩每年补助3元;市和区县两级财政共同承担每亩每年7元(如重庆市的分担比例为:“一圈”地区,市财政30%、区县级财政70%;“两翼”地区,市财政70%、区县级财政30%)。如重庆“两翼”地区的补偿标准的计算方式是:7.75元=10元(总补偿基金标准)-0.25元(市统筹公共管护支出)-2元(集中管护支出),是直接补偿林权所有者的兑现标准。

附录2　中国农业补贴政策发展历程（1999～2010年）

自党的十六届三中全会以来，“三农”问题备受关注，为了解决“三农”问题，党和政府出台了一系列“惠农”、“支农”政策，如“促进农民增收政策、农业税费改革政策、粮食直补政策、建设社会主义新农村政策和建设社会主义和谐社会”等。

中国农业补贴政策始于20世纪50年代末，最早的补贴形式是国营拖拉机站的“机耕定额亏损补贴”，之后逐渐扩展到农用生产资料的价格补贴、农业生产用电补贴、贷款贴息补贴等（朱应皋，2006）。当前关于中国农业补贴政策的研究相当丰富，有学者对国家相关农业补贴政策进行对比研究总结经验启示（刘渝等，2005；张瑞红，2010）；也有学者对农业补贴政策阶段性问题以及完善建议等展开讨论（郑志冰，2007；杜辉等，2010；彭慧蓉等，2011）等。在众多研究中关于我国农业补贴制度变迁大致分为三大转向的轨迹：一是以价格补贴转向非价格补助为主；二是以生产性补贴转向以流通性补贴为主；三是以间接性补贴转向以直接性补贴为主（朱应皋，2006）。其中有学者认为从1999年开始实施的退耕还林政策是我国农业政策由索取向给予的转折点，国家财政收入逐渐流向农民，税收转变为农业补贴（张红霞等，2012）。所以，退耕还林政策既是林业政策又是农业政策转折点，具有重要的意义。为了更好地反映农业补贴政策与退耕还林政策的“系统效应”，这里重点梳理与退耕还林政策发展同时期（1999年以后）的相关农业补贴政策（详见附表1）。2003年开始，我国农业补贴政策进入改革完善期，实施以“两免四补”为标志的生产领域的明补政策，形成了以粮食直接补贴和农资综合直接补贴为主要内容的综合性收入补贴、以良种补贴和农机具购置补贴为主的专项生产性补贴、粮食最低收购价、农业税减免相结合的直接补贴政策体系。按性质可以分为两类：即综合性收入补贴和重大财政支农专项补贴，其中综合性收入补贴重点着眼于对种粮农民进行收入补偿，是对种粮农民的直接补贴，包括粮食直补和农资综合直补，而重大财政支农专项补贴项目较多，如良种补贴、农机具购置补贴、家电购置补贴等（张红霞等，2012）。（详见附表2，重点列举重大财政补贴项目）。通过附表2各项补助政策实施情况表明，退耕还林政策是一项全国性的、累计投入的资金最大、补贴累计期限最长、受益对象最多、综合效益较好的惠农举措。

附表 2　中国农业补贴相关政策一览表（1999～2010 年）

时间	颁布	文件名称	主要内容
关键事件一：农业政策的转折点（1999 年）			
1999 年 8 月 5 日，朱镕基总理提出“退耕还林（草），封山绿化，以粮代赈，个体承包”的生态建设综合措施，随后开始在陕西、甘肃和四川三省率先开展了退耕还林项目试点（果佳，2009）；是国家财政收入由农民流出转向流入农民，由农民索取转为给予。			
2000 年	中共中央国务院	《中共中央国务院关于进行农村税费改革试点工作的通知》（中发〔2000〕7 号）	试行“三取消、两调整、一改革”为主要内容的农村税费改革以减轻农民负担，其具体内容为：取消乡统筹、农村教育集资、屠宰税和统一规定的劳动积累工和义务工；调减农业税和农业特产税；改革村提留征收使用办法。
2001 年 3 月 24 日	国务院	同意《关于完善粮改政策的建议》（〔2001〕28 号）	改革粮食补贴方式、实行对农民直补的初步设想，建议“完善粮改政策”、“保护农民种粮积极性”；2002～2003 年在安徽、吉林三个县市进行粮食直补政策试点，是我国农业补贴全面转型的开始，2003 年推广到 13 个粮食主产区；2004 年全国实施。

续表

时间	颁布	文件名称	主要内容
2003年10月11日	党中央、国务院	《国家部委支农惠农项目实施文件汇编（2013版）》"惠农"、"支农"政策	制定粮食新政10项措施，包括对种粮农民的直接补贴制度、降低农业税率，取消特产税；购买良种补贴、农机补贴等。
2003年12月31日	国务院	《中共中央国务院关于促进农民增收若干政策的意见》	"降低农业税税率、取消除烟叶外的农业特产税"等相关农民增收的相关政策规定。

关键事件二：粮食安全（2004）
2003～2004年初，国内粮食市场出现严重供不应求的重大变化，2003年供求缺口高达0.5亿吨，粮食价格的迅速上升，粮食安全问题凸显，为此国家为了保证粮食安全，出台了一系列"惠农"、"支农"政策，典型的是粮食"新政"10项措施，加大对农民的综合性收入补贴和重大财政支农专项补贴，至此我国对农业补贴政策进入新阶段。

时间	颁布	文件名称	主要内容
2004年1月	党中央国务院	《中共中央国务院关于促进农民增加收入若干政策的意见》中央一号文件	开始对粮食主产区农民大规模实行种粮直补、良种补贴和农机购置补贴；标志着从生产性补贴到流通领域补贴，进入"粮食直补"时期。
2004年3月	中央政府	下发一系列关于粮食政策调整相关文件	调整内容包括：严格保护耕地、出台粮食收购保护价和粮食补贴政策。
2005年2月3日	财政部、国家发展委等	《关于进一步完善对种粮农民直接补贴政策的意见》的通知（财建〔2005〕59号）	进一步完善对种粮直补机制、资金安排、筹措与拨付等内容规定。
2005年7月11日	国务院	《国务院关于2005年深化农村税费改革试点工作的通知》（国发〔2005〕24号）	"扩大农业税免征范围，农业税附加与正税同时减征或免征。全面取消牧业税"等农村税费改革试点工作的相关事项。
2005年12月29日	第十届全国人大常委会第十九次会议	废止《农业税条例》	自2006年1月1日起废止农业税；结束了2600多年来农民种地必须缴纳"皇粮国税"的历史，标志着国家与农民的传统分配关系发生了根本性变革（彭慧蓉等，2011）。
2006年1月1日	党中央、国务院	《中共中央国务院关于推进社会主义新农村建设的若干意见》（中发〔2006〕1号）	大力提高农业科技创新和转化能力，扩大农业技术推广项目专项补贴规模；扩大畜禽良种补贴贵，对农民实行"三减免、三补贴"和退耕还林政策补贴等。

续表

时间	颁布	文件名称	主要内容
2006年4月	财政部	《关于对种粮农民柴油、化肥等农业生产资料增支实行综合直接补贴的通知》	对种粮农民的柴油、化肥、农药等农业生产资料实行综合直接补贴。
2006年10月11日	党第十六届中央委员会第六次会议	《中共中央关于构建社会主义和谐社会若干重大问题的决定》	关于建设社会主义和谐社会的相关重要内容。
2007年	中共中央国务院	《中共中央国务院关于积极发展现代农业扎实推进社会主义新农村建设的若干意见》	确定农业补贴制度规范；健全农业支持补贴制度，逐步形成“目标清晰、受益直接、类型多样、操作简便”的农业补贴的制度；确定新的补贴方向或加强补贴的量，如对农户参加政策性农业保险给予补贴，加大“阳光工程”等农村劳动力专业就业培训等。
2008年	党中央、国务院	《中共中央国务院关于切实加强农业基础建设进一步促进农业发展农民增收的若干意见》	提出“适合国情、着眼长远、逐步增加、健全机制”的农业补贴原则；对规模养殖进行“以奖代补”新举措；强调统筹研究重要农产品的补贴政策。
2009年	党中央、国务院	《中共中央国务院关于2009年促进农业稳定发展农民持续增收的若干意见》	大幅度增加原有项目补贴力度；加大对专业大户、家庭农场种粮补贴力度；按照目标清晰、简便高效、有利于鼓励粮食生产要求完善农业补贴办法；加强对流通环节的补贴，如“北粮南运”、新疆棉花外运等。
2010年	党中央、国务院	《中共中央国务院关于加大统筹城乡发展力度进一步夯实农业农村发展基础的若干意见》	调整农业补贴方向、支持区域、落实方式方法；扩大补贴范围，加大补贴力度；对农业补贴对象、种类、资金结算的监督检查，不准将补贴资金用于抵扣农民交费等。

附表 2　我国农业补贴专项政策措施实施情况一览表（1999 ~ 2010 年）

补贴类型	补贴项目	开始时间	累计年限（年）	政策目标	补贴内容及标准（元/亩/年）	累计投资（亿元）	年均投入（亿元）
退耕还林	退耕还林	2000 年	11	用于退耕农户退耕后的医疗、教育、日常生活等必要开支的专项补助资金，以及原退耕还林政策补助期满后解决退耕还林农户生活困难补贴。	第一轮，长江流域及南方地区，退耕地补助粮食（原粮）150 公斤/亩/年；黄河流域及北方地区，补助粮食（原粮）100 公斤/亩/年，补助现金 20 元/亩/年。自 2004 年后补助粮食（原粮）的价款按每公斤 1.4 元折价计算。第二轮：补助于第一轮标准上减半，并与管护任务挂钩。	3400	309
重大财政支农专项补贴	良种补贴	2002 年	9	积极使用良种、提高覆盖率、改善品质、推进区域化、规模化。	补贴顺序：大豆（2002）、小麦（2003）、水稻（2004）、玉米（2004）、棉花（2007）、油菜（2007）、青稞（2010）四大粮食和经济作物，除水稻与棉花为 15 元/亩/年外，其他 10 元/亩/年。	725.92	81
	农机具购置补贴	2004 年	7	加快机械化进程，提高农业生产能力，促进农业增效，节约成本。	不超过 30% 的不同比例，单机补贴原则上不超过 5 万元，部分大型机械可以提高到 12 万元或 20 万元。	426.5	61
综合性收入补贴	粮食直补	2004 年	7	调动积极性，促粮食生产稳定发展。	化肥、地膜等生产资料投入品的补贴；一卡通将补贴资金兑付给种粮农户。	952	136
	农资综合直补	2006 年	5	减少种粮成本，促进粮食生产和农民收入。	统筹考虑柴油、化肥等主要农资价格变动对农民种粮增支的影响，中央安排农资综合补贴资金。	2742	548.4

资料来源：根据财政部农业司等相关资料整理。

附录3　东溪村60年来主要历史事件梳理[①]（1953～2013年）

（一）政治方面

1984年5月，县废止“政社合一”公社体制，恢复乡村建制，设置P乡（2005年前东溪村隶属于该乡）。

1998年，对1982年的土地承包制度实施调整，但最终以失败告终，因为土地下户后通过农民改田改土，面积和土质发生变化，农民都不愿意无偿退出土地。

2001年8月下旬，W县在重庆市率先进行“合村并社”乡镇机构改革；东溪村与T村合并为东溪村，将原东溪村7个社与T村的1～6社并为7个社，原T村7社合并到P村。

1994年，S乡、T乡、P乡合并为S乡；1995年三乡又解体，

---

① 对东溪村近60年来的主要历史事件进行梳理主要是为了从宏观角度呈现该村的社会经济背景，以便于将该村发生的历史事件都纳入社会历史发展中的特定位置展开分析；同时也呈现在大巴山区一个闭塞的乡村发生着社会大背景下的所有自上而下的政策实践的演变，凸显该村作为退耕还林政策实施的案例研究具有一定的典型性和代表性。对于东溪村的主要历史事件梳理主要根据该村主要的老干部（主任、书记、会计、村社社长等）和经历过该村历史变迁的村社精英领袖的口述进行总结和梳理，这里侧重于呈现该村在政治、经济发展、生产方式、生活方式以及自然环境五个方面的主要内容，每个方面可能不完全，但其中有关该村社会经济文化的变迁的关键事件（即与环境保护相关的村社社会经济历史境况、政策实施历程，以及与农业政策等相关内容），研究者经过查阅《W县志》进行完善，并通过不同口述者的述说、常识分析以及逻辑推论等方法对事件进行可靠性验证。这种依靠民间记忆丰富的乡村大事记的方法对修补村志具有重要意义，同时也是县志的重要补充。

自2005年经历“撤乡并镇”乡镇建制改革，三乡合并为当前的S镇，现该镇包括10个村2个社区，合村并社后的东溪村属于S镇的10个村之一。

2003年，实施退耕还林政策，耕地减少（仅留人均半亩口粮田），该村传统的占经济收入主导地位的蚕桑业开始衰落，外出务工人员在退耕后越来越多，2004年确权发证颁发林权证，权限有效期为70年，2003~2004年为粮食（大米等）实物补助，2005年开始统一为农民办理“农业直补卡”后，直接补助现金。

2008年，土地进行第二轮延包完善手续，确权发证（为“中华人民共和国农村土地承包经营权证”），进一步明确土地面积和界线，解决权属问题。

2008年，对1982年分到户的山林面积和界线等权属进行确权发证（“林权证”），明确山林的经营权问题。

2008年，实施农村合作医疗，并于2013年对合作医疗卡更新换代。

2009年，实施农村低保政策，并延续实施五保户政策。

2009年，实施农业良种补贴，按实际耕种面积补贴，补贴标准是：玉米补贴10元/亩，水稻15元/亩，油菜10元/亩。

2010年，县农委在东溪村实施油菜种植示范片区试点，免费提供种子、农药和肥料。

2010年，实施城乡养老保险。

2010年，8月1日开始实施户籍制度改革，配套实施自愿宅基地复垦制度，村民农转非后享有城镇居民的五项优惠政策，被形象地称为保留原有的“三件衣服”（承包地、宅基地和林权地），再穿城镇居民的“五件衣服”（住房、养老、医疗、教育和就业）。

2011年，东溪村退耕还林政策进入第二轮周期，政策补助减半（125元/亩/年），由于村民已经习惯大部分家庭青壮年外出务工的生产模式，逐渐减少耕种面积。

2013年3月，实施森林分类经营，将荒山与退耕还林面积全部纳入公益林管护面积，东溪村公益林管护面积为6002.8亩，国家对公益林实施公益林自主管护的补偿（7.75元/亩/年），加强对山林的管护和分类经营。

（二）经济方面

1953年，完成土改并开始实施“订购粮”政策。

1954年8月，东溪村以“县委领导，区委试办”为指导方针，东溪大队入初级农业生产合作社，是W县专区第二批也是W县第五区（该县共分为8个区）首批的29户加入初级社之一；同年实施由“订购粮”转向“统购粮”政策。

1957年，进入高级社，东溪村的集体企业是五区最多村，共有11个核算单位，包括茶厂、煤厂、电厂、瓦厂、酒厂、专业队（药材和基建）、合作医疗、代销店（供销社）、供金部、加工厂、拖拉机等，所有的核算单位在1978年土地联产承包后全部解体。

1960年，开始实施人民公社。

1958~1961年2月，为节约劳动力，实施生产队的集体食堂，1959年很多人被饿死。

1961年7月14日，由于大暴雨引发洪灾，公社粮食减产，同年8月，为解决村民吃饭难题，公社被迫解散农民普遍反对的公共食堂。

1960~1962年，开展大炼钢铁运动，抽调村里正劳力上山进行土法大炼生铁，村社大部分老林被砍伐。

1975年，开始培植良种桑树发展养蚕业；主要发展“四旁桑树”和密植桑树。

1980年，东溪村桑树逐渐成气候，村民开始规模养蚕。

1977年，东溪村的GDM（东溪村蚕桑员，在W县大力发展养蚕业时期，他在各区都设置蚕茧收购站，并配置一套班子，包括站长，收购员、生产人员等）第一个开始养蚕，是该村第一个靠养蚕致富之人。

1981年，土地下户后，全县大兴养蚕，提出“亿株桑，十吨茧”的口号，东溪村养蚕顶峰时期，每季养蚕400张左右，每年三季，每张蚕茧售价约400元。

1985年，取消长达32年历史的粮食统购政策，改为合同定购，农产品步入“价格双轨制”时代。

2003年，取消村里的各种税费，同时农业税随退耕还林政策实施逐渐减少。

2003年至今，实施退耕还林政策后规定“严禁林粮间种”，且桑树没有被纳入退耕还林树种，大部分四边桑树由于缺乏耕种而被荒死，该村从鼎盛时期的400多张/季蚕种，到现在仅仅七八张/季，曾经的东溪村的主导传统产业逐渐衰败。

2006年，东溪村正式取消农业税。

2007年始，东溪村开始实施种粮综合直补和良种补贴，补贴的面积数据根据农业税面积而定（国家从2004年开始实施该政策）。

（三）生产方式

1966年，试种矮秆水稻，比老品种增产40%左右。

1970年，东溪村成为W县区最早的“温室两代育秧”水稻良种试点推广村。

1972年，东溪村掀起“农业学大寨”运动，当时区位书记CHY驻到东溪村负责开展大规模的改土改田工作，为了提高产量农民在开的水平梯田内种植苞谷、玉米、麦子、黄豆等作物，并把屋旁的竹林毁掉种庄稼。当时全村是一幅“一清二白”景象，开梯田后有利于缓解早期垮田垮土的情况。

1974年，从湖北引入玉米良种开始制种，1976年培育成功后，东溪村成为杂交玉米良种制种基地以及宣传学习试点，接待全县各区干部参观学习。

1978年，修建自P乡到东溪1、3社的农田灌溉槽沟，主要用于该村1社、3社农田灌溉。

1979年，该村开始试用化学药剂进行秧田除稗、芽前除草、叶片除虫。

1981年，W县实施土地承包到户，但东溪村在1982年上半年仍然坚持“水统旱包”，由于群众缺乏积极性而使当年集体减产几十万斤，于是东溪村于同年下半年实施将所有土地林地承包到户，是周边村中最晚土地下户的村。

1982年，土地承包到户后为了增收，农民改造干田为水田（由于中坝煤矿开采导致原有水田变成干田，每年枯水季节饮水困难），可以种植水稻、麦子和油菜。

1982年8月，因农田灌溉发生农民因抢水灌溉的打架纠纷事件。

1993年，檀木煤矿迁到中坝后，长期挖煤使东溪村山泉水水位下降，以前的水田变成干田，现只能种苞谷、红苕、黄豆、油菜、洋芋等作物。

2007年，东溪村在镇政府、村支两委共同研究下开始实行“统管统灌”，由专人管理（每年从4月底到8月水稻收割，支付20元/亩/年），不准任何人私自乱开渠口引水灌溉自家农田，由此在当年发生旱灾的同时该村仍然获得水稻的丰收。

2011年，东溪村建立“统防统治”专业机防队，实施水稻统防统治工作，农户支付人工和农药费（40元/亩/年）；从2013年开始由县农委补助肥料（100元/亩）与统防统治费用和农药（100元/亩），农户只承担80元种子费用。

2011年，东溪村由山林管理由村社代管转变为由专门的林业员进行管理，工资是1200元/年。

（四）生活方式

1974年，东溪村自建乡村集体发电厂（15kWh），第一次用上了电灯（最初每户只能用一个15W灯泡，按电灯个数缴纳电费）。

1978年，修建从Q峡到F河煤矿的三级乡村公路。

1983年，在“村村通”工程项目支持下修了从Q峡到P乡的乡村公路，并于1988年F煤矿迁到P乡后才重新维修后通车；1996年依托国家“百城千公里”项目修建省道S201到东溪村1社的乡村公路。

1986年，东溪村LQG家购置了第一台黑白电视机，但由于村里15kWh的发电厂电力不够，电视只能使用电池。

1993年，TM煤矿迁移到P乡过程中将F流域上游水管毁坏，导致电厂发电量减少并破产，之后东溪村使用P乡煤厂的电。

2002年腊月三十，由国家扶贫办出资出物建立水池和铺设管道引水到户，村民用上自来水，并根据水源采取集体和分散管理两种方式。

2004年腊月二十九日，东溪村村社干部18次上访县委县政府，最终可使用国家电网的电，是国家2002年农网改造以来在2、5、8区最早使用农网改造电的村，并于2005年安装分表。

2006年，东溪村3社的马娃子第一个引入柴油农用机。

2009年，为了激发村民对村换届选举的积极性，重启东溪村自1982年后中断了25年的传统文化生活（玩狮子、车车灯、打炼仙等）。

2009年，国家支持建设沼气池，每口池子给予水泥、石子等原材料以及400元的人工费。

2011年，大建沼气池（国家补偿现金800元，以及沙、水泥和铁等原材料），当年也开始实施改厕项目（政府投资化粪池建设700元/个）。

2012年，东溪村专门设立村综合治理管理员一职，工资标准为7000元/年。

2012年9月，W县启动“村庄连片”整治项目，主要应对农村污水处理。

（五）自然环境

1955年6月26日~7月15日发生严重伏旱，降暴雨3次，东溪村等地受灾，W县城（海拔400米）广场水深可行木船。

1959年春夏，W县境内低中山干旱51~65天，受灾农田达34.6万亩，10万人饮水困难；东溪村（主要耕地分布在海拔400

米处）受灾面积达到4000亩以上。

1963年，东溪村发生连续冰雹，洪水灾害。

1964年5月，连降17天大雨，总降雨量达2677毫米，33个公社受灾，包括P乡公社。

1972年4月初，低温，普降大雪，DY镇、ZQ乡、P乡等地稻秧冻死，高山冻害尤甚。

1972年8月，县境内首次在DG山林场进行采伐（该县有HC、DG山、CB、BG四大林场），东溪村位于DG山林场和CB林场之间。

1982年7月16~28日，县境内连降暴雨，总降雨量达600~1300毫米，洪灾直接经济损失约1400万元，东溪村也受灾。

1985年3月27日，降罕见冰雹，当地村民将当年出生的孩子称为“奇娃子”，群众担心种的玉米、土豆和小麦等作物无收成。

1988年1~5月，县境内持续干旱，47万亩农田受灾，70%的农户人畜饮水困难。

1993年，发生旱灾，水田受影响小，旱地减产。

附录4　收集文本资料目录

层面	来源	文件名称/来源
国家	国家林业局	1. 国务院《关于进一步做好退耕还林还草工作的若干意见》（国发〔2000〕24号） 2. 国务院关于《进一步完善退耕还林政策措施的若干意见》（国发〔2002〕10号） 3.《退耕还林条例》（国发〔2002〕367号） 4.《关于开展2000年长江上游、黄河上游地区退耕还林（草）试点示范工作的通知》（林计发〔2000〕111号） 5.《国务院关于完善退耕还林粮食补助办法的通知》（国办发〔2004〕34号） 6.《退耕还林工程现金补助资金管理办法》（财农〔2002〕156号） 7. 2012年巩固退耕还林成果专项工程林业项目作业设计表 8.《退耕还林还草试点粮食补助资金财政、财务管理暂行办法》（财建发〔2000〕292号） 9.《以粮代赈、退耕还林还草的粮食供应暂行办法》（计粮办〔2000〕241号） 10.《国务院办公厅关于切实搞好"五个结合"进一步巩固退耕还林成果的通知》（国办发〔2005〕25号） 11.《国务院关于完善退耕还林政策的通知》（国发〔2007〕25号）
市级	市林业厅	1.《重庆市人民政府关于进一步完善退耕还林政策措施的意见》（渝府发〔2002〕56号） 2.《重庆市人民政府关于进一步巩固退耕还林成果的通知》（渝办发〔2005〕198号） 3.《重庆市人民政府关于切实做好退耕还林成果巩固工作的通知》（渝府发〔2004〕86号） 4.《重庆市人民政府关于完善退耕还林后续政策措施的意见》（渝府发〔2007〕119号） 5.《重庆市财政资金直接补贴农民发放管理暂行办法的通知》（渝府发〔2004〕73号）

续表

层面	来源	文件名称/来源
县级	县政府	1.《2003－2012 年 W 县国民经济和社会发展统计公报》 2.《2009－2011 年政府工作报告》 3. 改革开放 30 年 W 县经济社会发展成就综述 4. W 县国民经济和社会发展第十二个五年计划纲要
	发改委	《W 县人民政府关于印发 W 县国民经济和社会发展第十二个五年规划纲要的通知》（溪府发〔2001〕16 号）
	林业局	退耕办资料： 包括以上国家和市级层面所有文件（此处不列举）。 天保办资料： 1. 重庆市财政局重庆市林业局关于印发《重庆市森林生态效益补偿基金使用管理细则（试行）》的通知 2. 公益林管理办法、分户落实工作方案、管护、补偿办法法制办改稿 3.《W 县森林分类经营技术》 4.《重庆市生态效益补偿基金使用管理细则》 5.《重庆市人民政府办公厅关于继续组织实施天保工程的通知》 6.《W 县天保工作总结（2000－2010）》 7. 天保工程调研材料（第一轮） 8. 2008～2010 年天保工程自查和年度总结 9. W 县天然林保护工程第二轮实施方案（2011）及计划实施数据表 10. 天然林保护第一期历年计划表（渝天林〔2002〕11 号） 11.《W 县人民政府办公室关于印发 W 县森林资源管护、森林生态效益补偿基金管理等办法的通知》（2011 年 3 月） 12.《W 县人民政府办公室关于印发 W 县林木采伐管理办法的通知》（W 府办发〔2010〕126 号） 13. 乡镇公益林自主管护补偿发放清册 蚕桑办资料： 1. W 县历年蚕桑生产情况统计表 2. 近五年产业工作总结 3. 浅谈制约我县蚕桑业发展的瓶颈及对策 4. 我县蚕桑发展历程简介 5. 养蚕状元杨坤刚 2011 年养蚕情况
	县志办	1. W 县县志 2. 1978～2010 年的大事记（关于乡镇村社机制改革的相关内容）
	统计局	1. 1978～2008 年统计年鉴（图片） 2. 2003～2012 年国民经济和社会发展统计公报
	环保局	1. W 县水、降尘例行监测报告（2012） 2. W 县噪声例行监测 3. 2012 年 W 县乡镇集中水源地监测报告
	群工部	1. W 县社会建设“乐和家园”相关材料 2. W 群工部成立及发展历史资料等

续表

层面	来源	文件名称/来源
乡镇	党政办	1. 《关于加强退耕还林和成果巩固工作的通知》（渝林退〔2010〕11号） 2. 《关于及时开展退耕地春季补植补造的紧急通知》（县退耕办2011年2月） 3. 关于印发《重庆市退耕还林易地造林管理办法》的通知（渝退耕办〔2008〕2号） 4. 《W县人民政府关于印发重庆市2011年农作物良种补贴项目实施方案的通知》（W府办发〔2001〕46号） 5. 关于印发《W县2012年农作物良种补贴实施方案》的通知（W农委发〔2002〕60号） 6. W县2010年农作物良种补贴项目实施方案（2010年9月） 7. 《关于做好2007年粮种农民农资综合直补工作的通知》（W府办发〔2007〕69号） 8. 《W县高山生态扶贫搬迁实施办法（送审稿）》 9. 《关于印发W县生态和扶贫移民实施办法的通知》（W府办发〔2008〕133号） 10. 《关于增报2013~2015年农村环境连片整治项目的函》（W环函〔2013〕8号） 11. 关于印发《W县2012年农村改厕技术方案》的通知（W爱卫办发〔2002〕13号） 12. 《关于印发W县2012年农村改厕项目实施方案的通知》（W爱卫办发〔2002〕12号）
	林业站	1. 乡镇林业概况 2. 2005~2010年各村退耕还林面积，小班划分 3. 乡镇种粮直补和补贴的方案和实施情况图片
	统计办公室	白鹿镇2009~2012年农村经济统计表
	计生委办公室	S镇及东溪村人口统计数据（1993、1998、2003、2008、2013年）

续表

层面	来源	文件名称/来源
村社	村支书记	东溪村手绘地图
	村主任	1. W 户口簿（1982）； 2. 农村经济统计表（1992、1993、1995、1997～2000） 3. 林权证和土地证（图片） 4. 近 3 年工作笔记（图片） 5. 东溪村 1 社森林分类经营规模及补偿统计表 6. 东溪村公益林分配、登记工作实施方案（2013 年 4 月 18 日） 7. S 镇公益林生态效益补偿工程实施方案 8. 2009 年东溪村 7 个社户籍信息（照片） 9. 原东溪村 1、2 社的承包人口（1988）以及农业税费情况（1992） 10. 东溪村公益林分配类型的各小班情况 11. 原 T 村 7 社示意图 12. WJS 关于借章的“林权完善”证明 13. WJS 与 T 村 4 社 9 户与 WJZ 的官司以及与 WYC 的官司上诉书、审判决定（照片） 14. 东溪村 2013 年公益林分配、登记工作实施方案
	N 村 村主任	1. 宁河村群众关于公益林分配方案讨论会议记录 2. 宁河村基本地貌以及村办公室（临时办公室）情况（照片） 3. 宁河村退耕还林政策 2013 年核对信息表
	村会计	2007、2008 年东溪村农村经济统计表
	其他	1. 2013 年堰沟测工过程情况（图片） 2. 东溪村林下种油菜、土豆等（照片） 3. 社长和会计清理檐沟垃圾（照片） 4. F 煤矿、WJ 煤矿对河流污染情况（图片） 5. ZB 村街道垃圾对灌溉堰沟和河流的污染情况（图片）
村民	村民个人	退耕还林林权证、农村土地承包经营权证等（图片）
其他	网络媒体	the Fastest Changing Place on the Planet；远方的家——北纬 30°

后　记

我认为，政策执行偏差或扭曲的题中之义是，在深入考察中国退耕还林政策在基层执行过程的基础上，从社会学的理论视角剖析所观察到的政策地方实施的偏差现象，追问通过基层执行主体（乡镇政府、村委会以及村民）的互动实践逻辑与策略如何构建政策基层执行的形态，进而给出合理的社会学解释。本书在我的博士论文基础上修改而成，基于“退耕还林政策”对一种“上有政策，下有对策”的政策执行偏差现象之过程进行社会学探索，为公共政策分析领域一个侧面的研究工作。我在攻博伊始便雄心勃勃地定下了“环境政策执行逻辑与机制”的“大题”，但随着研究问题的逐渐聚焦与调研资料获得的举步维艰，最终量力而行，几经易稿后的题目定为“退耕还林政策的地方实践”。在博士论文完成那刻我暗下决心，将来一定以退耕还林政策第二轮周期结束后的接续政策内容为契机，对论文中不周全与不成熟的地方进行修正与完善。时至今年，即 2018 年，是我调研田野点政策周期结束之年，也是新政策接续实施之年，在政策时效性的催促与倒逼下，我不得不停下手边的各种琐碎事情，沉下心来重新回到庞杂的系统工程中。借此番出版之机，本着“不忘初心”之念，基于这几年的沉淀对政策执行的逻辑与机制进行深入的总结与思考，再次回归“退耕还林政策的地方实践”之题，权当作对自我的激励与博士生涯的交代。

迄今，书中若干章节的内容已陆续发表在《公共管理学报》和《中国地质大学学报》等期刊上。发表的大部分论文都是在博士论文原稿基础上修改而成，结合新的理论视角与方法论我不断修正与完善本书内容。为了在政策执行过程中进一步思考执行主体的行动逻辑，我分别在第三、四、五章中丰富了不同主体在退耕还林变通执行中的实践逻辑部分。在《地方性知识与政策执行成效》（据第五章改写，发表于《公共管理学报》2017 年第 1 期）一文中，笔者创新性地使用了“双重话语分析”这一理论框架与方法论来阐释基层主体中具有“双重身份”的村委会的政策实践过程形态与逻辑。虽然其在阐释政策过程逻辑上与本书中第五章“村委会的退耕还林政策执行过程与实践逻辑”在表达方式上有所不同，但基本思想和理念并没有实质性差异。书中保留了较为“原始”的内容而没有根据已发表论文的思路展开，这样做的目的有两个：一是为了保持全书思路的连贯性；二是希望可为多种不同的理解和解释思路的对比留下空间。事实上，面对同样的文本材料，社会学者完全可以从不同视角，以不同的工具将其进行雕琢与打造。我想，这或许正是社会学吸引莘莘学子的诸多魅力之一。

生态文明建设以及新型现代化实践为中国环境社会学的成长和壮大创造了空前的机遇，同时也提出了更大的挑战。环境社会学是社会学学科极具前景而又颇具挑战的前沿领域，本书是针对环境政策领域研究的初步探索，出版只是我个人成长的一个阶段性见证。我深感自己所知太少，而要学习的知识和想做的工作却太多。诸多问题仍困扰着我，犹如遭遇“梦魇”般恐慌与忐忑。可资质愚钝如我，虽很恼怒但也很无奈，期望在将来的研究中能弥补本书中的缺憾和力有未逮之处。即便此般“产品”，还是承蒙诸多人士热心的帮助、鼓励和鞭策。尽管很多情感无须言语表达，我还是觉得有必要在此表达我真诚的敬意与谢意。

衷心感谢我的博士生导师洪大用教授的悉心栽培。洪老师严谨认真的学术作风，一丝不苟的治学态度，谦逊平和的为人，影响着我做人、做事、做学问，是我受用一生的宝贵财富。从论文最初的选题，到多次田野调研后探讨逐步聚焦研究问题，再到调研提纲的拟定，正式写作，反复修改，直至最后的定稿都离不开老师的精心指导。通过整理，老师对我博士论文的指导约有三万余字的记录，如今品读仍能感受到老师的语重心长并深受启发，我的每一步成长皆离不开老师的谆谆教诲。需要从老师身上学的东西很多，我一直力求能践行老师所主张的“社会转型与环境社会学”研究范式，从纷繁芜杂的环境社会学议题中努力尝试“环境社会组织合作治理实践”的研究主题，以回应组织创新的新型现代化方向。老师的教诲与鼓励如同甘霖春雨，飘飘洒洒，滋润心田，令我受益终身。感谢师母平日里在生活上无微不至的关心。恩师与师母高尚的人格和对学生真诚的关爱，正如春风化雨，润物无声。师恩如是，永驻心间！

衷心感谢我的硕士生导师江汛清教授。江老师谦逊和蔼、大度乐观、有爱心，关爱学生如关爱自己的孩子，是我人生中的第一位导师。在我读研期间，他给了我无微不至的关怀和诸多照顾，并鼓励和支持我继续考博深造，实现在学业上的夙愿，让我得以在这个躁动的社会里觅得一张安静的书桌，从容坦然又锲而不舍地追逐自己的理想。在很大程度上，我对学术所持有的信仰和执着，与江老师的支持与引导密不可分。另外，还要感谢中国青年政治学院的陈涛教授，一直以来他如朋友一般给予我关怀和照顾。他从不一样的视角给予我颇具价值的意见与建议。

衷心感谢并祝福所有在学业上给予我指导和帮助的老师，是他们的乐为人师、授业解惑与诲人不倦，令我往返于学术的幽途。他们是：中国人民大学的郑杭生教授、刘少杰教授、夏建中教授、郭星华教授、潘绥铭教授、李路路教授、李迎生教授等。在求学路上能够遇到这些老师，是我的幸运。老师们的学术情操和品格，让我受益匪浅。我有幸在 2013 年的暑期作为肖晨阳老师的助教，肖老师平易近人的待人风格，乐观豁达的态度以及风趣幽默的语言让我记忆犹新，他对我的论文提出了宝贵的建议，愿肖老师在异国他乡一切都好。感谢中国人民大学的陆益龙教授、李迎生教授，中央财经大学的杨敏教授以及北京科技大学的时立荣教授和章东辉教授不辞辛劳，在百忙之中出席了我的博士论文答辩会，并提出诸多宝贵意见，我的若干不成熟的想法被激发出来，并表达在本书中。

感谢给予我温暖与支持的同门兄弟姐妹。感谢大师姐房莉杰平日的关心；感谢龚文娟姐、超艺姐与我分享生活和学习的经验；感谢远春师兄、金俊师兄、国栋师兄、李可师兄以及罗侨师兄在百忙之中对我的论文的关注，你们是我努力学习的榜样。感谢拓涵师姐从备考到论文写作一直以来对我的帮助和陪伴；感谢犹如“信息源”般的叶超师弟在第一时间给我分享有价值的信息，及时帮助我查找大量文献；感谢秀外慧中的天词师妹、聪敏灵气的柳芬师妹、睿智勤奋的霞秋师弟对我的关心与支持。在这里道一声珍重，祝愿我亲爱的兄弟姐妹们在人生道路上一帆风顺，前程似锦！

感谢我亲爱的同学们和朋友们一路陪伴。感谢 2011 级大家庭给予我的温暖，特别感谢延东、艳芳班长三年来对班级事务的热情付出；感谢占刚大哥、欣建师兄、江师兄、灿金大哥如亲人一般的关心与照顾。正因为有大家亲密团结，在觥筹交错之间畅聊人生，我三年的博士生活才丰富多彩，为一生留下了无尽难忘而美好的回忆。愿亲爱的兄弟姐妹们都能在各自的人生道路上收获精彩！感谢我最亲爱的室友徐玲姐一如既往的关心与支持，当我困顿时你永远会给予我最温暖的鼓励，你的宽容大度、热情乐观以及爱他人甚于爱自己一直影响着我，在我心中你永远如同我的亲姐，愿姐身体健康，好人一生平安！感谢我的战友们，亚琴姐、文静、永飞、莉丹、咏梅、华莹、小康，谢谢你们！你们坚强的意志和拼搏进取的精神同样激励着我，在彼此鼓励、嘘寒问暖中我们突破一个个难关，相信我们的未来会更美好！感谢我的闺蜜小兰，累了烦躁了总是有你陪伴，分享困惑；感谢文武老师经常分享大量相关的文献资料，启发我的思考；感谢云超大哥常常与我分享写论文旅途中的苦与甜，并给予我关怀与鼓励。感谢在生命中巧遇的每一位有缘的朋友，愿你们心想事成，一切顺利！

我要将最深层的感谢献给我在东溪村调研过程中认识的朋友们。在那里，我深切体会到山区村民的真诚、热情与淳朴，给予我帮助的人太多太多。感谢LJ主任一如既往热情的帮助，他作为守门人为我开启东溪村调查的一扇门，通过他的帮助我得以与县发改委、统计局、环保局、林业局、县志办等部门的负责人进行访谈；感谢东溪村所有父老乡亲们的信任与帮助，在两个多月的田野生活中，我收获了人生中一笔宝贵财富。感谢东溪村L书记对我田野工作提供的帮助和支持，他独具魅力的领袖气质以及对基层工作的尽职尽责精神让我由衷的敬佩。我还要特别感谢H主任一家对我的信任与接纳，同吃同住同劳动的田野生活让我感受到亲情般的温暖，由此结下的缘分将不断延续。我心中已经将东溪村当成第二故乡。东溪村田野的这段生活经历让我收获的不仅仅是近30万字的田野访谈资料，更重要的是丰富了我的人生体验，值得我一生去回味与珍惜。

我将此生的首本专著献给我勤劳而又朴实的父母，是他们含辛茹苦将我和弟弟哺育成人，浑然不觉中父母已默默支持我走完了21个春秋的求学之路，朴实而贫寒的家庭让我自幼埋下了坚定的信念。父母的养育之恩，女儿无以为报，只能感谢双亲那份沉甸甸的恩情。2007年夏天，很幸运地结识了无条件包容我，爱护我，理解我，一如既往地支持我的丈夫陈远军，多年来我们同甘共苦、相濡以沫，感谢他的宽容与付出，他为我的工作提供了重要的保障。

感激的话道不尽。唯一能做的，就是以自己的行动和爱心来回报关爱、帮助和教诲过我的每一个人！生活远远比理论更加丰富多彩，我会更加努力学习和工作，以简单平和的心态领略前路漫漫的风景。虽然研究者的成果通常是以个人的名义面世，但任何一份学术成果都可以视为一项集体事业，正因为生命中各种力量的参与，才增进了个体生命的宽度以及活动的意义，也让我们相遇更加美好的世界！

钟兴菊

2018年1月30日于重庆

图书在版编目(CIP)数据

退耕还林政策的地方实践 / 钟兴菊著. -- 北京：社会科学文献出版社，2018.6

（田野中国）

ISBN 978-7-5201-2371-6

Ⅰ.①退… Ⅱ.①钟… Ⅲ.①退耕还林-林业政策-研究-中国 Ⅳ.①F326.20

中国版本图书馆CIP数据核字(2018)第044328号

·田野中国·

退耕还林政策的地方实践

著　　者 / 钟兴菊

出 版 人 / 谢寿光
项目统筹 / 任晓霞
责任编辑 / 任晓霞　冯莹莹

出　　版 / 社会科学文献出版社·社会学出版中心（010）59367159
地址：北京市北三环中路甲29号院华龙大厦　邮编：100029
网址：www.ssap.com.cn
发　　行 / 市场营销中心（010）59367081　59367018
印　　装 / 三河市尚艺印装有限公司

规　　格 / 开 本：787mm × 1092mm　1/16
印 张：22　字 数：299千字
版　　次 / 2018年6月第1版　2018年6月第1次印刷
书　　号 / ISBN 978-7-5201-2371-6
定　　价 / 109.00元

本书如有印装质量问题，请与读者服务中心（010-59367028）联系

版权所有 翻印必究